GUÍA

NUEVA YORK

GUÍA VIVA
NUEVA YORK

Autora: **Caridad Plaza**

Editor de proyecto: **Luis Bartolomé** y **Ana María López.** Coordinación técnica: **Mercedes San Ildefonso** e **Isabel Fuentes.** Cartografía: **Anaya Touring Club.** Equipo técnico: **Pila Iglesias, Juan Aguirre** y **Esther García.**

Fotografías: **Juan Manuel Miranda,** excepto: **Archivo Anaya:** 79; **Fototeca 9x12:** 8, 52, 59, 177, 210, 274; **Caridad Plaza:** 14 (inf.), 19, 47 (sup.), 62 (sup.), 91, 94, 107, 108, 112, 114, 115, 120, 129, 135, 144, 147, 154, 164, 187, 191 (sup. e inf.), 262.

Impresión: **Gráficas Muriel, S.A.**

© Grupo Anaya, S. A., 2002
   Juan Ignacio Luca de Tena, 15. 28027 Madrid

Depósito legal: M-50210-2001
I.S.B.N.: 84-8165-818-9
Impreso en España - Printed in Spain

CONTENIDO

CÓMO USAR ESTA GUÍA

LO BÁSICO

Al comienzo de esta guía encontraréis toda la información necesaria para preparar vuestro viaje a Nueva York y, una vez allí, moveros por la ciudad: embajadas, transportes, documentación, moneda, sanidad, acontecimientos culturales, horarios, etc. Se completa con un vocabulario de términos gastronómicos en inglés.

NUEVA YORK, BARRIO A BARRIO

Este apartado comprende seis capítulos en cada uno de los cuales se describen los diferentes barrios en que se divide la ciudad de Nueva York. Al comienzo de cada capítulo se encontrará el mapa de la zona descrita a continuación. En la Visita a cada uno de los barrios o distritos se ha trazado un itinerario para pasear por la zona, viendo todos los monumentos de interés, los museos y lo que no hay que perderse en esa zona. La descripción se completa con varias secciones fijas: Info, Transportes, Comer, Dormir, La Noche, Compras... Además, en cada caso, se añaden otras secciones específicas en función de las características concretas de cada lugar: fiestas, historia, acontecimientos culturales, costumbres y modas...

INFO

Incluye direcciones y teléfonos de los distintos puntos de información turística, tanto municipales como privados.

TRANSPORTES

Resultará muy útil esta sección para realizar desplazamientos por la zona o fuera de ella: aeropuertos, estaciones de metro y trenes, líneas de autobuses...

VISITA

En este apartado aparece la **descripción monumental, urbanística o ambiental** de cada barrio. En las páginas de la visita aparece también, en recuadros de color, informaciones complementarias sobre los temas más variados: tradiciones, mercados y mercadillos al aire libre, lugares para hacer una pausa, curiosidades....
Acompañando a la visita y para facilitarla, se incluyen dos **planos** (de día y de noche), que en colores diferenciados muestran los distintos ambientes que se hallarán en esa zona de la ciudad. En el **plano de día** se resaltan las zonas comerciales, así como los restaurantes y monumentos más interesantes para visitar. En el **plano de noche,** donde se destacan los hoteles recomendados, se pueden ver las calles más animadas para salir de noche.

DORMIR Y COMER

En esta sección se da información detallada de los distintos hoteles y restaurantes que hemos seleccionado siguiendo un riguroso criterio de calidad/precio. En cuanto a los **alojamientos,** se describen desde pensiones y albergues hasta los hoteles de precio más elevado.

Igualmente se reseñan **restaurantes** de varias categorías y precios: desde los establecimientos más asequibles o con menú a otros de mayor precio.

Resultará fácil localizar los alojamientos y restaurantes en los distintos planos de la ciudad.

EL CONTEXTO

Comprende un resumen de la historia de Nueva York, que ayudará a ubicar los acontecimientos más destacados de la misma, y varios artículos sobre el arte, la literatura, la arquitectura y otros aspectos de la ciudad de los rascacielos.

ÍNDICES

Los índices, al final de la guía, ayudarán a localizar fácilmente los monumentos y lugares de interés y planos.

SIGNOS CONVENCIONALES EN LOS PLANOS

PLANOS DE DÍA

Edificios de interés turístico   ❶ Restaurantes

Parques y jardines
                                        ◼ Alojamientos

PLANOS DE NOCHE

Edificios de interés turístico   Ⓜ Estaciones de metro

Parques y jardines

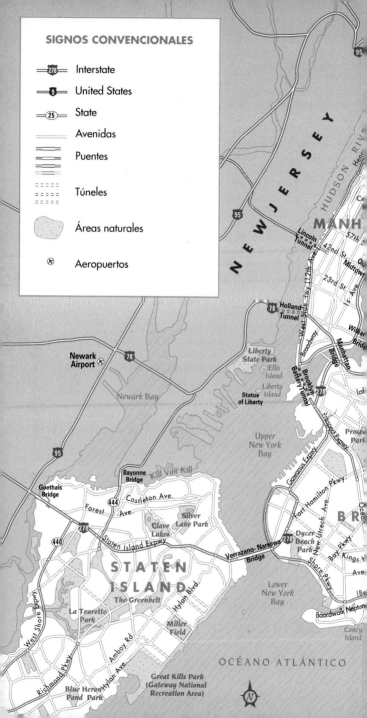

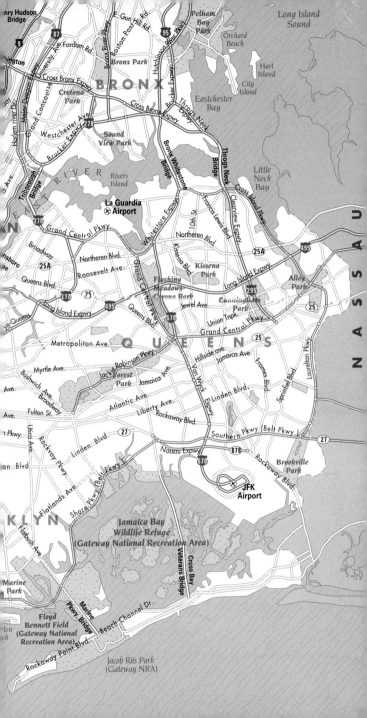

ÍNDICES

ÍNDICE DE LUGARES

ÍNDICE DE LUGARES

ÍNDICE DE LUGARES

ÍNDICE
DE PLANOS

GUÍA VIVA

LO BÁSICO

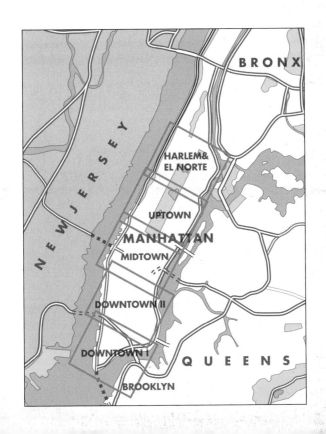

ANTES DE SALIR

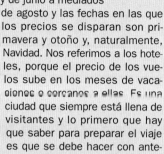

Nueva York es una ciudad cara y siempre está en temporada alta. Quizá los meses más baratos sean desde mediados de enero hasta mediados de marzo y de junio a mediados de agosto y las fechas en las que los precios se disparan son primavera y otoño y, naturalmente, Navidad. Nos referimos a los hoteles, porque el precio de los vuelos sube en los meses de vacaciones o cercanos a ellas. Es una ciudad que siempre está llena de visitantes y lo primero que hay que saber para preparar el viaje es que se debe hacer con antelación. Existen muchos hoteles, pero siempre hay problemas de reserva y sus precios son muy elevados.

En España no hay Oficina de Turismo de Estados Unidos ni ningún organismo de información turística oficial. Los datos que se necesiten hay que solicitarlos en las agencias de viajes, en las guías y en la página web de la Embajada. También puede consultar la página web del **New York Convention & Visitor Bureau:** www.nycvisit.com, que ofrece una completa información sobre la ciudad.

No será necesario utilizar los servicios de los consulados ni de la embajada de Estados Unidos, ya que los ciudadanos de la Unión Europea no necesitan visado para entrar como turistas. Simplemente hay que tener el pasaporte en regla y cumplimentar unos impresos que proporcionan en el avión. Con estos únicos requisitos se puede estar en el país durante tres meses, ampliable a seis. Sin embargo, si se desea hacer algún tipo de consulta puntual, es posible dirigirse a la **Embajada de Estados Unidos en Madrid** (Serrano, 75; telf. 91 577 40 00 o 91 276 36 00) o a los **Consulados de Barcelona** (Pau Clais, 33; telf. 93 319 95 50) y **Bilbao** (Lehendakari Aguirre, 11; telf. 94 475 83 08). De todas formas, hay que saber que desde el ataque terrorista

> ## MÁS INFORMACIÓN
> Antes de salir de viaje y para obtener información sobre aeropuertos, requisitos para entrar en Estados Unidos, medidas de seguridad, etc., que desde el ataque terrorista son mucho más estrictas, se puede acceder al correo electrónico de la Embajada de los Estados Unidos en España: **www.embusa.es**

del 11 de septiembre de 2001 se han incrementado las medidas de seguridad para viajar a Nueva York y se requiere presentarse en los aeropuertos con tres horas de antelación.

CLIMA

Si nos atenemos clima y no al dinero, la mejor época para viajar es desde mediados de septiembre e mediados de octubre, que es lo que los norteamericanos llaman el "Indian Summer", un período templado muy agradable, sin apenas lluvias. El Indian Summer es un paréntesis del extremado clima de Nueva York, con un verano muy caluroso y muy húmero y un invierno gélido.

El clima ha que tenerse en cuenta a la hora de preparar el viaje y hacer el equipaje. Si se viaja en verano, hay que pensar que se va al Caribe "asfaltado": calor y humedad, con lluvias torrenciales más de una tarde. La ropa tiene que ser ligera, a ser posible de algodón, y el calzado fresco y lo suficientemente resistente como para aguantar el recalentamiento del asfalto. Eso para callejear, pero en la mochila hay que llevar siempre alguna chaqueta para los fríos aires acondicionados de todos los locales. Y no hay que olvidar que en algunos restaurantes no se permite pasar con calzado deportivo.

En invierno hay días que parece que uno está en el Polo Norte. Pueden bajar las temperaturas hasta los 9 o 12 °C bajo cero. Pero, además, las corrientes de aire, producidas por los rascacielos y por el hecho de que Manhattan es una isla, pueden dejar

NUEVA YORK EN INTERNET

Estados Unidos, en general, y Nueva York, en particular, proporciona infinidad de servicios a los que se puede acceder vía Internet. Basta decir que se han eliminado las oficinas de turismo de la mayoría de las ciudades europeas, incluidas las españolas, y han sido sustituidas por los servicios de la red. www.nyctourist.com es una de las direcciones que ofrece una amplia información de la ciudad y otra importantes es www.nycvisit.com, que es la del Visitor Center, dependiente del Ayuntamiento de Nueva York.

Para reservas de alojamiento al mejor precio las direcciones principales son:
www.hotelguide.com
www.newyork.citysearch.com

sin respiración. Las pieles y "los plumas" son la mejor ropa de abrigo, y no hay que olvidarse que llevar bufanda, gorro, guantes y un calzado caliente. Pero, ojo, las calefacciones son potentísimas y a los cinco minutos de estar en un local, si uno no se despoja de la ropa, puede parecer que se está en una sauna.

CÓMO LLEGAR

Desde España, la única forma de viajar es el avión y hay una amplísima oferta en todas las agencias de viajes y en Internet. Vuelan casi todas las compañías europeas y hay algún vuelo chárter, en las épocas de mayor afluencia de turismo. Lo más barato de Nueva York es el viaje. Si se busca y se contrata con antelación, dependiendo de la temporada, puede costar, ida y vuelta, unos 240,50 €.

Iberia, Continental y *Delta* tienen vuelos directos a diario, y *Air Europa* vuela cinco días a la semana, también sin escala. Pero todas las compañías europeas van a Nueva York diariamente: la portuguesa *TAP*, *Air France*, la alemana *Luthansa*, *Alitalia*, *British Airway*, etc., aunque hay que hacer escala en la capital del país de que se trate. Lo mejor es consultar precios porque hay mucha competencia y se puede ahorrar bastante dinero. Las principales agencias, *Viajes Halcón*, *Marsans*, etc., tienen información sobre todas ellas y, concretamente, *Nouvelle Frontiere*, (telf. 91547 92 00) suele tener ofertas francamente buenas.

ELECTRICIDAD

La corriente eléctrica en todo Estados Unidos funciona a 110-120 voltios y 60 amperios. No funcionan, por tanto, los pequeños aparatos eléctricos españoles que no tengan doble corriente. Además, los enchufes son distintos y hay que comprar un adaptador. Los venden en España, pero también es fácil encontrarlos en cualquier ferretería o almacén de Nueva York.

MONEDA

En cualquier banco español es posible cambiar a dólares y comprar cheques de viaje. Siempre es conveniente llevar algo de dinero en efectivo para los primeros gastos: el autobús, el taxi, etc. Las monedas son más fáciles de identificar que en otros países porque sólo hay cuatro y tiene cada una su nombre. El dólar *(dollar)* sólo existe en billete –hay monedas de dólar, pero suelen ser conmemorativas y es raro que las den en un cambio–. Lo normal es que se manejen las de 25 centavos *(quarter)*, las de 10 *(dime)*, las de 5 *(nickel)* y las de 1 centavo *(penny)*. Los bille-

SEGUROS

La sanidad en Nueva York es muy buena, pero carísima y está totalmente privatizada. Por tanto, si no se quieren tener complicaciones a la hora de pagar las facturas, que pueden ser astronómicas, se debe llevar un seguro que, al menos, cubra la cantidad mínima de 100.000$. En las agencias de viajes ofrecen información y proporcionan el seguro.

tes tienen la dificultad de que son todos del mismo tamaño y del mismo color y hay que tener cuidado porque se pueden confundir. Sólo varía el dibujo y el número. Los más corrientes son de 1, 2, 5, 10, 20, 50 y 100$, aunque existen de 500 y 1.000$.

Las tarjetas de crédito están muy generalizadas *(Visa, American Express, Diner,* fundamentalmente), pero empieza a haber una tendencia a pagar con billetes las cosas no muy caras y, a veces, si se paga *cash* (que es como llaman allí al dinero en efectivo) se consigue un descuento. Lo mejor, y lo más cómodo, mucho más que los cheques de viaje, es sacar dinero con la tarjeta en los cajeros automáticos y llevar no más de 100$ en el bolsillo.

En cuanto a las divisas, debe atenerse a las leyes españolas, ya que los norteamericanos no ponen tope a la entrada de dinero. En teoría se deben llevar suficientes dólares como para pagarse la estancia y un billete de ida y vuelta, pero a los ciudadanos europeos jamás les preguntan en la aduana ni por el dinero ni por el billete de vuelta.

ALQUILER DE COCHES

En Nueva York es más caro alquilar un coche que en otras ciudades y en otros estados y, además, los impuestos son más altos. En ningún caso compensa circular en coche por Manhattan ni por los barrios de Queens, Brooklyn o el Bronx. Es imposible aparcar en la calle y los aparcamientos de pago son muy caros –un mínimo de 7$ la hora–. No obstante si quiere hacer algún otro viaje, es necesario tener el carné de conducir vigente o, mejor todavía, un carné internacional, que se debe sacar en España. En el **RACE** (telf. 91 594 74 00) proporcionan toda la información.

No se alquilan coches a menores de 25 años y existe una gran cantidad de compañías con diferentes precios. Vale la pena indagar y tener en cuenta que suele haber descuentos de fin de semana o de una semana.

MOVERSE POR NUEVA YORK

LA LLEGADA

En el avión se deben cumplimentar dos impresos, uno a modo de visado y otro para la aduana, en el que el viajero asegura que no lleva drogas, ni armas, que tiene los suficientes dólares como para sobrevivir y que lleva lo establecido de alcohol (dos botellas por persona) y de cigarrillos (un cartón).

El control de emigración es pesadísimo. Se forman grandes colas y, en ocasiones, hay que esperar hasta una hora. Pero si se es europeo, normalmente no hay ningún problema y las preguntas suelen ser rápidas. Es raro tener que mostrar el dinero que se lleva o las tarjetas de crédito. Con enseñar el pasaporte y los impresos que se han rellenado es suficiente.

DESPLAZAMIENTO DESDE LOS AEROPUERTOS AL CENTRO

La ciudad de Nueva York tiene tres aeropuertos pero la mayoría de los vuelos procedentes de España llegan al **J. F. Kennedy,** que está situado en Queens, a unos 24 km de la isla. Es el de mayor tráfico aéreo, pero no es el más cómodo del mundo. Hay que aguantar grandes colas para pasar la aduana y tiene la pega de tener que salir al exterior y, en ocasiones, tomar un autobús (son de color amarillo y blanco y no cuestan nada)

para ir de una terminal a otra. Si el destino es Manhattan, los trámites se simplifican. Hay autobuses especiales, los *Carey Airport Express,* que salen cada media hora, y hacen seis paradas en la isla, la última en la Gramd Central Station. Su precio es de 13$.

Los taxis son caros, pero no hay riesgos de abusos como en otras ciudades. Un policía proporciona un vale con el importe exacto hasta el lugar de destino y eso es lo que hay que pagar al taxista: entre 30 y 40$, dependiendo a dónde se vaya, a los que hay que añadir el importe del peaje –del túnel o del puente– y una propina que debe llegar al 15 por ciento.

PARA VOLVER

Una vez concluida la visita a Nueva York, el traslado a los aeropuertos es el mismo, pero la oferta se amplía:

Si van cinco o seis personas juntas, se puede contratar una limusina. Probablemente sea la oportunidad de sentirse rico. El viaje es comodísimo y, aunque parezca mentira, sale más barato que tomar dos taxis. Hay que preguntar en el hotel y ajustar el precio antes de subir.

Otro sistema, sobre todo para españoles, es llamar a la compañía *Delancey Car Service.* Todos los conductores son latinos –hombres y mujeres–, contestan en español y tienen unos coches magníficos, mucho más grandes y más cómodos que los taxis, y generalmente, un poco más baratos. Llamar al telf. 212 228 33 01 para preguntar el precio y, si conviene, dar la dirección para que os recojan. Son serios y agradables.

La Guardia, situado también en Queens pero más cerca del centro, a unos 13 km, está dedicado a los vuelos nacionales y el sistema de traslado es similar. Los autobuses *Carey*, que cuestan 10$, hacen el mismo itinerario en la isla y, naturalmente, hay taxis, que funcionan igual que en el Kennedy y que vienen costando entre 20 y 25$.

Para descongestionar el intenso tráfico del Kennedy, se empieza a utilizar un tercer aeropuerto, el **Newark International Airport,** situado en el Estado de New Jersey, a unos 25 km de Manhattan. Cuenta sólo con tres terminales y una línea de autobuses rápidos, la *Olympia Trails,* que comunican con la ciudad –su precio es de 10 dolares– y con los otros dos aeropuertos. Los taxis funcionan exactamente igual y su precio oscila entre 40 y 50$.

PASEAR POR LA CIUDAD

Es probable que el viajero que llega por primera vez a Nueva York se sienta impresionado por la magnitud de la ciudad y un tanto inseguro por la leyenda de su peligrosidad. Pero, concretamente, Manhattan es uno de esos lugares donde resulta más fácil orientarse y, donde la seguridad, desde hace algunos años, es similar a la del resto de las grandes ciudades

MOVERSE
POR NUEVA YORK

occidentales. Es falso el mito del
Nueva York peligroso y hoy, tomando
las debidas precauciones, puede
decirse que Manhattan es tan "paseable" como París o Londres.

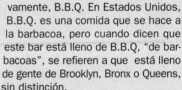

Nueva York es una inmensa urbe
metropolitana, formada por cuatro
grandes zonas. En el sur está Brooklyn, en el centro Queens, al norte el Bronx y a la
izquierda de estos tres inmensos barrios, Manhattan, lo que llaman los neoyorquinos la "Gran Manzana". Manhattan es una isla larga y estrecha, limitada
al este por el East River y al oeste por el Hudson River.
Para el visitante y para muchos neoyorquinos, Nueva York
no existe. Existe Manhattan y todo lo que pasa, lo que se
ve en el cine, lo que cuentan los reportajes y lo que se oye
ocurre en Manhattan. El resto se llama genéricamente "Outer-
Borough" (los otros barrios) o, más peyorativamente, B.B.Q. En Estados Unidos,
B.B.Q. es una comida que se hace a
la barbacoa, pero cuando dicen que
este bar está lleno de B.B.Q, "de barbacoas", se refieren a que está lleno
de gente de Brooklyn, Bronx o Queens,
sin distinción.

En total son 7,5 millones de habitantes, de los cuales sólo un millón y medio
vive en la isla y el resto, en una buena
parte, trabaja en la Gran Manzana y
cruza diariamente los túneles o los puentes para ir y venir a sus casas, situadas
en la periferia. Si a esto se une la gran
cantidad de turistas, nacionales y extranjeros, que visitan Manhattan cada año,
uno puede hacerse una idea de la sensación de hormigueo y abigarramiento que producen las calles de la ciudad durante todo
el día. Pero cuando se conoce un poco la isla, la siguiente impresión es que Manhattan es abarcable, mucho más que Madrid o
Barcelona.

Y esa sensación viene dada por los precisos límites de sus ríos.
Entre el East River y el Houston River, entre el este y el oeste,
apenas hay 12 calles, las llamadas avenidas. La Quinta parte la
isla por la mitad y es la que separa el este del oeste. Las calles
propiamente dichas (streets), la mayoría de ellas con número y
sin nombre, empiezan a contarse desde el sur, desde el East
Village y Greenwich Village, y van subiendo hasta la 215, ya en
la punta norte, después de haber cruzado Harlem.

Todas, siempre con referencia a la Quinta Avenida, serán East Street o West Street. Por ejemplo, si os dicen que un edificio está en el número 300 East 52nd Street, se refieren a que está en el centro de la isla, a la derecha de la Quinta Avenida. Porque existe también el número 300 West de la misma calle, que estará a la izquierda de la Quinta.

¿Cómo podemos saber los españoles, tan poco habituados a utilizas los puntos cardinales, si vamos por la Quinta hacia el sur o hacia el norte? No es tan difícil. El Empire State Building que, con sus 114 pisos, se ve desde todas partes, está en la acera de la izquierda, es la acera West; la catedral de San Patricio está en el East, y el Rockefeller Center, en el West.

Y si miramos algunos carteles hay que tener en cuenta que Central Park, la Columbia University y Harlem están en el norte.

Al sur están los "Villages", el SoHo, TriBeCa, Chinatown, el Ayuntamiento y Wall Street. Si no hay carteles o no se ve ninguno de los altos edificios, con adentrarse desde la Quinta por alguna calle, está resuelto. Si la paralela es Madison, es el este; si es la Sexta (Avenida de las Américas) es el oeste.

El sur, que es la parte antigua de la ciudad, es otra historia. Aquí las calles tienen nombre y se entrecruzan avenidas y calles sin seguir el guión. Los mapas, por tanto, se hacen imprescindibles, pero hay algunas referencias: la avenida Broadway cruza en diagonal toda la isla, de sur a norte, y es una buena referencia en caso de pérdida. Por lo demás, el sur es tranquilo, no hay riesgos y perderse por el Village, el SoHo o TriBeCa es casi obligado.

HORA OFICIAL Y HORARIOS

La diferencia horaria entre Nueva York y España es de seis horas menos. En nuestro país la hora oficial se adelanta, normalmente, una hora más que la que marca el GMT y la diferencia de éste con Estados Unidos es de cinco horas menos. Cuando en España son las 12 h del mediodía, en Nueva York son las 8 h de la mañana. En Estados Unidos jamás se utiliza la fórmula europea (16 horas, por ejemplo, para decir las cuatro de la tarde), sino que se usa *am*

MOVERSE POR NUEVA YORK

o *pm.* De la 1 de la madrugada a las 12 de mediodía es am y de las 13 h a las 24 h es pm.

Los horarios de las **tiendas** son bastante libres. Hay muchas que abren hasta las 21 o 22 h, no cierran los domingos, aunque tengan un horario un poco más reducido, e incluso abren las fiestas oficiales. Los **bancos** sí tienen horario fijo: de 9 a 14 h, y algunos no cierran hasta las 15.30 h. Las oficinas funcionan normalmente de 9 a 17 h (9 am-5 pm: *nine to five*) y **correos** abre a las 8 h y cierran a las 16 h.

En cuanto a **bares y restaurantes,** hay para todos los gustos, incluso algunos no cierran nunca. En todos los barrios se encuentran pequeños "delis" (delicatessen), que no cierran en toda la noche y donde se puede comprar desde fruta, hasta flores, pasando por sándwiches, comida preparada y bebidas no alcohólicas, excepto cerveza.

En nuestra relación de restaurantes hemos incluido el horario porque consideramos que en Nueva York esta información, nada unificada, es especialmente importante.

INFORMACIÓN TURÍSTICA

Vamos a destacar las oficinas más importantes y donde se encuentra la mayor cantidad de información, folletos y mapas.

La mejor, con diferencia, es el **Times Square Visitor Center,** en el número 1.560 de la avenida Broadway, entre las calles 46 y 47, donde proporcionan mapas de la ciudad, del metro y de los autobuses, una pequeña guía en castellano con un buen resumen de lo que es Manhattan y entradas para todas las ofertas turísticas de la ciudad: teatros, museos, paseos por la isla, etc.

El **NYCVB Visitor Information Center,** en el 810 de la Séptima Avenida (Seventh Avenue) entre las calles 52 y 53, también tiene mapas, información sobre espectáculos y vende entradas con antelación.

En las dos estaciones de trenes, **Grand Central,** en la calle 42, esquina con la avenida Vanderbilt, y **Penn Station,** en la Séptima Avenida, entre las calles 31 y 32, también facilitan información y planos de transportes.

Igualmente se pueden consultar las páginas de Internet dedicadas a información turística, dependientes de distintas entidades [ver cuadro pág. 11].

18

INSTITUCIONES ESPAÑOLAS

Consulado General de España. 150 de la calle 58 East. Piso 16. Telf. (212) 355 40 80 y 335 40 81. Normalmente no hay que utilizar los servicios del Consulado, pero es importante saber dónde está por si hay algún problema con el pasaporte o con cualquier otro documento.

Misión Permanente de España ante la ONU. 809, United Nacions Plaza, Piso 6° (enfrente del edificio de la ONU). Telf. (212) 661 10 50 y 661 10 51. No tiene ninguna oficina de atención al público, porque es exclusivamente la representación diplomática ante las Naciones Unidas, pero todos los que trabajan son españoles y pueden informar y ayudar si hay problemas.

Instituto Cervantes. 122 de la calle 42 East. Despacho 807. Telf. (212) 689 42 32. Organiza conferencias, espectáculos, coloquios y facilitan información sobre los acontecimientos españoles que tienen lugar en Nueva York, muchos de ellos organizados por el propio Instituto.

Spanish Institute. 684 Park Avenue, en la esquina de la calle 68. Telf. (212) 629 04 20. Está situado en un elegante edificio y ofrece una exhibición permanente de pintura y escultura españolas. Pero, además, se celebran a menudo conferencias sobre el arte y la historia de nuestro país.

Hispanic Society of American Museus. Audubon Terrace, Broadway esquina con la calle 155. Telf. (212) 690 07 43. Es fundamentalmente un museo con obras de Velázquez, Goya o El Greco, pero cuenta también con una buena librería con más de cien mil libros y manuscritos sobre cultura hispánica.

Repertorio Español. 138 de la calle 27 East. Telf. (212) 889 28 50. Es un teatro donde se representan obras de clásicos españoles, desde Calderón a García Lorca, y también de autores modernos españoles y latinoamericanos.

Centro Español. 239 de la calle 14 West. Telf. 212 929 78 73. Fue una especie de centro republicano y ahora es un lugar de encuentro para españoles. Es muy modesto, pero tiene una pequeña biblioteca con libros en español y un bar y restaurante, donde se puede comer bastante barato.

MOVERSE POR NUEVA YORK

PUBLICACIONES

Si se quiere estar enterado de todo lo que pasa en Nueva York, los espectáculos, la cartelera, etc., hay diversas publicaciones especializadas:

El *New York Times,* sobre todo en los suplementos *Weekend,* de los viernes, y *Arts & Leisure,* del sábado, ofrece una amplísima información cultural de la ciudad: teatro, música clásica, danza, jazz, pop, etc.

Time Out New York, que se puede comprar cualquier día de la semana, quizá sea la revista con la información más exhaustiva sobre todos los acontecimientos culturales. Está muy bien organizada y es fácil de consultar.

Village Voice es gratuita y se puede encontrar en las máquinas que se distribuyen por la ciudad o también en pilas al lado de los quioscos e, incluso, en algunos cafés. Es un periódico semanal espléndido, con mucha información, sobre todo de música en vivo y espectáculos alternativos.

ALOJAMIENTO

Una de las pocas ventajas que ofrecen los hoteles de Manhattan, y que es común al resto de los Estados Unidos, es que es normal que ocupen una habitación tres o cuatro personas. Las camas adicionales, que las ponen sin ningún problema, abaratan mucho los precios y, además, en bastantes hoteles los niños hasta una determinada edad (14 años) pueden dormir con los padres en una cama extra sin coste adicional.

RESERVAS ON LINE

La crisis provocada por el ataque terrorista a las Torres Gemelas ha hecho que disminuya el número de visitantes y que muchos hoteles, acostumbrados a estar siempre llenos, se vean en la necesidad de bajar los precios. Pero es seguro que el turismo volverá a Nueva York de forma masiva y que los mejores precios seguirán siendo los que se consiguen a través de Internet.

Direcciones interesantes son:
www.hotelguide.com
www.newyork.citysearch.com

Si la estancia es larga se pueden conseguir mejores precios, porque se contrata por semanas y no por días y también hay descuentos especiales de fin de semana. A pesar de las altas tarifas, los hoteles que no son de lujo no son especialmente buenos: las habitaciones son pequeñas y funcionales. Eso sí, tienen todas televisión y aire acondicionado, imprescindible durante el verano.

No hay que asustarse ni pensar que es por falta de limpieza si se encuentra alguna cucaracha. Dicen los neoyorquinos que los cimientos de Manhattan los mantienen las cucarachas y verdaderamente hay miles y son imposibles de eliminar en los edificios antiguos. Incluso hay un servicio de "exterminadores" que van todos los meses a casas particulares y establecimientos públicos para fumigar y, a pesar de eso, siguen apareciendo esos bichitos que se distinguen de los españoles porque son más pequeños y más rubios, debido quizá, a las múltiples mutaciones que han sufrido por los insecticidas.

TRANSPORTES PÚBLICOS

En Manhattan todo el mundo viaja en metro, autobús o taxi. El coche privado apenas existe,

ALQUILER DE APARTAMENTOS

A lo largo de la guía se han seleccionado los mejores hoteles o los que ofrecen mejores precios en cada uno de los barrios. Pero si se viaja en grupo, podría interesar alquilar por semanas un apartamento. Para ello os podéis dirigir a:

Hideaways International. Telf. 603 430 44 33 y 800 843 44 33 Fax 603 430 44 44.

Hometour International. Telf. 865 690 84 84 y 800 367 46 68. También se puede intentar conseguir lo que se llama un *Bed and Breakfast*, habitación y desayuno en apartamentos o residencias.

La mejor agencia es **Colby International**, que tiene su sede en Gran Bretaña y es de total garantía. Telf. 0151 220 58 48US y 404 818 58 77.

Bed and Breakfast Manhattan es también recomendable. Telf. (212) 472 25 28. Fax (212) 988 98 18.

Igualmente se puede llamar a **Bed and Breakfast Network of New York**, Suite 602, 134 W 32nd Street, N Y 10001; telf. (212) 645 81 34 y 800 900 81 34; aunque, en este caso, lo mejor es escribir una carta con, por lo menos, un mes de antelación.

MOVERSE POR NUEVA YORK

porque aparcar es prácticamente imposible, los aparcamientos públicos son carísimos y los garajes de hoteles y edificios de apartamentos también son prohibitivos. Sin embargo, nada impide entrar en la isla con coche, no hay prohibiciones ni restricciones de ningún tipo; lo único disuasorio es que, además de que no hay apenas sitio para aparcar, hay guardias por todos lados y las multas, de las que no se escapa ningún infractor, son altas y hay que pagarlas religiosamente.

AUTOBÚS

Cuesta 1,50$ y es necesario llevar monedas porque no aceptan billetes y no devuelven el cambio. Se puede pagar también con un *tocken* (una ficha de metal que cuesta lo mismo) o con una tarjeta que sirve para varios viajes. Ambas se compran en las estaciones de metro. No hay apenas descuentos. La única ventaja es que, si se compra una tarjeta de 10 viajes, dan uno gratis. También se puede pedir un "transfer", que

EN AUTOBÚS POR MANHATTAN

Cuando le preguntas a un neoyorquino cómo se va a un determinado lugar, sólo se le ocurre pensar que vas a ir en metro. Ni siquiera lo menciona, simplemente os dirá el número o la letra de la línea. Nadie, a menos que sea extranjero, puede pensar que vas a ir en "bus". Y no es porque no haya una buena red de comunicaciones: se puede ir en autobús a todas partes. El problema es el tiempo. Y es que, en la agitada Manhattan, los únicos que no parecen tener nunca prisa son los conductores y los usuarios del autobús.

Los autobuses tienen parada cada dos o tres calles, pero prácticamente paran en todas por los semáforos. Como no es un transporte habitual para los neoyorquinos y sí para los turistas porque así pueden ir viendo la ciudad, lo normal es que a medida que la gente va subiendo pregunte al conductor, dónde para, si va a determinado sitio y a qué distancia queda la calle concreta a la que va. El conductor, sin prisa, va contestando a cada pregunta y es corriente que, después de la respuesta, vuelvan a bajar porque no era el número adecuado.

tiene una duración de dos horas y permite tomar otro autobús para completar el itinerario, pero no es válido para la vuelta.

Los autobuses recorren todo Manhattan, de norte a sur y de este a oeste. Generalmente bajan por una calle o una avenida y vuelven por la otra. Los hay *express,* que suelen hacer menos paradas y que cruzan Manhattan para ir a los barrios de fuera de la isla.

En el Visitor Center proporcionan mapas gratuitos sobre la red de autobuses. Hay que informarse bien porque los fines de semana a veces no funcionan algunas líneas y, si hay mercadillos, pueden desviarse de su ruta sin previo aviso. El conductor va indicando las paradas y, antes de subir, se le puede preguntar sobre nuestro itinerario.

METRO

En Estados Unidos se llama **Subway.** Es extensísimo y está abierto las 24 horas. Es viejo y ruidoso, pero muy eficaz y no es aconsejable utilizarlo por la noche, después de las 22 h.

Viajar en autobús es divertido porque todo el mundo está relajado. Parece como si sólo lo utilizaran jubilados u ociosos. Cuando hay un minusválido en una parada, el conductor para, se baja del coche, acciona una rampa, ayuda a subir la silla de ruedas, ordena que despejen una zona, sujeta la silla y, por fin, vuelve a su asiento para seguir conduciendo. En ocasiones, el destino del señor o la señora de la silla de ruedas es dos paradas más allá, en cuyo caso, el conductor volverá a realizar la misma operación, ante la mirada sonriente y tranquila de todos los usuarios.

Y hay situaciones curiosas. Puede que cuando vayáis a introducir la tarjeta o las monedas en la maquina encontréis un letrero que diga: "out of order" (no funciona), y con otro a continuación que apostille: "disfrute del viaje, hoy es gratis". Los que vayan entrando lo leerán tranquilamente y sonreirán, pensando que están ahorrando 1,5$ por cruzar la ciudad, con tiempo suficiente como para admirar el paisaje urbano.

Como hemos dicho, la única pega de viajar en autobús es el tiempo. Si habéis quedado con alguien, calculad más de una hora para recorrer 50 calles. Un trayecto que el metro realiza en 20 minutos puede convertirse en media mañana si se viaja por la superficie. Hay que tenerlo en cuenta si se ha quedado a una hora fija o si se pretende llegar puntual al teatro.

PLANO DE METRO 1

PLANO DE METRO 2

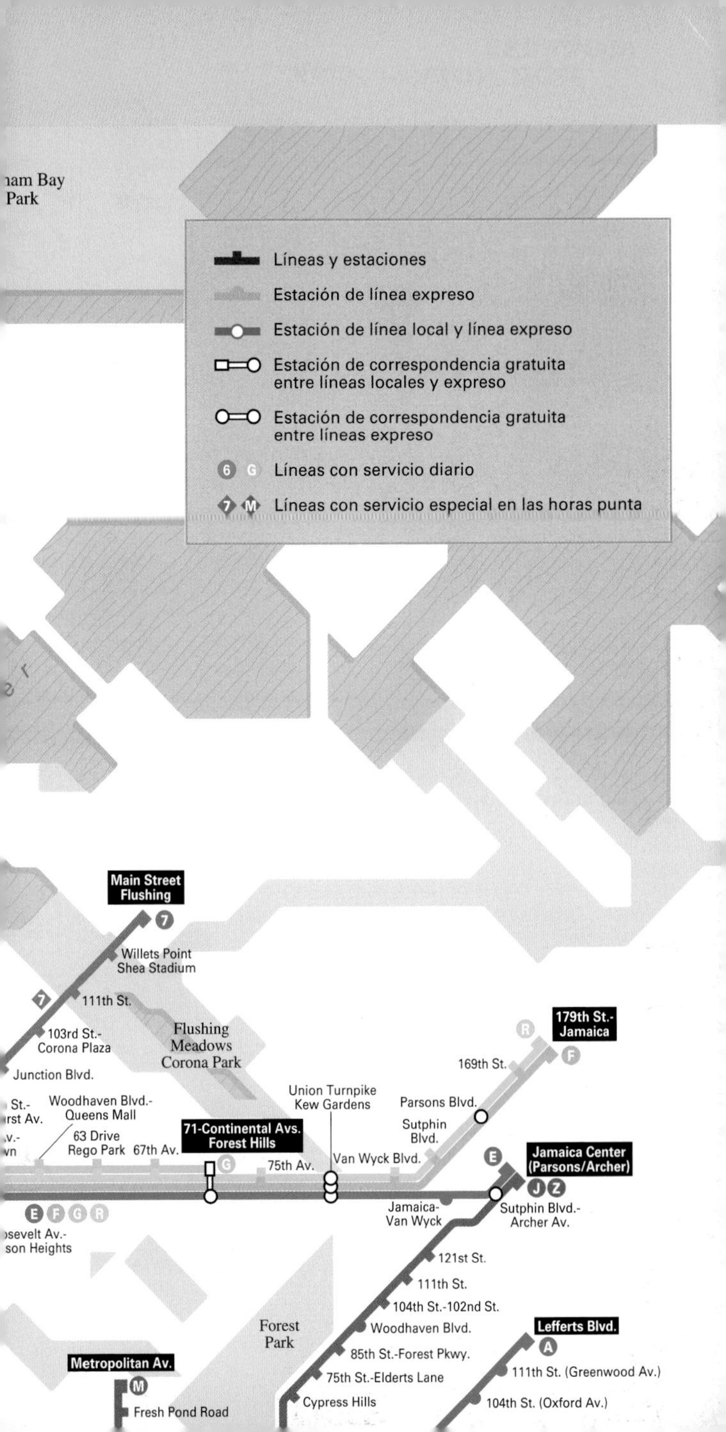

ham Bay
Park
Líneas y estaciones
Estación de línea expreso
Estación de línea local y línea expreso
Estación de correspondencia gratuita entre líneas locales y expreso
Estación de correspondencia gratuita entre líneas expreso
6 G Líneas con servicio diario
7 M Líneas con servicio especial en las horas punta
Main Street Flushing
7
Willets Point Shea Stadium
7
111th St.
103rd St.- Corona Plaza
Junction Blvd.
Flushing Meadows Corona Park
St.- rst Av.
Woodhaven Blvd.- Queens Mall
v.- vn
63 Drive Rego Park
67th Av.
71-Continental Avs. Forest Hills
G
75th Av.
Union Turnpike Kew Gardens
Van Wyck Blvd.
Parsons Blvd.
Sutphin Blvd.
169th St.
R
179th St.- Jamaica
F
E
Jamaica Center (Parsons/Archer)
J Z
Jamaica- Van Wyck
Sutphin Blvd.- Archer Av.
E F G R
sevelt Av.- son Heights
121st St.
111th St.
104th St.-102nd St.
Woodhaven Blvd.
85th St.-Forest Pkwy.
75th St.-Elderts Lane
Cypress Hills
Forest Park
Lefferts Blvd.
A
111th St. (Greenwood Av.)
104th St. (Oxford Av.)
Metropolitan Av.
M
Fresh Pond Road

MOVERSE POR NUEVA YORK

Durante el día, no hay problema: utilizan el metro todos los días tres millones y medio de personas. Tanto las líneas como los trenes se identifican con números o letras. Sólo hay que prestar atención para tomar

la dirección exacta y evitar los trenes "express", que no paran en todas las estaciones.

El precio es el mismo que el del autobús, 1,50$, pero aquí no hay problemas de cambio porque todas las estaciones cuentan con taquillas. Tampoco hay limitación de trayecto. Por 1,50$ se puede recorrer todo Nueva York. Si se compra una tarjeta de 10 viajes (las mismas que las del autobús) también regalan un viaje gratis, y ése es todo el descuento que se puede conseguir. Es imprescindible consultar el **mapa** que se adjunta en esta guía [pág. 24-27] o los que hay en los vestíbulos. Las entradas están señalizadas con el logotipo *MTA* iluminado y, como en Londres, hay algunos accesos en portales de edificios.

TAXIS

Hay miles, son amarillos y se cogen en la calle. Una luz verde en el techo indica que está libre. Si hay un cartel iluminado en el que pone "Off Duty" es que está fuera de servicio. Pueden viajar cuatro personas, la subida de bandera es de 2$ y va subiendo el taxímetro de 30 en 30 centavos cada quinta parte de una milla. No son excesivamente caros.

Si no hay atascos (que los suele haber y, sobre todo, muchos semáforos), un trayecto normal dentro de Manhattan puede costar unos 5$. Es un medio de transporte muy habitual e insustituible, sobre todo por la noche. No se puede fumar y conviene tener clara la dirección porque muchos taxistas son extranjeros, recién llegados, y conocen mal la ciudad. Se calcula que hay 12.000 taxistas de 85 países distintos, que hablan en total 60 lenguas entre las que, a veces, no se incluye el inglés.

La propina es del 15 por ciento, casi obligatoria, aunque se puede redondear y dar un poco menos –no es tan estricta como en los

restaurantes y hay un suplemento de 50 centavos entre las 20 h y las 6.30 h de la mañana. Si se va fuera de la isla, los peajes de los túneles y puentes son por cuenta del viajero.

TRENES

La principal compañía de trenes en Estados Unidos es *Amtrak,* que funciona en todo el país y ofrece descuentos en determinados billetes. Los estudiantes y la tercera edad pagan un 15 por ciento menos. Los niños menores de 15 años acompañados, el 50 por ciento, y los de menos de 2, gratis. Hay una línea rápida, que se llama *Metroliner,* con un buen servicio de trenes que van a Wahington en tres horas y media y a Boston en cuatro horas y media.

Penn Station, en la calle 33 con la Avenida Octava, es la principal estación y a la que llegan todos los trenes de larga distancia. Tiene conexión con el metro y es un importante nudo de comunicaciones. La otra estación, mucho más atractiva y a la que es imprescindible ir a comer o, simplemente a mirar, es la **Grand Central Station,** en la calle 42 esquina con Park Avenue. De aquí parten todos los días 550 trenes, casi todos de cercanías.

TELÉFONOS

Hay montones de cabinas en la calle, así como en los vestíbulos de los edificios, en los bares, etc. La llamada local cuesta 25 centavos (un *quarter),* pero también admite de 10 *(dime)* y de 5 *(nickel).* Si se quiere llamar a España, que puede costar entre 6 y 7$, hay que llevar un montón de monedas o comprar una tarjeta *(Phone Card),* que se vende en todos los kioscos y en muchas pequeñas tiendas. Las hay de 10, 20 y 30$ y tienen

MOVERSE
POR NUEVA YORK

al dorso instrucciones en castellano. La operadora también contesta en español y, al finalizar la llamada, informa del saldo restante. Es más barato llamar después de las 17 h, y mucho más, entre las 22 y las 8 h de la mañana. En los hoteles es bastante más caro. Todos los teléfonos que empiezan por 800 son gratuitos.

Para **llamar a España** hay que marcar el 011, que es el código internacional, después el 34, que es el prefijo español, y, por último, el número del abonado.

Para cualquier **emergencia** hay que marcar el 911, que es el número de la policía y también conecta con los bomberos y con las ambulancias. El 0 es la operadora y se puede utilizar gratis para hacer cualquier tipo de consulta.

MEDICAMENTOS

Hay cientos de farmacias, donde se pueden comprar todo tipo de medicamentos aunque, naturalmente, muchos de ellos requieren recetas. Algunas están abiertas 24 horas, pero la mayoría tiene un horario de 9 a 16 h. La farmacia **Kaufman,** en la calle 50, esquina con la avenida Lexington, que es muy conocida, no cierra nunca.

DESCUENTOS

Hay descuentos para estudiantes en muchos lugares: en los museos, en algunos espectáculos, etc. Pero hay que mostrar un carné que garantice la condición de estudiante.

Los viajeros de la tercera edad *(senior-citizen)* también disfrutan de muchas ventajas. Los hombres pagan menos en muchos sitios a partir de los 65 años y las mujeres a partir de los 62. Incluso hay restaurantes con menús más baratos para niños y personas mayores.

PROPINAS

Son una tortura porque no son voluntarias como en otros países, sino obligatorias. A los taxis hay que dejarles el 15 por ciento, así como a los camareros de todos los restaurantes y bares. A los porteros de los hoteles hay que darles 1$ si piden un taxi y a los maleteros 1$ por bulto (si el hotel es de lujo, 2$).

Los peluqueros, las manicuras y prácticamente todos los servicios también esperan recibir el 15 por ciento del importe total. Lo único que se deja a la voluntad del cliente es la propina a los guías.

Esta obligatoriedad de la propina se explica porque los camareros no tienen sueldo, se quedan sólo con ese 15 por ciento. Por tanto es vital para ellos y puede haber problemas, sobre todo en bares y restaurantes, si no se deja la cantidad correcta.

Desde luego, un neoyorquino nunca dará menos de ese 15 por ciento que se ha convertido en obligatorio y que se calcula muy fácilmente; los impuestos son un 7 por ciento y esa cantidad sí figuran en la factura. La propina, por tanto, nunca debe ser menos del doble de las tasas.

TABACO

Si la hipocresía norteamericana se midiera por el tabaco, sus cotas serían elevadas. Se vende en todas partes, en bares, restaurantes, supermercados, delicatessen, kioscos, etc., pero no se puede fumar en ningún sitio, excepto, casi, en la calle. Las puertas de los edificios están llenas de gente que bajan a fumar el pitillo, porque ni siquiera pueden encenderlo en el vestíbulo. En ningún café se permite fumar, ni en ningún comedor de restaurante.

Pero, curiosamente, sí se puede fumar en los bares que tienen licencia de alcohol, pero sólo en la barra. Si estáis cenando en una mesa –en todos los bares hay mesas y se puede comer o cenar–, tendréis que levantaros para fumar el cigarrillo. La barra está siempre llena de gente que abandona su silla para fumar.

Si se es invitado a cenar en una casa, lo normal es que no se pueda fumar, y ni siquiera está bien visto pedir permiso a los dueños. Sólo si la casa tiene terraza se puede preguntar tímidamente, dependiendo del ambiente, si podéis salir fuera a fumar.

En los hoteles hay pisos para fumadores y no fumadores. Generalmente las habitaciones donde permi-

FIESTAS Y ACONTECIMIENTOS

FIESTAS NACIONALES

Los norteamericanos trasladan a los lunes muchas de sus fiestas nacionales. Sólo mantiene cuatro o cinco muy importantes con fecha exacta. Daremos una lista de los nombres y las fechas:

Día 1 de enero	Año Nuevo
Tercer lunes de enero	Día de Martin Luther King
Tercer lunes de febrero	Cumpleaños de Washington
17 de marzo	Día de San Patricio
Marzo o abril	Viernes Santo
Último lunes de mayo	Memorial Day
4 de julio	Día de la Independencia
Primer lunes de septiembre	Día del Trabajador
Segundo lunes de octubre	Columbus Day
11 de noviembre	Día del Veterano
Finales de noviembre	Acción de Gracias
25 de diciembre	Navidad

DESFILES EN NUEVA YORK

Enero. Año Nuevo Chino en Chinatown.
Marzo (días 17 y 25). Desfile de San Patricio en la Quinta Avenida.
Desfile del Día de la Independencia Griega en la Quinta Avenida.
Abril. Desfile del Día de la Resurrección.

ten fumar son las peores. Está prohibido fumar en los pasillos, en el hall y en las zonas de comida y desayuno. Sólo está permitido en el bar que, normalmente, no está abierto todo el día. Tampoco se puede fumar en los aeropuertos, en ningún lugar, porque en las terminales ni siquiera han previsto zona de fumadores. Si se tienen muchas ganas habrá que salir, pues, a la calle.

COMPRAS

En Nueva York se puede comprar todo y a los mejores precios. Incluso cuando el dólar está más alto y todo resulta caro en la ciudad, las tiendas ofrecen auténticas gangas difíciles de encontrar en otras grandes ciudades. Pero hay que tener en cuenta que, sobre los precios que aparecen en las etiquetas o los escaparates, debe añadirse un 7 por ciento de impuestos. Siempre

Mayo. Fiesta de la Alimentación de la Novena Avenida.
Festival Ucraniano en la calle 7 East.
(Día 17). Desfile del Día de Martin Luther King en la Quinta Avenida.
Último fin de semana. Feria de Loisada en el Lower East Side.
Junio. Desfile del Día de Puerto Rico en la Quinta Avenida.
Fiesta de San Antonio en la calle Sullivan.
Fiestas Indias en Central Park.
Fiestas Judías de Primavera del Lower Est Side en East Broadway.
Festival de Arte de Tompkins Square.
Último domingo. Marcha del Orgullo Gay, desde Columbus Circus.
Julio (día 4). Celebración del Día de la Independencia.
Festival de Verano de Teatro y Música de Nueva York.
Festival de Música Mostly Mozart en el Lincoln Center.
Fiestas Japonesas de Oban, en Riverside Park.
Fiestas de Loiza Aldea en la avenida Lexington.
Agosto. Fiesta Folklórica en Central Park.
Septiembre. Desfile del Día de Steuben en la Quinta Avenida.
Fiesta de San Genaro en Little Italy.
Octubre (día 4). Desfiles del Día de Pulaski en la Quinta Avenida.
(Día 12). Desfiles de Columbus Day en la Quinta Avenida.
(Día 31). Halloween en el Greenwich Village.
Noviembre. Desfiles del Día de Acción de Gracias de Macy's, en Broadway
Diciembre (día 31). Nochevieja en Time Square.

se cobran aparte y en todas las tiendas, excepto en Chinatown, donde, misteriosamente, no hay tasas. En todas las tiendas, sin excepción, devuelven el dinero si no se está conforme con la compra. No importa si se ha pagado en efectivo, "cash", o con tarjeta de crédito. Incluso si se va a cambiar por la misma prenda de una talla distinta, devuelven primero el dinero en la caja y luego se vuelve a pagar.

Las tallas suelen ser bastante precisas, mucho más que en España (hay que tener en cuenta que los norteamericanos compran mucho por catálogo). Por tanto, no hace tanta falta probarse nada si se tiene prisa. El cliente puede llevar la prenda, probársela tranquilamente y volver al día siguiente para cambiarla si no le queda bien. Sólo en contadísimas ocasiones, cuando están en la última rebaja, puede que una prenda en concreto no se

MOVERSE POR NUEVA YORK

pueda cambiar, pero lo avisan siempre y piden que se mire cuidadosamente antes de efectuar la compra.

A continuación se ofrece una lista de los grandes almacenes de nueva York, la mayoría bastante elegantes, que tienen de todo y en abundancia y donde siempre se puede comer, incluyendo también la dirección de los principales centros comerciales.

GRANDES ALMACENES

Bloomingdale's, en el 1.000 de la Tercera Avenida, en la esquina con la calle 59.

Macy's, 151 W de la calle 34 entre la avenida Broadway de Herald Square.

El elegante **Saks Fifth Avenue,** en el 611 de la Quinta Avenida, esquina con la calle 50.

Lord & Taylor, en el 424 de la Quinta Avenida en la esquina con la calle 39.

Bergdonf Goodman, en el 754 de la Quinta Avenida, esquina con la calle 58.

El maravilloso almacén japonés **Takashimaya,** con su bonito salón de té, en el 693 de la Quinta Avenida, entre las calles 54 y 55.

Henri Bendel, en el 712 de la Quinta Avenida, entre las calles 55 y 56.

Bamey's, en el 600 de la avenida Madison, entre las calles 60 y 61.

CENTROS COMERCIALES Y TIENDAS

Manhattan Mall, en el número 100 de la calle 33 W, en la esquina de la Sexta Avenida.

Pier 17, South Seapont.

El elegante **Trump Tower,** 725 de la Quinta Avenida, entre las calles 56 y 57.

A esto hay que añadir las tiendas de moda como **Ann Taylor, Banana Republic, Club Monaco, Diesel, Gap, J. Crew, Laura Ashley, The Limitd** o **Urban Outfitters,** muchas de ellas con dos o tres establecimientos, casi siempre en el SoHo y en el Midtown. Los grandes diseñadores se han instalado en la calle Madison, en el Midtown y Uptown y en el SoHo.

TALLAS

Las tallas en Estados Unidos son distintas a las españolas. Esta tabla servirá para orientarse:

ROPA DE SEÑORA

Vestidos, trajes y pantalones

España	EE.UU.
36	6
38	8
40	10
42	12
44	14
46	16
48	18
50	20

JERSÉIS Y BLUSAS

La talla 38 española equivale a la 30 en Estados Unidos y va subiendo de dos en dos. La 40 española es la 32, la 42 es la 34 y así, sucesivamente.

ZAPATOS

Existen las medias tallas y no suelen coincidir con las españolas. Lo mejor es probárselos. En muchos lugares especializados, el vendedor mide el pie del cliente con un aparato y no es necesario pedir ningún número. Pero para hacerse una idea, ésta sería la reconversión aproximada:

España	EE.UU.
34/35	4
35/36	5
36/37	6
37/38	7
38/39	8

Pero, como ya hemos dicho todos las tallas tienen media: 4 y 1/2, 5 y 1/2, etc.

ROPA DE CABALLERO

Abrigos, jerséis y trajes

España	EE.UU.
46	26
48	38
50	40
52	42
54	44

Camisas. Los cuellos van de medio en medio punto, pero equivalen a una talla española.

España	EE.UU.
36	14
37	14 1/2
38	15
39	15 1/2
40	16
41	16 1/2
42	17
43	17 1/2

El calzado de caballero o deportivo es igual que el de las señoras. También hay medias tallas y, habitualmente, diferentes anchos. Pero lo normal es que sea el vendedor el que mida el pie y busque el más apropiado.

MEDIDAS Y PESOS

En Estados Unidos ninguna medida es como en España. Ni la temperatura, ni el peso, ni la longitud, ni la capacidad. Así que hay que acostumbrarse a estar a 30° (Fahrenheit) con un frío que pela, a limitar la velocidad del coche a 85 millas por hora, a llenar el depósito con galones y a comprar dos libras de manzanas. Las tablas de reconversión, por tanto, son imprescindibles:

TEMPERATURA

Centígrados	Fahrenheit
-1	30
4	40
10	50
16	60
21	70
27	80
32	90

DISTANCIA

2,5 cm	una pulgada (inch)
30,48 cm	un pie (foot)
0,9 m	una yarda (yard)
1,6 km	una milla (mile)

MEDIDAS DE LÍQUIDOS

0,47 gr	una pinta (pint)
3,8 l	un galón (gallon)

PESOS

28 gr	una onza (ounce)
448 gr	una libra (pound)

Pero también hay que destacar otras cadenas, muy baratas, diseminadas por todo Manhattan:

Conway Stores. Hay varias tiendas en Manhattan, una en la avenida Broadway, entre las calles 34 y 35, y otra, por ejemplo, en la calle 42, en la esquina con la Tercera Avenida, por citar dos muy céntricas. Aparentemente no es una tienda atractiva, pero hay muchísimas prendas de algodón, de buena calidad, a precios verdaderamente bajos: camisas, polos, pantalones, blusas... Vale la pena mirar y, casi seguro, comprar, porque la ropa informal es buena y barata.

Odd Job Trading Corp. Es otra cadena con varias tiendas, una de ellas en el 390 de la Quinta Avenida, donde venden, a precios excepcionales, cosas para la casa, adornos para Navidad, juegos de café, utensilios de cocina, juguetes, etc. en cantidades industriales y todo a precios de risa.

Webers Closeout Centers. Tiene varios almacenes, uno de ellos en el 475 de la Quinta Avenida, y vende de todo, incluso artículos de diseño, pero a precios de saldo: zapatos, maletas, bolsos ropa, cosméticos, discos... Algunas prendas de ropa tienen defectos, pero la mayoría están en perfecto estado. Un ejemplo: una maleta de Pierre Cardin de 105$ se puede encontrar por 30$.

Strawberry. Se menciona en la descripción de alguno de los barrios. Tiene muchas tiendas en Manhattan, una de ellas al lado de la Grand Central Station. Vende sólo ropa pde señora a excelentes precios y, además, siempre tiene rebajas. En verano hay que destacar los linos y las sedas, y en invierno, la piel vuelta y las chaquetas, tipo americana, de lana.

MERCADOS CALLEJEROS (*FLEA MARKETS* Y ARTESANÍA)

Son una verdadera institución y los hay por todas partes. Aquí sólo mencionaremos los permanentes, aunque es posible que paseando por cualquier barrio un fin de semana se encuentre alguno, que se celebre con motivo de la fiesta del barrio, algún acontecimiento especial o, simplemente, porque sí.

En el sur

Essex St. Covered Market, en la calle Essex, entre Rivington y Delancey. Es uno de los pocos que abre de 9 a 18 h, de lunes a viernes, y ocupa un edificio municipal. Se pueden encontrar comida *kosher,* china, latina, pero también bisutería y ropa.

SoHo Antiques Fair está en la calle Grand, esquina a la avenida Broadway y se instala en un garaje al aire libre los sábados y los domingos de 9 a 17 h. Venden de todo, nuevo y usado, desde muebles, a ropa, artesanía y todo tipo de cachivaches.

Tower Market, en la avenida Broadway, entre las calles 3 y 4 West. Abre sábados y domingos de 10 a 19 h y tiene ropa, artesanía latinoamericana, bisutería, etc.

En el centro

Annex Antiques Fair & Flea Market. Avenida de las Américas, entre las calles 24 y 27. Sábados y domingos de 10 a 18 h. Es quizá el más grande, con cerca de 600 vendedores a ambos lados de la avenida y en un garaje de la calle 25. Tienen de todo y es uno de los más visitados. Se calcula que pasan por ahí 10.000 personas cada fin de semana.

MOVERSE POR NUEVA YORK

En el norte

Greenflea Market Eastside, en la calle 67 East, entre las avenidas Primera y York, y **Greenflea Market Westside,** en la avenida Columbus, entre las calles 76 y 77 West. Son dos mercados paralelos, muy parecidos, donde se vende verduras frescas, pero también antigüedades y todo tipo de artesanías. El del este está abierto los sábados de 6 a 18 h y el del oeste, que es un poco más popular, los domingos de 10 a 18 h.

VISITAS GUIADAS

Lo mejor para conocer Nueva York es coger un mapa y callejear. Es una ciudad fácil de recorrer, donde es casi imposible perderse y donde las calles son tan atractivas que vale la pena ir de explorador. Sin embargo, si se quiere tener una visión rápida de la ciudad o verla desde el agua o desde el aire, no hay problema: en Manhattan hay ofertas para todos los gustos.

TOURS EN AUTOBÚS

Hay dos grandes compañías:
New York Doubledecker efectúa dos recorridos en autobuses de dos pisos, parecidos a los londinenses. En invierno el horario es de 9 a 15 h y en verano de 9 a 18 h. Se pueden tomar cada media hora al lado del Empire Estate Building, en la Quinta Avenida. El primer recorrido, por el centro y el sur de la ciudad, cuesta 19$, pero es posible subir y bajar durante tres días. El segundo, que cuesta 28$, incluye Harlem.
Grey Line New York realiza el tour en unos tranvías similares a los de los años treinta y, entre los meses de mayo y octubre, ofrece un viaje especial por Central Park, en el que se recorre verdaderamente todo el parque. Salen de la calle 42 con la avenida 8 y los precios son un poco más altos.

HELICÓPTEROS

Es carísimo, pero merece la pena ver Manhattan desde el aire. Unos quince minutos cuestan 155$, y por 50$ el paseo no dura ni cinco minutos. La empresa se llama **Liberty Helicopter Tours** y hay que ir a la calle 30, en la orilla del río Hudson. Funcionan de 9 a 21 h.

BARCOS

Hay varias compañías que bordean la isla o una
parte de ella. Es interesante porque con estos pequeños cruceros se tiene una idea bastante aproximada de lo que es Manhattan.
Circle Line Cruise. Dura tres horas y media
y da la vuelta a todo Manhattan. El precio
es de 22$ y los barcos salen a diario desde
el muelle 83, al lado de la calle 42 West. Funcionan de marzo a
mediados de diciembre y el circuito es más reducido desde mediados de diciembre hasta marzo.
NY Waterway ofrece un crucero de 90 minutos de día y de noche
por 16$. Sale diariamente desde abril hasta primeros de diciem-
bre y los nocturnos de mayo a agosto. Hay que ir al muelle 78,
al lado de la calle 38 West.
Express Navigation es un barco rápido que realiza el recorrido
en 75 minutos por 15$. Sólo funciona los fines de semana de
mayo a septiembre. Su emplazamiento es el muelle 11, a dos
bloques del sur de South Street Sea-
port.

The Spirit of New York. Hay que
comer o cenar. El *lunch* cuesta entre
35 y 45$ y la cena entre 65 y 80$.
Tiene música y se puede bailar.
Funciona todo el año. Se toma en
el muelle 62, al lado de la calle
23 West.
Word Yacht Cruises. Sólo funciona los fines de
semana. Dura dos horas y hay que comer. Se sirve un *brunch*
por 40$ y la cena de los sábados y los domingos por 75$. Está
abierto todo el año y también tiene música y se puede bailar.
Está atracado en el muelle 81, al lado de la
calle 41 West.

RESTAURANTES

Se calcula que hay 25.000 restaurantes, de todas
las nacionalidades y de todos los precios que,
además, suelen estar bastante llenos. Los neoyorquinos son muy aficionados a salir a cenar y el
elevado número de turistas que llegan a Manhattan cada año contribuye también a que siga
aumentando este próspero negocio.
Cuando se llega a Nueva York por primera vez, uno tiene la sensación de que la gente se pasa el día comiendo. Van por la calle
con la hamburguesa, el perrito caliente o el bollo. En todos los

MOVERSE
POR NUEVA YORK

parques, los bancos están llenos de gente con algo de comer y los establecimientos donde venden comida para llevar, que son miles, están siempre llenos.

Pero, aunque haya algún comedor compulsivo y, de vez en cuando, se vean por la calle esos gordos que sólo parecen existir en Estados Unidos, la mayoría de los neoyorquinos cuida su dieta y come lo que en cualquier país occidental. Quizá la explicación esté en que la gran masa, que trabaja en la ciudad y que no vuelve a casa hasta la noche, come a la hora que le parece y en el sitio donde pilla, entre otras cosas, porque todo está abierto y siempre hay comida disponible y porque los norteamericanos, muy protocolarios en algunas cosas, no tienen el más mínimo pudor en ir por la calle bebiendo un café o tomando una ensalada con tenedor de plástico.

En casi todos los bares se puede comer a todas las horas y en la mayoría de los restaurantes hay servicio a domicilio, sin coste adicional. Otra de las peculiaridades es la *doggy bag*, literalmente "bolsa para el perro", pero que, en realidad, es para el comensal. En todos los restaurantes o delicatessen, quizá no en los más exclusivos, la comida que sobra se guarda cuidadosamente en unas bolsas preparadas para tal fin y se entrega al cliente. En ocasiones, incluso antes de empezar a comer, se retira una parte del plato y se pide al camarero que lo ponga en la *doggy bag*. Se llega a tales extremos de guardar, por ejemplo, los pepinillos que ponen en abundancia en los *delis* judíos o parte de la ensalada o medio sándwich.

DESAYUNO, COMIDA Y CENA

El **desayuno** es una comida importante y, además, es lo más barato. Hasta las 11 h casi todos los *coffee shop* tienen ofertas y por 5, 6 o 7$ se pueden tomar huevos, bacon, salchichas, café en cantidades industriales, tostadas con mermelada y mantequilla, una especia de panecillos redondos deliciosos que se llaman *English muffin*, *waffles* y tortitas con almíbar o miel.

Una cosa que hay que saber, y no sólo para desayunar, es que los camareros son "muy preguntones". Preguntan cómo quieres los huevos, acompañados de qué, cómo quieres las patatas, si

40

el zumo lo quieres pequeño, mediano o grande, etc. Y todo eso se contesta a gran velocidad porque los neoyorquinos pierden poco tiempo desayunando.

Una de las ventajas, no sólo a la hora de desayunar, sino a todas horas, es que en todos los restaurantes, a menos que sean de mucho lujo, el agua es gratis y la sirven casi sin pedirla. Tienen grandes jarras con hielo y van pasando por las mesas llenando los vasos. También suele ser gratis la segunda o tercera taza de café. No es un café exquisito, siempre de Melita recalentado y demasiado

suave para el gusto español, pero se toman varias tazas y la camarera sirve una y otra vez a todo el que lo pide.

A la hora de la comida, el **lunch,** hay tanta oferta que no merece la pena ni planificarla. Los norteamericanos, a mediodía, excepto los sábados y los domingos, comen rápido y donde pillan. Lo más barato son los *coffe shop,* donde se pueden comprar sándwiches, que son mucho más grandes y variados que los españoles y, a veces, van acompañados de patatas y ensalada.

CIBERCAFÉS

Los adictos a los ordenadores no echarán de menos "navegar" en esta ciudad, llena de cibercafés. Se pueden utilizar servidores especiales para viajeros, como el **www.traveltales.com** y otros como **www.hotmail.com** o **www.usa.net**
Para tener la lista completa de los cibercafés basta con saber que en **www.cyberiacafe.net/cyberia/guide/ccafe.htm** se encuentra la lista completa.

Y los delicatessen, en los que se puede uno sentar o comprar para comer en la calle *(to go).* A la hora del *lunch,* no así en las cenas, lo normal es ver a gente comiendo sola, con

el periódico o el libro prácticamente metido en el plato y a una velocidad que parece que lo menos importante es saborear lo que se está comiendo. Otra posibilidad es ir a Chinatown y tomar el *dim sum,* que en realidad es el plato del día, pero que consiste en ir cogiendo platillos de un carrito que va pasando por las mesas y

pagar al final, dependiendo de la cantidad de platos que se hayan elegido. También se puede comer a la carta por un precio no excesivo. En Chinatown es mejor comer que cenar, porque cierran pronto y el barrio empieza a ser muy aburrido a partir de las 21 h.

Muchos neoyorquinos se limitan a tomar fruta, que venden cortada en todos los delicatessen. Se van echando los trozos en un recipiente de plástico y se paga según el peso. Da igual el tipo de fruta que se elija. El precio sólo depende de la cantidad. En muchos de estos lugares también tienen platos calientes y el sistema es el mismo. Se mezclan las verduras, la carne, las patatas, la ensalada, etc. en un recipiente y se pesa. Lo mismo se paga por la carne que por patatas.

La **cena** es otra historia. Los neoyorquinos, que salen a cenar muy a menudo, sobre todo en fin de semana, suelen elegir cuidadosamente el restaurante y reservar con antelación. Llegar a un restaurante sin reserva es casi impensable y lo normal es que no haya sitio. Otra particularidad es que no se puede entrar en el comedor hasta que el encargado no indique la mesa. La gente guarda pacientemente en la cola, incluso aunque tenga reserva, y espera a que le sienten.

La cena se toma con tranquilidad, generalmente acompañada de vino, y es raro ver a gente comiendo sola. Es un acto social y así se lo toman. Se visten para la cena, los comedores se convierten en lugares de animadas charlas, eso sí, a media voz, para no molestar a los vecinos, y la impresión es que se va a cenar para tener un rato de tranquilidad y pasarlo bien. Generalmente se empieza por un aperitivo, que no es como el español, es simplemente una bebida, un Bloody Mary, un Whisky Sour, etc. y después de pasa a las entradas y al segundo plato.

Las posibilidades de elegir restaurante en Manhattan son casi infinitas, así como el **tipo de cocina:** francesa –que generalmente es cara porque lo francés sigue siendo lo más "chic"–, italiana, china, japonesa, indú, criolla, griega, mexicana, española, judía, vegetariana, de Europa del Este, irlandesa, tailandesa, vietnamita, tibetana, árabe y de cualquier otro país imaginable.

El **brunch** de los sábados y los domingos, que se sirve desde mediodía hasta las 16 h, sigue el mismo rito que el de las cenas.

ALGUNAS FRASES Y TÉRMINOS GASTRONÓMICOS

Gime me the menu, please.	Deme la carta, por favor.
I am ready to order.	Ya puedo pedir.
Broiled	A la parrilla
Brunch	Comida que se hace los fines de semana y que tradicionalmente era una mezcla de desayuno y lunch.
Check	Cuenta (en Gran Bretaña es bill).
Clam showder	Sopa de almejas y otros mariscos, muy espesa.
Doggy bag	Bolsa que se entrega al cliente en los restaurantes con la comida que ha sobrado.
English muffin	Exquisito panecillo que se come tostado y con mantequilla en el desayuno.
Hash brown	Patatas cortadas muy finas y con mantequilla que se hacen a la plancha a modo de tortilla.
Sorh-shell crab	Cangrejo de caparazón blando, comestible.
With or withous?	Café con leche o solo.
Sunny side up	Huevos fritos por un lado.
Over	Muy fritos por ambos lados.
Easy over	Poco fritos por ambos lados.
Scramble eggs	Huevos revueltos.
Eggs Benedicts	Huevos escalfados sobre un English muffin con jamón y una salsa, que se suelen tomar en el brunch.

ALIMENTOS MÁS HABITUALES

Aceite	Oil	Galletas	Cookies
Agua	Water	Gamba	Shrimp
Arroz	Rice	Huevos	Eggs
Bacalao	Cod	Jamón	Ham
Berenjena	Egg-plant	Langosta	Lobster
Café	Coffe	Leche	Milk
Calabacín	Zucchini	Lechuga	Lettuce
Cebolla	Onion	Mantequilla	Butter
Cerdo	Pork	Merluza	Hake
Cordero	Lamb	Mermelada	Jam
Dulces	Sweets	Ostras	Oysters
Ensalada	Salad	Pan	Bread

43

MOVERSE POR NUEVA YORK

Patatas	Potatoes	Solomillo	Tenderloin o Sirloin
Patatas fritas	Potatoes chips o French fries	Sopa	Soup
Pato	Duck	Tomate	Tomatoe
Pavo	Turkey	Ternera	Veal
Pollo	Chicken	Vaca	Beef
Postre	Dessert	Vinagre	Vinegar
Queso	Cheese	Vino	
Refrescos (en general)	Soda	blanco	White wine
		Vino tinto	Red wine

CÓCTELES

Bacardi	Ron blanco, lima y granadina.
Black Russian	Vodka con licor de café y cacao.
Bloody Mary	Vodka, zumo de tomate, tabasco, salsa worcester, sal, pimienta y una rama de apio.
Cosmopolitan	Es el Martini de Nueva York y se hace con vodka y zumo de arándanos y lima.
Daiquiri	Ron negro, zumo de lima y, a veces, frutas.
Higball	Cualquier licor combinado con soda.
Kir Royale	Champán y licor de casis.
Long Islanda Iced Tea	Ginebra, vodka, ron blanco, tequila, zumo de limón y cola.
Manhattan	Vermut, whisky, zumo de limón y cola.
Margarita	Tequila, Triple Seco y zumo de lima.
Mint Julep	Bourbon, menta y azúcar.
Piña colada	Ron negro y blanco, coco, crema y zumo de piña.
Screwdriver	Vodka y zumo de naranja.
Tequila Sunrise	Tequila, zumo de naranja y granadina.
Tom Collins	Ginebra, zumo de limón, soda y azúcar.
Whisky Sour	Bourbon, zumo de limón y azúcar.

EL SERVICIO

Camarero	Waiter	Plato (vajilla)	Plate
Cuchara	Spoon	Plato (comida)	Dish
Cuchillo	Knife	Sevilleta	Napkin
Cuenta	Chek	Tenedor	Folk
Café	Coffe	Vaso	Glass

Si se va a un buen sitio hay que reservar y también tiene algo de acto social, aunque un poco más funcional. Se empieza con un cóctel y después se toma un plato que puede ser un filete, salmón ahumado o los famosos huevos Benedict.

Aunque en muchos restaurantes hay camareros que hablan español, conviene conocer algunos términos en inglés (Ver **vocabulario,** pág. 43-44).

Casi todos los segundos platos tienen guarnición: patatas o verduras y ensalada, y hay que elegir contestando a las interminables preguntas de cómo se quieren las patatas: *baked* (cocidas) o *French fries,* y cómo se desea la carne: *rear* (poco hecha), *midium* (en su punto), *well* (bien hecha) o, incluso, *midium well* (bien hecha pero sin pasarse). También es variada la oferta de verduras, así como el tipo de aliño de la ensalada: *Russian,* una especie de salsa rosa; *Italian,* aceite y vinagre pero con hierbas; *French,* una salsa rojiza; de queso o, simplemente, *oil and vinegar.*

LA BEBIDA

Aunque parezca mentira, salir por la noche y tomar una copa no es demasiado caro. En un sitio muy elegante no cobrarán nunca más de 9 o 10$ por copa. Eso sí, la cantidad de bebida que se sirve es má pequeña que en España –similares a las europeas– y la cantidad de hielo es, aproximadamente, el doble.

Son muy aficionados a los **cócteles,** que, en muchos locales, los preparan con verdadera maestría, pero la bebida nacional sigue siendo la cerveza, que los neoyorquinos degustan una detrás de otra en los múltiples pubs. La **cerveza** norteamericana –*Buswaiser, Michelob* o *Miller*– es floja y bastante insípida y se sirve siempre muy fría. Viene costando unos 5$ en un bar y es raro que el camarero no pregunte al cliente si quiere otra en cuanto se empieza a acabar al vaso.

El **vino** se va imponiendo poco a poco y empieza a suplantar a la cerveza en muchos lugares. La diferencia fundamental es que en los "delis", que están abiertos hasta muy tarde, sólo hay cerveza. Para comprar vino hay que acudir a las tiendas especializadas. Pero en todos los bares se puede pedir un vaso de vino, que, generalmente, será de California y no peor que el peleón de aquí. El precio es similar al de la cerveza, siempre que no se pidan marcas especiales. Con el vino son más generosos que con los licores, y el vaso suele ser de buen tamaño, más grande que en España, pero también mucho más caro.

En los restaurantes el vino no es barato: si se pide una botella hay que tener en cuenta que costará más que el doble que en una licorería y que no hay botellas de muy baja calidad. Es imposible pagar menos de 25$, pero en los menos elegantes se puede pedir un vaso y el precio es similar al de un bar. Encontrar vinos muy baratos, incluso en las tiendas especializadas, no es fácil y no hay demasiada diferencia entre los propios, los de California, algunos de gran calidad, y los españoles o los franceses. Los chilenos y argentinos suelen resultan más baratos y son muy aceptables.

Si se pide whisky y no se especifica la marca, lo normal es que sirvan bourbon, que es el whisky norteamericano. Si no se quiere

GAYS Y LESBIANAS EN NUEVA YORK

Manhattan es, sin duda, uno de los lugares más tolerantes de Estados Unidos, más, desde luego, que el resto de los barrios de Nueva York, por la tradición de Greenwich Village desde los años setenta, tras las luchas callejeras alrededor del bar Stonewall y el posterior logro de los derechos de los gays. El periódico gratuito del barrio, pero de gran tirada y prestigio, *Village Voice*, tiene secciones especiales para homosexuales, tanto espectáculos, como todo tipo de información política y social de interés para este colectivo. La tolerancia dentro de Manhattan e incluso en algunos lugares de Brooklyn, como los alrededores del parque Slope, es total, aunque haya zonas donde viven un mayor número de gays y lesbianas y, sobre todo, donde hay más locales con "ambiente".

Chelsea, en los alrededores de la avenida 8, entre las calles 14 y 23, West Village, en general y los alrededores de la calle Christopher, en Greenwich Village, son donde viven un mayor número de gays y lesbianas y, sobre todo, donde hay más locales especializados: librerías, agencias de viajes, hoteles y centros donde se pueden poner anuncios para conseguir contactos. Uno de estos centros, el más importante, es el **Gay and Lesbian National Hotline**, telf. 212 989 09 99, pero lo mejor es dirigirse al **Service Center**, donde proporcionan todo tipo de información, desde la más frívola a la más seria. Incluso es posible ponerse en contacto con ellos, vía Internet, en la dirección **www.gaycenter.org**

ni un *Jim Bean,* ni un *Jack Daniels,* ni un *Old Grandad,* se debe pedir un *scocht* y servirán un whisky escocés. Tampoco se os ocurra pedir Martini porque para los norteamericanos es un cóctel a base de vermut y ginebra.

Muchos bares tienen **"happy hours"**, y siempre se anuncia en la entrada. Es una hora de la tarde, entre las 17 y 19 h, dependiendo de los bares, en la que la bebida tiene un precio especial: cócteles a 3$ y, casi siempre, con algo de comida totalmente gratis. La mayoría se sitúan en el Midtown y el Financial District, porque sus clientes son, en su mayoría, trabajadores de las oficinas cercanas en busca de una copa barata y algo de comer antes de volver a casa. Los hay verdaderamente elegantes, con clientela fija pudiente, aunque aficionada a esta peculiar forma de ahorro.

No se puede hablar de la bebida sin mencionar otro de los grandes actos de hipocresía de la peculiar sociedad norteamericana: la prohibición de **llevar bebidas alcohólicas a la vista** por la calle porque se considera que es un mal ejemplo. Por tanto, en todas las licorerías, el alcohol, incluso el vino, se mete en una bolsas marrones, de papel de estraza, para que no se vea el contenido. Se puede beber en la calle, pero no se debe ver la botella y así se evita el escándalo. Se "evita" entre comillas porque todo el mundo sabe que cuando alguien está bebiendo de una botella, metida hasta el cuello en una bolsa de papel, es que se trata de alcohol. Y es mucho más visible una bolsa que una botella. Lo que se consigue, eso sí, es que no se sepa si se bebe whisky o ginebra.

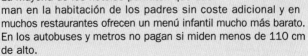

NUEVA YORK PARA NIÑOS

Es una ciudad donde los niños se lo pueden pasar en grande, sin gastar dinero en exceso. La mayoría de los hoteles permiten que duerman en la habitación de los padres sin coste adicional y en muchos restaurantes ofrecen un menú infantil mucho más barato. En los autobuses y metros no pagan si miden menos de 110 cm de alto.

Las calles de Manhattan resultan atractivas para los pequeños por el movimiento, la variedad de sus gentes, las luces, los escaparates, los músicos callejeros... Pero, además, ofrece una gran variedad de actividades para su disfrute. En todas las tiendas de juguetes proporcionan gratis una revista llamada *Big Apple*

MOVERSE
POR NUEVA YORK

Parents' Paper, donde aparecen reseñados los museos de interés para niños, las tiendas de ropa y los espectáculos dedicados a ellos.

Hay que tener en cuenta, sin embargo, algunas peculiaridades sobre la educación de los niños en Estados Unidos. Quizá más que en España, los niños son "los reyes" y los padres se convierten en esclavos de sus múltiples actividades. Es raro ver niños en lugares de adultos y no está bien visto que los peque-

ños trasnochen. Es impensable ver críos en la calle a la hora de cenar y casi insólito encontrarlos en bares. Pero, sin embargo, muchos restaurantes, a la hora del almuerzo, disponen de sillas especiales para ellos y, como ya hemos dicho, incluso menús apropiados. Por tanto, si los padres desean salir por la noche hay agencias que propor-

cionan niñeras por horas que los cuidan con total garantía. **Baby Sitter Guild,** telf. (212) 682 02 27, es una de ellas.

Es relativamente corriente ver por la calle chicas cuidadoras de niños, que van con unos cochecitos especiales, transportando a cinco o seis bebés camino del parque. Y en los barrios muy elegantes, las niñeras vestidas de blanco –no con cofia sino con uniforme de enfermeras– son las encargadas de que los niños paseen a diario.

Independientemente de las actividades infantiles que puede haber, dependiendo de las fechas y que figuran en la mencionada revista, daremos una lista de lugares y tiendas para niños.

GRANDES ALMACENES Y TIENDAS

Como en todas partes del mundo, los grandes almacenes tienen secciones infantiles con gran variedad de artículos, y, naturalmente, hay montones de tiendas de juguetes como, por ejemplo, **Toys'R Us,** y otras muchas. Pero en Manhattan, además, hay dos almacenes exclusivamente para niños y superespecializados:

Warner Brothers Studio Stores, en el número 1 East de la calle 57, justo en la esquina con la Quinta Avenida. Es una tienda de ocho pisos con toda la parafernalia de la Warner, desde Bugs Bonnys gigantes a Batman. Está lleno de pantallas con dibujos animados, decorado con los personajes de la Warner y se puede comprar todo lo necesario para disfrazarse de cualquier héroe de los dibujos animados. Es un almacén-espectáculo, en el que los niños disfrutan con sólo mirar.

Disney Store está muy cerca del anterior, en la Quinta Avenida, esquina con la calle 55 y, sin ser tan espectacular en su decoración como el de la Warner, puede ser divertido para los niños porque ahí están todos los personajes de Walt Disney.

OTRAS TIENDAS

Abracadabra Superstore, en el 19 West de la calle 21, entre la Quinta y la Avenida de las Américas. Seguro que les gusta a los niños, pero mucho más a los padres. Los dos anteriores no son precisamente baratos y en esta tienda se puede encontrar a muy buen precio todo tipo de artilugios para magos, disfraces, y, además, los fines de semana se puede asistir gratis un espectáculo de magia.

West Side Kids está en el 498 de la avenida Amsterdam, en la esquina con la calle 84 y es una tienda barata y muy bien surtida de juguetes educativos y libros. Hay artículos desde 25 centavos a 3$. Los niños tienen muchas cosas donde elegir y los padres pueden respirar tranquilos porque los bolsillos no corren excesivos riesgos.

ROPA

Good-byes es una tienda de segunda mano, pero increíble. Tiene ropa, en perfectas condiciones, de alta calidad y de todas las tallas a precios verdaderamente bajos. Ropa de invierno y de nieve por 15$ y todo tipo de accesorios, incluso libros y juguetes. Los norteamericanos, que son muy prácticos y que saben lo que crecen los niños, son adictos a esta tienda.

Kids are Magic. 2.293 de la avenida Broadway. Es ropa nueva, pero toda está rebajada entre un 40 y un 60 por ciento. Es una tienda de dos pisos repleta de artículos para niños y niñas

New York City Kids (NYCK), en el 495 de la Avenida Séptima, es un filón. Tiene todas las marcas buenas de ropa, zapatos y accesorios, tanto de sport como de vestir, a los precios más bajos. Por ejemplo una cazadora de cuero Harley Davidson, que cuesta unos 80$, aquí se encuentra a 55$, y hay cosas mucho más baratas.

PARA QUE SE DIVIERTAN

Central Park Carousel. Es un tiovivo de los más antiguos, que está a la entrada de Central Park, muy cerca del Zoo infantil. Es

DISCAPACITADOS EN NUEVA YORK

No es de las peores ciudades para los discapacitados, casi todas las calles tiene las esquinas de las aceras en rampa para las sillas de rudas y, aunque el estado del suelo –tanto las las aceras como de la calzada– es bastante malo, los neoyorquinos están siempre dispuestos a echar una mano. Por otra parte, muchos restaurantes, tiendas y cines cuentan con entradas especiales para discapacitados. Todos los edificios públicos, construidos o remodelados después de 1993, incluidos los hoteles, disponen con instalaciones especiales. Y, por supuesto, que también tienen buen acceso todos los museos.

En cuanto a los transportes públicos, lo mejor es el autobús. La mayoría de los acceso al metro no está preparados y con los taxis también puede haber dificultades porque, aunque el conductor tiene obligación de parar y ayudar, en la práctica pasan de largo.

El autobús, sin embargo, es perfecto: cuenta con rampas y el conductor ayuda a subir y bajar con total amabilidad. Lo que sí es aconsejable es pedir información y dejar claro cuando se reserve habitación cuáles son las necesidades. Una vez en la ciudad, hay varias oficinas a las que uno se pude dirigir: **The Mayor's Office por People with Disabilities**, que se encuentra en el número 100 de la calle Gold, en el segundo piso, entre las calles Frankfort y Spruce (telf. 788 28 30), ofrece amplia información.

Para ciegos hay un servicio especial que se llama **The Lighthouse**, en el número 111 de la calle 59 Este (telf. 821 92 00), que ofrece buena información y guías de la ciudad en Braille. Hay, incluso una biblioteca especializada llamada **Andrew Heiskell Library for de Blind and Physically Handicapped**, en el número 40 de la calle 20 Oeste, telf. 212 206 54 00, con una importante colección de libros en Braille, y otros diseñados especialmente para gente con algo de visión.

un sitio ideal porque, por 90 centavos, pueden ver a los animales y subir en los caballitos.

Children's Museum of the Arts. En el SoHo, en el 182 de la calle Lafayette, entre Broome y Grand, está este especial museo-escuela donde los peques aprenden arte mientras juegan. Cuesta 5$ y dicen, los que lo dirigen, que los niños de entre 18 meses y 10 años se lo pasan en grande.

Children's Museum of Manhattan (CMOM), en el 212 West de la calle 83, entre las avenidas Amsterdam y Broadway. Es un museo interactivo, donde los niños de más de 10 años pueden hacer, no sólo ver, cerámica, vídeos, diseño, etc. La entrada cuesta 6$.

Brooklyn Children's Museum. Está en Brooklyn, en el 145 de la avenida Brooklyn, en la esquina con la avenida St. Mark's. Es una maravilla para los niños de todas las edades. Pueden hacer todo tipo de trabajos manuales y aprender todo sobre la cultura de los pueblos y la historia de la ciudad. Cuesta 4$.

Intrepid Sea-Air-Space Museum. Situado en el muelle 86, al lado de la calle 46 West, muy cerca de la avenida 12. Es un viejo portaviones, con aviones de combate y todo tipo de material bélico. Cuesta 9$.

Lazer Park. En el 163 West de la calle 46, es un parque tecnológico, dedicado al láser y a la realidad virtual, con miles de juegos en los que puede participar toda la familia. Es enorme y se puede comer dentro. No se paga al entrar, únicamente cuestan los juegos.

The New Victory Theater, en el 209 West de la calle 42. Es un teatro infantil y juvenil, con una extensa programación. Cuesta entre 10 y 25$, dependiendo de la representación.

The Puppetworks, Inc. Hay que ir al número 238 de la Sexta Avenida, en la esquina con la calle 4, para ver un espectáculo de marionetas, que dura 45 minutos y para admirar los muñecos, todos ellos hechos en el propio teatro. Los niños pagan 5$ y los mayores 7$.

Tadai Theater, en el 120 West de la calle 28, en el segundo piso. Presenta musicales y obras dramáticas, interpretadas por niños de entre 8 y 17 años. Tiene una gran tradición y ha estrenado ya 50 obras. Los mayores pagan 12$ y los niños 6$.

DOWNTOWN I

DOWNTOWN I de día

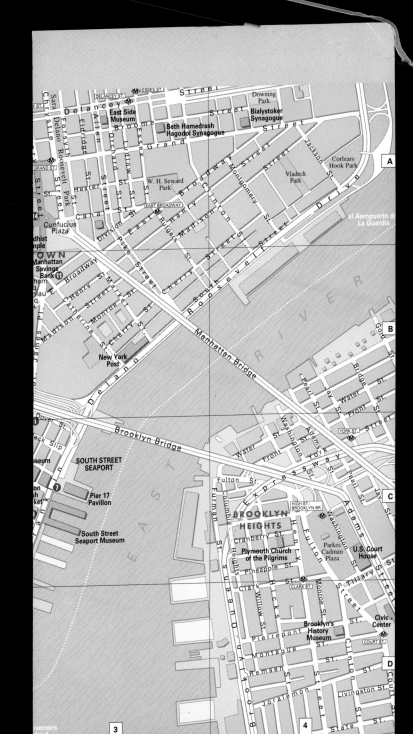

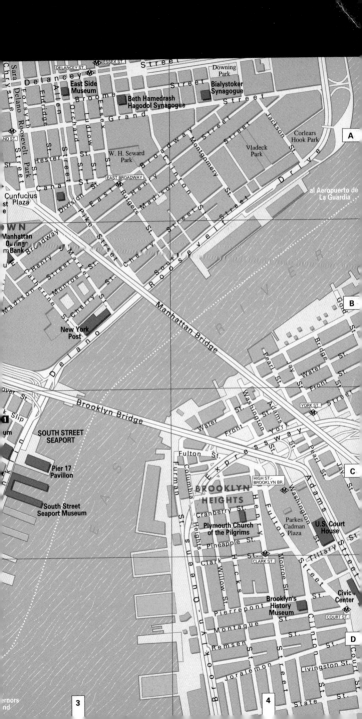

EL AMBIENTE DE DÍA EN DOWNTOWN I

(plano de día, pág. 54-55)

Distrito Financiero

Siempre ha sido una zona de oficinas, repleta de gente durante el día, y en la actualidad, prácticamente cerrada al público desde el horrible atentado terrorista contra las Torres Gemelas. Su mayor atractivo es el paseo por la orilla del East River, el callejeo por las calles más antiguas de Nueva York y la Bolsa, con su peculiar ajetreo en el que se mezclan turistas curiosos, acelerados brokers y ejecutivos de las oficinas cercanas. En el extremo meridional de la isla se hallan los muelles desde donde salen los ferrys que conducen a las islas y a la estatua de la Libertad, por lo que el trasiego de viajeros es continuo.

Chinatown

Es una especie de mercadillo callejero, lleno de restaurantes: el lugar ideal para ir a comer y comprar todo tipo de cosas falsas: relojes, pañuelos, gafas, etc. Se puede cenar en alguno de sus restaurantes –la mayoría especializada en cocina cantonesa–, pero siempre temprano.

Little Italy

Después de comer en Chinatown, los neoyorquinos suelen tomar un café en Little Italy, un barrio casi inexistente, compuesto por apenas tres calles. Además de sus cafeterías, cuenta con algún buen restaurante de auténtica cocina italiana.

EL AMBIENTE DE NOCHE EN DOWNTOWN I

(plano de noche, pág. 56-57)

TriBeCa

De todos los barrios del sur, TriBeCa es, sin duda, el centro de la vida nocturna. El Distrito Financiero, al caer la tarde, se queda sin gente; Chinatown se acuesta temprano y es TriBeCa el encargado de mantener la diversión hasta altas horas de la madrugada. Los precios no son baratos, pero la animación está asegurada en sus decenas de bares, donde habrá que esperar incluso cola para entrar sobre todo durante el fin de semana.

FINANCIAL DISTRICT

Lo que comúnmente se conoce como Financial District, o genéricamente Wall Street –por la conocida calle de los bancos–,

es, sin duda, la parte más fotografiada de la isla de Manhattan, porque su impresionante bosque de rascacielos, visto desde el río East, o desde la otra orilla, en Brooklyn, constituye su imagen más significativa, a pesar de la desaparición de las Torres Gemelas.

Situado en el extremo meridional de la isla, dominando el Lower Manhattan, es destacable, desde el punto de vista histórico, porque se trata de la parte más antigua de la ciudad y porque en ella se hallan la primera iglesia y el primer parque de la misma.

TRANSPORTES

Metro: Para el ferry, Battery Park y World Trade Center, las líneas 1, 9, N y R, estación Cortland Street/ World Trade Center. También las líneas A, C y E, estación Chambers Street/ World Trade Center. Para Wall Street: líneas 4 y 5, estación Bowling Green. Para City Hall y Civic Center: líneas 2 y 3, estación Park Place, y líneas 4, 5, 6, J, M y Z, estación Chambers Street/Brooklyn Bridge/City Hall. Para ir al South Seaport: líneas 2, 3, 4, 5, J, Z y M, estación Fulton Street.

VISITA

Para orientarse en este famoso distrito, donde las calles son estrechas, hacen recovecos y tienen nombres y no números, es importante saber que la Broadway es la vía que lo atraviesa justo por la mitad y que su recorrido, hasta el Ayuntamiento, puede hacerse andando en menos de dos horas. Otro dato importante es que se trata de una zona cuya actividad se reduce fundamentalmente a las horas del día. Las noches, igual que los fines de semana, son aburridos en Wall Street, aunque haya hoteles y restaurantes de lujo. Su elevado número de edificios dedicados a las finanzas, sus oficinas gubernamentales y su escasez de viviendas hacen que esta zona se quede vacía en cuanto suena el "gong" de la salida.

Enclavado en la confluencia de los ríos East y Hudson, en el extremo meridional de la isla, desde sus muelles salen los ferrys que llevan a las islas.

Hace 400 años, los holandeses, sus primeros colonos, le dieron el nombre de *Nieuwe Amsterdam*. A pesar de que su patrimonio arquitectónico no tiene para los europeos el sabor de lo antiguo que caracteriza a muchas de las ciudades del Viejo Continente, los norteamericanos veneran sus lugares históricos visitándolos con auténtica devoción.

El hecho de que George Washington, el primer presidente que tuvo el país, rezara en una de las iglesias de este distrito y comiera en una de sus tabernas, hace de Wall Street un lugar de visita obligada sobre todo para los estadounidenses. Sin embargo, es evidente que la fama de la que disfruta este barrio en el mundo entero tiene más que ver con su poder económico que con su historia.

Su expansión se inició a mediados del siglo XIX y hoy día sigue siendo el centro financiero y comercial más poderoso del planeta. Es, sin duda, el símbolo del dinero.

BATTERY PARK

El extremo meridional del barrio está ocupado por el **Battery Park,** al que atraviesa un gran paseo que discurre a orillas del agua. A este parque acuden los neoyorquinos para pasear, montar en bicicleta, patinar o, simplemente, contemplar las islas cercanas o la llegada de los ferrys.

Battery Park fue en un principio una fortaleza construida para defender la isla de los ataques ingleses. En su centro se halla el **Castle Clinton,** recinto militar construido en 1811, alrededor del cual estaban instalados 28 cañones.

En la actualidad, aunque la fortaleza está declarada Monumento Nacional y en su interior se ha instalado un **museo** que documenta su historia, su mayor interés se debe a que en su patio se adquieren los billetes para el ferry que conduce a la estatua de la Libertad y a Ellis Island, donde permanecían los inmigrantes hasta que les era concedido el permiso de entrada en Estados Unidos.

Vale la pena pasear por el parque, sobre todo si hace un día soleado. En el interior

FINANCIAL DISTRICT

de este apacible recinto hay numerosas estatuas conmemorativas, como las dedicadas a la memoria de los **Inmigrantes de todas las nacionalidades,** a **Emma Lazarus** –autora de un célebre soneto sobre la estatua de la Libertad–, y el **monumento a Giovanni Verrazzano,** descubridor en 1524 del golfo de Nueva York; además, el parque acoge infinidad de puestos donde se venden camisetas y todo tipo de recuerdos, y donde además es posible disfrutar de un buen masaje a manos de atentos chinos que han instalado sus camillas y cuentan con una buena clientela dispuesta a relajarse de la estresante vida de Wall Street.

Otro espectáculo que, sin duda, sorprenderá, y que no hay que perderse, es la salida de los miles de empleados de las oficinas para tomar el *lunch.* Las calles Liberty, Cedar o Church, entre las 13 h y 14 h, son un auténtico hervidero de gente que va con el sándwich, el bote de refresco o la ensalada a la busca y captura

de cualquier banco, escalera o similar para sentarse a almorzar al aire libre. Ni siquiera las tumbas más ilustres de los cementerios de las iglesias cercanas quedan desocupadas de la avalancha de gente.

EN TORNO A BATTERY PARK

Saliendo de Battery Park hacia el norte, se encuentra el **Bowling Green,** el primer parque que tuvo la ciudad y que desde 1733 fue utilizado como campo de bolos. Al sur está la **U.S. Custom House,** el que fue siempre edificio de aduanas, hasta que en 1973 fueron trasladadas a las dependencias del hoy desaparecido World Trade Center.

El edificio, de estilo modernista, data de 1907, y en la actualidad alberga el **National Museum of American Indians** *(visita de 10 h a 17 h),* en el que se documenta la historia y la cultura de los pueblos nativos que poblaron Norteamérica antes de la llegada de los colonizadores. Muy cerca se puede ver el **toro,** de tamaño natural, obra del escultor

italiano Arturo DiModica, que simboliza el poder de la Bolsa. Bajando por Whitehall Street, en la esquina de Pearl Street y Broad Street, está la taberna con más historia de todo Manhattan, la **Fraunces Tavern.** Se cuenta que la regentaba un mulato de las Antillas, allá por el año 1762, y que en 1783 George Washington la frecuentó y se reunió en ella con sus oficiales. En la actualidad, alberga un pequeño **museo** dedicado a la historia de América, aunque mantiene un bar, que está abierto de 9 a 4.45 h, y un restaurante, en el que también se puede cenar, teniendo en cuenta que cierra a las 21.30 h de la noche.

WALL STREET

Prosiguiendo por Broad Street se llega a Wall Street, la calle de los grandes bancos, las grandes corporaciones, la Bolsa y, en definitiva, el símbolo del poder financiero de Estados Unidos. Se trata de una calle más bien estrecha y corta, de enormes y altos edificios, que se prolonga desde el río East hasta Broadway.

En este pequeño espacio, encajonados por la angostura de la calle, se encuentran el **Citibank,** que cuenta con dos grandes sedes, una de 1842 y otra de 1907; el **Banco de Nueva York,** fundado en 1797, y el **Banco de Manhattan,** que alberga en la actualidad la sede del Manufacturer's Hanover Trust. Este último se construyó con la intención de ser el rascacielos más alto de la ciudad, pero fue superado por el Woolworth y, luego, por el Chrysler y, finalmente, por el Empire State Building. Es en esta pequeña área donde mejor se puede ver la "tragedia" del fumador. Los ejecutivos, las secretarias y los de mantenimiento comparten la puerta de la calle, haga frío o calor, para echarse el pitillo que no pueden encender en ningún lugar de su trabajo. Los corrillos de gente, con el cigarro en la mano, son una de las peculiaridades que más ambiente dan a Wall Street, que, por otra parte, durante el día, permanece siempre abarrotada.

Pero no todo son bancos en esta floreciente vía. Hay también edificios estatales, como el **Federal Hall National Memorial,** de 1842, muy fotografiado porque en sus escalinatas está la famosa

estatua de George Washington, que mira a la Bolsa de Nueva York. Y, por fin, la Bolsa, la **New York Stock Exchange** *(visita, de 9 h a 15 h),* el paraíso de los inversores, que no está exac-

tamente en Wall Street, sino en el número 20 de Broad Street, justo en la esquina.

No se trata de un edificio que destaque por su originalidad arquitectónica, ni tampoco por su antigüedad; sin embargo, visitar esta construcción clásica, de 1903, con seis columnas corintias, tiene cierto morbo, pues desde la **Visitors Gallery** pueden verse las operaciones de los *brokers,* que manejan diariamente enormes cantidades de millones de dólares con repercusión en todo el mundo. Además el edificio alberga un pequeño **museo** que documenta la historia del mismo, entre cuyos episodios más destacados está el *crack* de 1929.

Frente a la confluencia de Broadway con el final de Wall Street se halla, rodeada de enormes rascacielos, la pequeña torre de la **Trinity Church.** Construida en 1697 y reconstruida, tras un incendio, en 1776, esta iglesia anglicana es de estilo neogótico, y en su interior (que se puede visitar) se conserva una serie de bonitas vidrieras polícromas.

Desde la calle o desde el propio templo se accede al **cementerio** que lo rodea, en el que se conservan tumbas de la época de su construcción. Robert Fulton, el inventor del barco de vapor, está enterrado en este recinto.

WORLD TRADE CENTER: LA HUELLA DE LA DESTRUCCIÓN

Subiendo por Broadway, y tras tomar la Liberty Street, a la derecha se abre la plaza que albergaba el complejo **World Trade Center,** donde hasta el fatídico día 11 de septiembre de 2001 dominaban las altísimas **Twin Towers,** las torres gemelas que constituían los rascacielos más altos de Nueva York.

LAS TORRES GEMELAS

UNA MUERTE ANUNCIADA

El World Trade Center tenía un "libro-biografía", infinidad de películas y un elevado número de vídeos y fotografías, y era el protagonista de "la línea del cielo" del sur de Manhattan, ostentando al tiempo el título –arrebatado rápidamente por el Sears Tower de Chicago– de ser el complejo más alto del mundo. Pero sobre el World Trade Center, el conjunto de edificios dominado por las famosas Torres Gemelas, pesaba una especie de maldición. En 1993 un atentado en el que murieron varias personas destrozó parte de su hall y el 11 de septiembre de 2001 dos aviones camicaces se estrellaron contra las torres, destruyéndolas, en el peor atentado terrorista de la Historia. Fue, precisamente, tras el primer atentado cuando Eric Darton escribió *Divided We Stand*, un relato sobre el World Trade Center, en el que el protagonista narra la historia de esta zona de Manhattan, un entorno transformado profundamente por las Torres Gemelas donde él pasó su infancia.

El libro relata cómo un grupo de personas del mundo de la política y de las finanzas se puso de acuerdo para edificar en Manhattan Sur un complejo inmobiliario de pro-

Vista de las Torres Gemelas antes del atentado del 11 de septiembre de 2001.

porciones inusitadas que sirviera para aumentar el precio del suelo, que no lograba "despegar" en esa zona.

UNA CONSTRUCCIÓN POLÉMICA

La construcción del complejo en 1972 bajo la dirección del arquitecto japonés Minoru Yamasaki fue polémica. Para muchos neoyorquinos significó una especie de traición al Empire State Building, el edificio más alto, el símbolo emblemático de Manhattan, que había tenido como visitante –en el celuloide– nada menos que al mismísimo King Kong. Otros no creían que fuera necesario, ni siquiera útil, levantar un complejo de esta magnitud en el sur de la isla, bastante colapsada ya por el elevado número de rascacielos que pueblan Wall Street.

Pero el precio del suelo subía y subía en el Middle y en Upper Manhattan mientras que en el sur permanecía estancado. Había que hacer algo que "hiciera repuntar" toda la zona y la construcción del gran complejo denominado World Trade Center fue aprobada.

La elección del arquitecto también fue polémica. Se presentaron 40 proyectos y se eligió el de Minoru Yamasaki, un hijo de emigrantes japoneses, establecido en Seattle, que no figuraba adscrito al grupo de los "genios" neoyorquinos. El resultado fue espectacular. El complejo de cristal y acero, visible desde cualquier parte de la isla, fue considerado por muchos expertos como una obra maestra, una gigantesca escultura que había cambiado el cielo de Manhattan y conseguido su principal objetivo: elevar el valor de los inmuebles del sur de la isla.

El Port Authority de Nueva York y Nueva Jersey, la Autoridad Portuaria –que fue uno de los promotores del proyecto–, se trasladó a las torres y con esta poderosa entidad fueron llegando importantes empresas, destacadas casi todas ellas en el panorama financiero.

CIFRAS DE VÉRTIGO

El precio del suelo subió como la espuma. Se construyeron dos enormes hoteles de lujo, uno en el complejo y otro a su lado, se instaló un elegante restaurante en una de las torres y algunos más en los alrededores, las tiendas más lujosas proliferaron en el interior y en el entorno del complejo y las escasas viviendas de la zona multiplicaron su precio.

Hubo, naturalmente, voces discordantes: se llegó a calificar el edificio como "siniestro y vulgar" e, incluso, se afirmó que las torres desdibujaban la bella silueta de la ciudad. Pero lo cierto es que la mayoría consideró la construcción como una proeza arquitectónica: un edificio inteligente, muy resistente al viento, provisto de sistemas de seguridad muy innovadores y con acogedoras y diáfanas oficinas. Los más de 100 pisos de cada torre, casi medio kilómetro en altura, dominaban la ciudad, y las vistas, desde el observatorio o desde las cristaleras del restaurante, eran espectaculares. El complejo, que ocupaba una superficie de 6,5 ha y disponía de 930.000 m^2 para oficinas –siete veces más que el Empire State Building–, era un centro de comercio internacional. Trabajaban en su interior unas 50.000 personas y aproximadamente otras

Un *perfil de Manhattan que no volverá a ser.*

100.000 lo visitaban a diario. Estaba formado por seis edificios dispuestos alrededor de una plaza central con esculturas modernas en la que se solazaban los vecinos de la zona y quienes llegaban de otros barrios para escuchar los conciertos que se programaban en verano.

Las dos torres lo dominaban todo. Con una altura de 412 m y 110 pisos, disponían de 104 ascensores, 22.000 ventanas, 70 tiendas, una estación de metro y varias de trenes. La apariencia de sus fachadas no era ostentosa, aunque las estrechas franjas de aluminio que las recubrían, sobre una base de arcos apuntados de 12 m de altura, proporcionaban a los vestíbulos un aspecto espectacular.

Desde que se inauguraron, en 1972, no había un solo turista que no hiciera una visita al World Trade Center y, más concretamente, a alguna de sus torres.

Y el 11 de septiembre de 2001, todo desapareció.

LOS ATENTADOS

Las torres ya se habían cobrado en otras ocasiones varios muertos. Durante su construcción, para la que se contrataron indios mohawk por su gran habilidad para trabajar en las alturas, murieron 19 obreros –de ellos, ninguno indio– y en el primer atentado que sufrieron, el 26 de febrero de 1993, a consecuencia de un bomba colocada en el aparcamiento, murieron seis personas y más de mil resultaron heridas. Fue como una especie de macabro ensayo de lo que ocurriría ocho años después. En aquella ocasión hubo que evacuar a 50.000 personas y las torres se cerraron durante semanas hasta que se comprobó que su estructura no había sido dañada. También entonces el atentado se debió a la acción de terroristas fundamentalistas islámicos, dirigidos por Shaikh Omar Abdel-Rahman, que en 1995 fue declarado culpable por un tribunal de Nueva York.

Dos gigantes que dominaban el corazón de la Gran Manzana.

LA TRAGEDIA Y SUS CONSECUENCIAS

El atentado del 11 de septiembre ha acabado con el World Trade Center para siempre.

Nadie podía imaginar una tragedia de semejantes proporciones en el corazón de Manhattan. Ni siquiera la imagen del primer avión estrellándose contra una de las torres hacía pensar que pudiera tratarse de un acto terrorista. Sólo minutos después, cuando el segundo avión se estrelló contra la otra torre, se comprendió la magnitud de la tragedia y que, efectivamente, se trataba de una acción deliberada, llevada a cabo por fanáticos, dirigidos y pagados por un magnate saudita, apenas conocido hasta ese día, llamado Osama Ben Laden.

Tampoco era fácil imaginar lo que ocurriría después y que añadió, si cabe, mayor dramatismo a los durísimos testimonios que ofrecían las cadenas de televisión: la gente tirándose por las ventanas, los mensajes de desesperación a través de los teléfonos móviles... Una de las torres se derrumbó y, poco después, se desmoronaba la otra.

Quienes se encontraban en el sur de Manhattan y sobrevivieron a la tragedia no podrán olvidar jamás aquel espanto. El escritor Pete Hamill, que se encontraba en esos momentos en las proximidades de las torres, escribió en la revista *Letras Libres*: "La calle es un yermo gris pálido... El polvo cubre a todos los seres humanos. Es como una asamblea de fantasmas".

En un radio de 2 km la actividad desapareció casi por completo. Al sur de Canal Street se evacuaron todos los edificios, el fluido eléctrico y los teléfonos dejaron de funcionar, y una amplia zona de la ciudad aparecía en ruinas en medio de un paraje de desolación propio de una guerra. Un poco más al norte, hasta la calle 14, sólo se permitía el paso a los residentes, y las calles aparecían desiertas, sin coches, únicamente ocupadas por guardias nacionales.

Durante los primeros días después de la catástrofe, en el sur no hubo servicio postal, ni periódicos, prácticamente se cerraron todas las tiendas e, incluso, el servicio telefónico, funcionaba con dificultad.

El miedo se apoderó de la ciudad. En Unión Square se rezaba por los desaparecidos, y prácticamente cualquier neoyorquino conocía de entre las 50.000 personas que trabajaban en las torres a alguien que había muerto o que había sobrevivido de milagro o se encontraba cerca cuando se estrellaron los aviones.

Pero además la tragedia parece no haber alcanzado su final. Al miedo por el atentado, en el que murieron miles de personas, se sumó pocos días después la incertidumbre de una guerra, las dificultades económicas, el cierre de empresas, el despido de miles de trabajadores y, por último, la alarma ante lo que se ha venido en llamar "bioterrorismo".

Una serie de sobres con esporas de una enfermedad conocida como antrax o carbunco han sido distribuidos entre la población causando algunos muertos. El pánico, quizá en esta ocasión algo desproporcionado, se ha apoderado de toda Norteamérica.

El atentado también ha tenido consecuencias dramáticas en todo el mundo: se libra una guerra contra Afganistán, el país desde donde Ben Laden dirigía a los terroristas, en la que está implicado todo Occidente. Es difícil conocer con exactitud los efectos derivados de aquel 11 de septiembre, pero lo que es cierto es que en la conciencia de los neoyorquinos hay un antes y un después de aquella fecha. El sur de Manhattan será durante largo tiempo el escenario de la peor tragedia ocurrida en la historia de Estados Unidos.

Aún tendrá que pasar tiempo para saber cuál será el futuro de esta zona. No parece probable que se reconstruya un complejo financiero de tan espantoso recuerdo. Lo más probable es que, cuando por fin se retiren de la zona las miles y miles de toneladas de escombros y hierros retorcidos, en su lugar se construya algo distinto. Quizás un parque en memoria de los miles de muertos del 11 de septiembre.

FINANCIAL DISTRICT

St. Paul's Chapel y Woolworth Building

Regresando de nuevo a Broadway hacia el norte, nada más cruzar Fulton, está la **St. Paul's Chapel.** Construida en 1766 en un descampado fuera de la ciudad, es el edificio público más antiguo de Nueva York. Inspirada en el estilo georgiano, conserva el asiento usado por Washington el 30 de abril de 1789, día en el que tomó posesión de su cargo como primer presidente de Estados Unidos. Alrededor de la capilla hay también un cementerio de la época.

Sin dejar Broadway, en el número 233, se encuentra el **Woolworth Building,** uno de los primeros rascacielos de la ciudad. Fue construido en 1913, en estilo neogótico, como tantos edificios neoyorquinos, y hasta 1930, fecha en que se construyó el Chrysler, fue el edificio más alto de Nueva York.

Su propietario, el magnate Frank W. Woolworth, que había conseguido su fortuna con una cadena de tiendas, mandó instalar en el vestíbulo un mural con la leyenda "Comercio y Trabajo", todo un emblema que justifica el sobrenombre con el que se bautizó el rascacielos: "La Catedral del Comercio".

Civic Center

Hasta este momento la visita por la ciudad ha discurrido a través de los edificios que simbolizan el capitalismo por antonomasia, el poder del dinero privado. Pero Nueva York también cuenta con un importante conjunto de edificios públicos.

El Civic Center constituye un grupo de edificios administrativos, construidos a principios del siglo XX alrededor de lo que era el Ayuntamiento (City Hall), y que empieza, precisamente, en Broadway, muy cerca del Woolworth.

Si se desea hacer un alto en el camino, el lugar ideal es el **City Hall Park,** una zona verde, no muy extensa, que a diario se llena de adultos que ocupan sus bancos y de niños que juegan alrededor. Destacan algunas **estatuas** conmemorativas, como las de Nathan Hale, Horece Greeley y el **monumento a los Árboles de la Libertad.**

En el centro del parque se encuentra el **City Hall** o Ayuntamiento *(visita, de lunes a viernes, de 10 h a 16 h).* Se trata de un edificio de estilo renacentista, construido entre los años 1802 y

1811, en cuyo interior se halla el **Governor's Room,** en el que se exponen muebles antiguos y retratos de cierto interés.

En los alrededores de City Hall Park se encuentran la **Pace University,** el **Municipal Building,** el **Police Headquarters,** el **Federal Building and Customs Court,** el **County Courthouse** y el **New York City Courthouse.** Es precisamente el City Hall Park el punto de acceso desde Manhattan al famoso puente de Brooklyn, el primero que se construyó en la isla.

EL PUENTE DE BROOKLYN

No se puede visitar Nueva York y dejar de cruzar, a pie, el puente de Brooklyn, que atraviesa el East River y une Manhattan con Brooklyn. Es un paseo de menos de tres cuartos de hora, ida y vuelta, y tiene quizá la vista más impresionante de Manhattan. A la ida es mejor no mirar atrás e ir observando a quienes nos cruzamos en el camino, muchos de ellos neoyorquinos que practican el "footing", montan en bicicleta o simplemente pasean mientras escuchan música. A la vuelta, en cambio, sobre todo si es a la caída de la tarde, cuando el sol ilumina los rascacielos, la espectacular vista no permite mirar a los viandantes. En esos momentos, se puede llegar a comprender el deseo que tantas veces ha sido reflejado en las películas de llegar a Manhattan como si se tratara del final de un sueño.

Este puente de hierro, el primero que se construyó en

Manhattan, fue inaugurado en 1883 y su proyecto se debe a John Augusto Washington Roebling, una especie de pensador al modo de los renacentistas, arquitecto-ingeniero-filósofo, que trabajó durante 30 años sin poder ver la conclusión de su proyecto.

El puente mide 485 m de longitud y 26 m de ancho y está suspendido, a 40 m de altura, por dos pilares que sujetan una doble arcada neogótica. Fue uno de los primeros puentes de hierro que se construyó en el mundo y durante años, el más largo.

FINANCIAL DISTRICT

SOUTH STREET SEAPORT

Este pequeño barrio del antiguo puerto de la ciudad es verdaderamente un lugar entrañable. Situado al sur del puente de Brooklyn, a orillas del East River y, tras la desaparición de sus muelles, la zona se ha ido llenando de tiendas y restaurantes de comida rápida, sin perder por ello su carácter portuario ya que todavía se celebra en ella el mercado de pescado.

El South Street Seaport no es el único lugar de Nueva York cuyo destino final está siendo objeto de polémica. Por un lado, están los partidarios de convertir el barrio en una zona exclusivamente comercial y turística, trasladando incluso el mercado del pescado fuera de Manhattan, y por otro, quienes defienden que su espíritu original debe ser conservado. En esta polémica también se incluye el Guggenheim, cuyo proyecto, similar al museo de Bilbao, está pensado para este enclave.

Fulton es la principal calle del barrio y en ella se conservan algunas casas de principios del siglo XVII. A su alrededor se extienden diversas calles peatonales, donde estaban instalados los antiguos almacenes, que actualmente albergan tiendas, galerías de arte y pequeños cafés.

El **Museum** *(visita, de 10 h a 24 h; los domingos hasta las 18 h),* situado en el número 207 de Water Street, documenta la historia del barrio.

En los muelles 15 y 16 se halla el **South Street Seaport Museum** *(visita, de 11 h a 18 h),* en cuyas salas se exponen antiguos barcos. Desde el muelle 16 salen los barcos que hacen el recorrido turístico por la bahía de Nueva York.

UN PASEO EN BARCO A TRAVÉS DE UPPER BAY

Los ferrys para la visita salen de **Battery Park,** concretamente del Castle Clinton, aproximadamente cada tres cuartos de hora o media hora, dependiendo de la temporada, alta o baja, y de los días. Hay que prepararse para aguantar una cola, a veces, de dos horas. Cuesta 7$, que incluyen el paseo en barco de, aproximadamente, un cuarto de hora la ida y otro tanto la vuelta, así como la visita al **Inmigration Museum** de la isla de Ellis y la **estatua de la Libertad.** El ferry, que cuenta con un pequeño bar, hace parada primero en la estatua y prosigue después hacia Ellis Island. Es posible bajarse a la ida o a la vuelta y estarse todo el tiempo que se quiera hasta la salida del último barco.

En verano, sobre todo si no se llega muy temprano, las colas bajo el insoportable sol de la ciudad pueden disuadir al viajero más animado. Si no se tiene especial interés en contemplar la estatua de cerca, ni en visitar el Inmigration Museum, es posible disfrutar de las vistas dirigiéndose a la terminal del ferry de Staten Island. Desde allí, completamente gratis, se puede cruzar a la isla y entrar, en el mismo barco, a Manhattan.

La estatua de la Libertad

Es como la sirena de Copenhague o la Cibeles en Madrid. La estatua de la Libertad es el símbolo de la ciudad y de la independencia estadounidense y da la bienvenida a todos los viajeros que llegan a Nueva York por barco. Fue construida en Francia por el escultor Fréderic-Auguste Bartholdi, sobre una estructura diseñada por Eiffel, y regalada a Estados Unidos en 1886. En 1924 fue declarada Monumento Nacional.

Desde entonces, millones de personas han visitado este inmenso faro de bronce y ascendido a lo largo de sus 354 escalones, el equivalente a 22 pisos, hasta llegar a la corona de "Miss Liberty" –como se llama cariñosamente a la estatua–. Se puede utilizar el ascensor pero sólo hasta el décimo piso, justo donde termina el pedestal.

Ellis Island

A escasa distancia, en una isla cercana, llamada Ellis, está el lugar por el que, entre los años 1892 y 1924, pasaron esperando poder entrar en el soñado Nuevo Mundo 12 millones de inmigrantes, hombres, mujeres y niños. Se calcula que el 40 por ciento de los estadounidenses tienen ancestros que pasaron por Ellis.

Hoy día los grandes edificios que conformaron este centro de acogida albergan el **Inmigration Museum,** en el que se puede ver la sala donde los inmigrantes eran registrados, una reproducción de las habitaciones, algunos de los objetos que llevaban y una gran cantidad de fotografías y documentos. Quizá lo más curioso y lo que atrae a un mayor número de personas es un gran mapa de Estados Unidos, donde, apretando el botón del país de origen, aparece el número de inmigrantes que llegaron y cómo se distribuyeron.

Volver a Manhattan

El regreso a Manhattan proporciona un atractivo añadido al recorrido. Desde el ferry el viajero puede imaginarse lo que pasaba por las mentes de los inmigrantes, encerrados en Ellis Island, cuando, a la luz del atardecer, miraban la "ciudad de sus esperanzas".

La vista que se contempla es espectacular, un verdadero "bosque de cristal" iluminado por los rayos del sol. Sobre el horizonte destaca en particular un bellísimo rascacielos: el **Financial Center,** situado en el número 17 de Broad Street.

A la llegada, tras atravesar un auténtico pasillo de vendedores de todo tipo de objetos y de todo tipo de estatuas de la Libertad de plástico, no hay que perderse el **mercadillo** de artesanía que hay en el parque, en el que los chinos despliegan sus camillas y sus sillas especiales para masajes.

DÓNDE DORMIR

No hay muchos hoteles en esta zona y los que había, con espectaculares vistas y precios imposibles como el Millenium Hilton y el New York Marriot World Trade Center han sido destruidos junto con las torres.

Por otra parte, no puede decirse que sea un distrito muy animado, excepto en horario laboral, aunque está junto a una de las zonas más modernas y nocturnas de la ciudad, TriBeCa, a la que se puede ir andando, incluso de noche, sin ningún problema. Si embargo, queda un hotel que vale la pena, si hay alguien que se atreva con los precios. Conviene tener en cuenta dos cosas: la primera, que en Estados Unidos se cobra casi siempre habitación doble, aunque la ocupe una sola persona, y que nunca se incluyen los impuestos, que son el 13 por ciento.

BEST WESTERN SEAPONT INN (C3) **1**. *33 Peck Slip Street, entre Front Street y Water Street. Telf. (212) 766 66 00 y 800 468 35 69. Fax (212) 766 66 15.*

Agradabilísimo. Es una casa del siglo XIX restaurada, al lado del antiguo puerto de la ciudad, el South Street Seaport. Conserva el ambiente de una casa colonial y sus habitaciones son comodísimas. Pagando un suplemento se puede conseguir una habitación con terraza y con fantásticas vistas al puente de Brooklyn. Su relación calidad-precio se considera excelente y puede decirse que se trata de un hotel con precios muy moderados, pero, cuando se traduce a euros, su estancia no resulta precisamente barata. Cuesta entre 135$ la más barata y 185$ con terraza y vistas.

DÓNDE COMER

Los miles y miles de personas que trabajan en el Financial District dan vida a un número tan increíble de restaurantes, sobre todo de comida rápida, que sería imposible hacer una lista exhaustiva. Todas las calles que no tienen bancos o edificios gubernamentales están llenas de estos pequeños "delis", donde todo tipo de gente entra a comprar comida hecha para llevar o para comérsela, a toda velocidad, en las mesas que hay en algunos de ellos. Broadway , por ejemplo, está llena de ellos, así como Pearl.

En definitiva, todo el barrio cuenta con establecimientos de comida rápida, aunque en las circunstacias actuales muchos se encuentren cerrados. No obstante es seguro que vuelvan a abrir, cuando se recupere esta parte de la ciudad.

Hay pocos restaurantes de precio medio, ya que o son muy caros, para los grandes ejecutivos, o son los mencionados de comida rápida. Recomendaremos algunos cuyos precios están por debajo de la media o que, aunque la sobrepasen, se justifica por su buena cocina o por su especial localización.

BRIDGE CAFÉ (B-C3) **❶**
279 Water Street, en la esquina de Dover Street.
Telf. (212) 227 33 44. Abre todos los días y da cenas después de las 22 h.
Está situado en una casa de 1794 y se considera uno de los restaurantes históricos de Nueva York. Se encuentra semiescondido bajo el puente de Brooklyn y es un lugar íntimo, nada turístico, que ofrece comida casera totalmente americana. El servicio es agradable y la atmósfera es la del viejo Nueva York. Su precio se considera muy moderado a pesar de que es difícil comer por menos de 40$.

ST. MAGGIE'S CAFÉ (C2) **❷**
120 Wall Street, entre Front Street y South Street.
Telf. (212) 943 90 50. Sólo sirve comidas y no abre los domingos. Precio: 35$.

AVISO

El número y las letras que acompañan a los hoteles y restaurantes aquí reseñados hacen referencia a su situación en los planos de noche y de día que aparecen de la ciudad de Nueva York. Por ejemplo, ST. MAGGIE'S CAFÉ (C2) ❷, significa que dicho restaurante se encuentra situado en el plano de Downtowm de día que aparece en las páginas 54-55, en la cuadrícula (C2), señalado con el número ❷.

Dicen que es la quintaesencia de los restaurantes que sirven el *lunch* americano y, desde luego, es uno de los más frecuentados por los *brokers* y los ejecutivos en general. Es elegante, sirve buena comida y tiene unas cómodas mesas. Es difícil encontrar sitio y lo mejor es llegar un poco tarde, más a la hora de la comida española que de la norteamericana.

CABANA (C3) ❸

89 South Street. Pier 17. Entre Fulton Street y John Street. Telf. (212) 406 15 55. Abre los domingos y sirve después de las 23 h. Precio: 30$.
Es un restaurante cubano con comida imaginativa y bien hecha, y con un servicio más divertido de lo habitual. Se trata de un local de moda, con muy buena relación calidad-precio, que se pone hasta los topes, sobre todo la barra, por lo que conviene reservar. Tiene otros dos restaurantes en la ciudad.

TIFFIN (B2) ❹

18 Murray Street, al lado de Church Street. Telf. (212) 791 35 10. No abre los domingos ni sirve cenas a última hora. Precio: 25$. Es un restaurante vegetariano muy apreciado y con clientela fija. Sus platos son verdaderamente deliciosos y muy ligeros, y la atención al cliente se cuida especialmente, quizá porque la mayo-

ría son conocidos. Desde luego, no es un restaurante indio al uso.

LEMONGRASS GRILL (C2) ❺

110 Liberty Street, en la confluencia con Church Street. Telf. (212) 962 13 70. Abre los domingos, pero no sirve cenas después de las 22 h. Precio: 20$. Es una cadena, con siete restaurantes, todos de parecidas características. Su cocina es tailandesa, con un servicio eficaz, pero algo impersonal. Para los precios de esta ciudad, resulta barato.

MANGIA (C2) ❻

Edificio Trump. 40 Wall Street, entre Broad Street y William Street. Telf. (212) 754 06 37. Sólo sirve comidas y no abre los domingos. Precio: 20$. Seguramente, es uno de los mejores establecimientos de comida rápida no sólo de esta zona de la ciudad, sino quizá también de Nueva York. La mayoría de sus clientes compra la comida para llevar, pero se puede comer en el local. Son excelentes y muy abundantes las ensaladas. Trato muy agradable.

PIZZERÍA UNO CHICAGO (C3) ❼

South Seaport, 89 South Street. Pier 17. Telf. (212) 791 79 99. Abre los domingos y sirve comida después de las 23 h. Precio: 20$. Es la típica pizzería, pero sus raciones son grandes y la pizza está bien hecha. Es imposible quedarse con hambre, y aunque el ambiente es impersonal, los neoyorquinos eligen este lugar a menudo por su precio económico.

POLANKA (B2) ❽

22 Warren Street, al lado de Church Street.
Telf. (212) 385 99 87. No cierra los domingos y no sirve cenas después de las 23 h. Precio: 20-25$.

Por su proximidad al Ayuntamiento, suele ser un lugar muy frecuentado por los funcionarios y muy poco por los visitantes. Sirve *blinis,* la típica sopa de remolacha rusa, carne y ensaladas. Se trata de un local muy animado, sobre todo su bar. Resulta barato y de buena calidad. Es uno de los restaurantes que debe ser tenido en cuenta.

COSI SANDWICH BAR (C2) ❾

54 Pine Street, en la confluencia con William Street.
Telf. (212) 809 26 74. Cierra los domingos y no sirve cenas después de las 23 h. Precio: 12$. Es una cadena de comida rápida de calidad y buen precio. Es opinión general que sirve los mejores sándwiches a 10$ de toda la ciudad, elaborados con pan caliente artesanal y con una gran variedad. Además sirve un excelente café expreso.

DAILY SOUP (C2) ❿

2 Rector Street, al lado de la Trinity Place.
Telf. (212) 945 76 87. Es, casi exclusivamente, para la hora de la comida y no abre los domingos. Precio: 10$. Se

COMPRAS

Es curioso que este barrio, que pierde parte de su encanto al caer la tarde y queda desierto los fines de semana, tenga quizá el centro comercial más bonito de la ciudad. Se trata del **Pier número 17**, en pleno puerto. En estos edificios antiguos, que antaño fueron almacenes, y que están a orillas del agua, se ha instalado, sobre todo en la zona peatonal, una gran cantidad de tiendas pequeñas, de todo tipo y decoradas con mucho gusto, que hacen agradabilísimo el paseo. El World Trade Center y sus alrededores contaban con magníficas tiendas y centros comerciales, hoy desgraciadamente desaparecidos.

En Nassau Street, muy cerca del City Hall, hay tiendas baratas, a veces con ropa de seda natural de primera calidad a excelentes precios. No son muy atractivas en su aspecto exterior, pero hay que entrar para encontrar, en ocasiones, blusas de 80 a 15$.

trata de otra de las cadenas de mayor éxito. Siempre tiene cola, a pesar de que sólo vende sopas, que son muy variadas y se acompañan de pan y frutas. Para algunos pue-de resultar una comida excesivamente frugal e incluso extraña, porque se sirve en vasos de plástico. Comer aquí sale muy barato para lo que es Nueva York.

LA NOCHE

Como ya hemos dicho, no hay mucha vida nocturna en Wall Street, que parece dormir durante la noche, después de la trepidante actividad diurna. Sin embargo, hay algunos bares adonde acuden los ejecutivos tras el trabajo, que no se pueden pasar por alto.

Café Remy. *104 Greenwich Street, entre Rector Street y Carlisle Street. Telf. (212) 267 46 46. Horario: de 16 h a 4 h de la madrugada.*
Es un local para bailar, sobre todo, ritmos latinos, pero se puede simplemente ir a mirar cómo lo hacen los habituales de este club-café. Se baila merengue, salsa, mambo, y hay un profesor, un auténtico bailarín latino, que enseña, a los

que lo solicitan, los secretos de la música. Habitualmente se va llenando a medida que la gente sale del trabajo. Los jueves hay actuaciones en vivo. Sus precios son moderados, unos 7$ la copa, y el servicio de bar es bueno. Además se puede comer pizza hasta la hora del cierre.

Lush. *110 Duane Street, entre Broadway y Church Street. Telf. (212) 766 12 95. Horario: viernes y sábados, hasta las 4 h de la madrugada.*
En la frontera con TriBeCa, y más en el estilo de los bares de este barrio, entre bohemio y selecto, se halla este moderno bar, caro y "superchic", que no sirve comidas. Tiene una bonita barra circular de madera y salas donde se pueden celebrar reuniones privadas, todo en un ambiente sofisticado. No hay música en vivo. La atracción principal es observar a los neoyorquinos de alto poder adquisitivo y disfrutar de las posibilidades que les proporciona su estilo de vida. Una copa cuesta 7$.

CHINATOWN

En tiempos fue un barrio como los demás, fronterizo con Little Italy, y con identidad propia con respecto al italiano. Los habitantes de ambos, sus restaurantes y hasta su fisonomía res-

pondían a las costumbres de estas dos comunidades tan dispares. Pero los italianos empezaron a trasladarse a vivir a Brooklyn y los chinos siguieron llegando a Nueva York, cada vez en mayor número, hasta invadir todos los espacios que dejaban los italianos. Hoy Little Italy apenas existe, mientras que Chinatown sigue extendiéndose y su número de vecinos aumenta de año en año.

TRANSPORTES

Metro: Para ir a Chinatown, líneas 6, J, M, N, R y Z, estación Canal Street.

VISITA

Para hacerse una idea de lo que es Chinatown, basta con decir que es el barrio chino más populoso de Estados Unidos y, quizás, la única comunidad en Nueva York que ha mantenido sus costumbres de forma más fiel a la tradición.

UNA COMUNIDAD EN CONSTANTE EXPANSIÓN

En 1930 había en Nueva York 4.000 chinos y en 1980 la cifra había aumentado hasta llegar a 200.000. Además del número, lo que caracteriza a este grupo étnico es que, en la mayoría de los casos, su vivienda, su trabajo, sus tiendas, sus templos y toda su vida están en este barrio de Chinatown, que, en la década de los noventa, ha continuado creciendo y hoy cuenta, a modo de ejemplo, con 150 restaurantes, unas 300 pequeñas factorías, dedicadas a la confección de ropa, y 12 templos budistas. Sus fronteras se han ensanchado hasta casi absorber Little Italy, han ocupado Bowery y el Lower East Side, y se han adentrado en el SoHo y East Village. Sus vecinos disponen de bancos, compañías de teatro, galerías de arte, revistas y, nada menos, que once periódicos en chino. Han organizado grupos de ayuda para los emigrantes más recientes de Hong-Kong y cuentan con un ejército no sólo de empresarios, sino de profesionales, médicos, dentistas, abogados, etc. Por otra parte es el barrio con el índice de peligrosidad más bajo, el índice de empleo más elevado y menos delincuencia juvenil.

Los chinos trabajan de la mañana a la noche, son capaces de vivir y trabajar en pequeños espacios, y toda Chinatown produce una sensación de abigarramiento que resulta a veces angustiosa para los occidentales. Eso no impide, sin embargo, que los neoyorquinos y los visitantes acudan en masa a comprar sus económicos productos y a comer en sus restaurantes.

No hay días de descanso, ni domingos ni fiestas, y la única vez que se toman un respiro es para la celebración del **Año Nuevo Chino,** una fiesta que se celebra el primer día de luna llena después del 19 de enero. Durante la celebración, un gigantesco dragón baja por Mott Street, entre el bullicio de la gente, los gritos y los petardos. Los chinos arrojan a las calles un agua coloreada que forma parte del ceremonial.

SUS PRINCIPALES CALLES

Hacer un itinerario de Chinatown es prácticamente imposible, pero sí se pueden señalar las calles principales y lo que no conviene pasar por alto.

Canal Street es una de sus principales arterias y donde más tiendas –en realidad, puestos– se pueden encontrar. Es la calle de los relojes, los bolsos, los pañuelos, las gafas, etc., de las marcas más famosas. Todos ellos auténticamente falsos.

Grand Street es una calle de los chinos y para los chinos. En su confluencia con Mott Street, de la que luego hablaremos, lo que más llama la atención, en una ciudad en la que apenas hay, es la gran cantidad de pescaderías que pueden verse. Unas pescaderías muy parecidas a las españolas: con el pescado a la vista de los viandantes. Quizá la diferencia es que hay mucho marisco: cangrejos de gran tamaño, bogavantes, almejas enormes y algunos peces poco habituales para los occidentales. Los clientes que acuden a comprar son todos orientales. Las verdulerías y las fruterías también llaman la atención por su variedad de verduras y raíces apenas conocidas en Europa.

Pero el corazón de Chinatown es **Mott Street,** una calle paralela a las avenidas Broadway y Bowery, que, partiendo de **Chatham Square** –la plaza central–, cruza el barrio de norte a sur para terminar en el **Museo de China en América,** de escaso interés y, que, además, sólo se puede visitar en grupo.

CHINATOWN

Un poco después está la **iglesia de la Transfiguración,** un templo construido en el siglo XIX, antes de la llegada de los chinos. Muy cerca está la **Confucius Plaza,** el único lugar espacioso del barrio, en la que se construyó un alto edificio de viviendas, considerado todavía como el mejor lugar residencial de Chinatown. En el centro hay una **estatua de Confucio** y muy cerca un **templo budista.**

Pero el interés del Chinatown viene dado por sus gentes y sus tiendas, donde puede adquirirse todo tipo de artículos a precios muy baratos. Es un barrio seguro y está a un paso de TriBeCa, SoHo y Little Italy. Lo más importante es adentrarse en sus callejuelas, que, aunque parezcan complicadas, no tienen pérdida. Cualquier persona puede indicarnos dónde está Canal Street, Bowery o Broadway, que son las tres vías que aproximadamente delimitan el barrio.

DÓNDE DORMIR

En Chinatown prácticamente no hay hoteles. A pesar de ser un barrio lleno de visitantes, éstos casi siempre están de paso ya que Chinatown les sirve para hacer un alto durante el día, comer e ir de compras. No es un barrio con vida nocturna, aunque haya algún restaurante que cierra un poco más tarde, y además, es bastante endogámico, con una población casi exclusivamente oriental. Sin embargo, su Holiday Inn tiene la mejor relación calidad-precio entre los hoteles de esta cadena.

HOLIDAY INN DOWNTOWN (A2) **2**. 138 Lafayette Street, en la confluencia con Howard Street. Telf. (212) 966 88 98 y 800 465 43 29. Precio: 150$. Es el típico Holiday Inn. Tiene 14 pisos y 200 habitaciones amplias y confortables. La decoración, como todo en este barrio, tiene un aire oriental. Aunque no es barato, ya que pertenece a una cadena cara, ofrece un buen precio para su categoría.

DÓNDE COMER

Es difícil elegir entre los 150 restaurantes de Chinatown, todos ellos orientales y la mayoría de cocina cantonesa, aunque los hay también de Hunan y Sechuan. Todos son auténticos, ninguno tiene precios exorbitantes, sobre todo si se pide el plato del día, el "dim sum", y en casi todos se encontrarán chinos comiendo. Pero hay que tener en cuenta varias cosas: en general, es mejor comer que cenar. Los chinos no son trasnochadores y en muchos restaurantes se encontrarán dificultades para cenar a partir de las 22 h.

En algunos, con mayor frecuencia que en otros lugares de la ciudad, no se admiten tarjetas de crédito. A continuación, se ofrece una selección de los más populares.

CANTON (B3) **⓫**

45 Division Street, entre Bowery y Market Street.
Telf. (212) 226 44 41. Abre los domingos y, como en todo Chinatown, cierra sobre las 22 h. Precio: 40$. Es más caro de lo habitual en este barrio y no acepta tarjetas de crédito, pero es exquisito, uno de los mejores restaurantes chinos de Nueva York. Tiene un excelente marisco. Hay que dejarse aconsejar por sus atentos camareros.

ORIENTAL GARDEN (A3) **⓬**

14 Elizabeth Street, entre Bayard Street y Canal Street.
Telf. (212) 619 00 85. Abre los domingos y sirve cenas hasta las 22 h. Precio: 30$. Cocina cantonesa, hecha deliciosamente, y el entorno, todo blanco, resulta agradable. Es uno de los pocos establecimientos en los que se puede comer el mejor marisco –que puede verse allí mismo, vivo, en una pecera– a precios bajos.

GOLDEN UNICORN (B2) **⓭**

18 East Broadway, tercer piso, en la confluencia con Catherine Street.
Telf. (212) 691 80 80. Abre los domingos y no sirve cenas después de las 22 h. Precio: 25$. Excelente cocina, uno de los mejores de Chinatown. Es auténtica comida china. La decoración es normal; tiene comedores para grupos.

KAM CHUEH (A3) **⓮**

40 Bowery, entre Bayard Street y Canal Street.
Telf. (212) 791 68 678. Abre los domingos, sirve cenas hasta tarde y no admite tarjetas de crédito. Precio: 25$. Similar al Oriental Garden, es otro establecimiento de los verdaderos auténticos y está considerado el paraíso del marisco, además, preparan los platos con una gran belleza.

PEKING DUCK HOUSE (A5) **⓯**

28 Mott Street, entre Chatham Square y Pell Street.
Telf. (212) 227 18 10. Abre los domingos y cierra temprano.
Precio: 25$. Su especialidad es pato de Peking y seguramente es el sitio donde mejor lo sirven de todo el barrio. Tiene una decoración poco oriental que, sin ser especial, resulta agradable.

BO-KY (A2) **⓰**

80 Bayard Street, entre Mott Street y Mulberry Street.

CHINATOWN

Telf. (212) 406 22 92. Abre los domingos, no sirve cenas tarde y no admite tarjetas de crédito. Precio: 15$. Es un vietnamita, barato, auténtico y con una gran variedad de platos –más de treinta–, pero hay que elegir rápido porque está siempre lleno y los camareros parecen tener prisa. Su cocina es buena y su precio excelente.

WONG KEE (A2) ⑰

113 Mott Street, entre Canal Street y Hester Street. Tel. (212) 753 04 04. Abre domingos, cierra temprano y no admite tarjetas de crédito.

Precio: 15$. Según dicen, para presumir de que se conoce la comida china no hay que dejar de comer en este restaurante. Es pequeño, familiar, sin pretensiones, pero muy limpio, bueno y barato. Su especialidad es el pollo, el pato y las sopas, pero se puede pedir cualquier otro plato sin miedo a equivocarse.

COMPRAS

Chinatown es el paraíso de las compras –de un solo tipo de compras– y tiene los precios más baratos de la ciudad. Canal Street, desde Mott Street hasta la Broadway, y las calles adyacentes a aquélla, son una sucesión de tiendecitas con relojes, gafas, pañuelos de seda, bolsos, maletas, camisetas y todo tipo de imitaciones de las marcas más cotizadas. Hay imitaciones mejores y peores, por tanto, hay que tomárselo con calma e ir de un sitio a otro hasta encontrar lo que mejor parezca.

Aquí se regatea. No como en los países árabes, ni como en algunos países de Oriente, pero

sí se pueden arañar algunos dólares. Si os piden por un reloj 10$, se puede conseguir por 8. Si os piden 35, no os están engañando, simplemente os están pidiendo un precio diferente por un modelo que, quizá, es más nuevo o de mejor calidad, etc. En este caso, la rebaja también será de un máximo de 5$.

Hay que llevar siempre dinero en efectivo. En Chinatown no se admiten tarjetas de crédito, pero, a cambio, no se pagan impuestos. El dinero que piden se les entrega y con eso es suficiente. En general, no engañan, pero exageran. No conviene que os fiéis si os dicen que un pañuelo es de seda natural, mirad en la etiqueta y comprobadlo. Lo mismo con los bolsos: si son de plástico no habrá nada que indique que es de piel, aunque el dependiente lo afirme.

Lo mejor es llegar a Chinatown por la mañana o, como mucho, a las 17 h, para tener tiempo de comprar y cenar temprano a eso de las 20 h, ya que las tiendas cierran pronto, mucho antes que en el resto de Manhattan, y no se andan con muchas contemplaciones. Empiezan a recoger, delante de los clientes, sin esperar a que éstos tomen una decisión sobre su compra. Es como si pensaran: " ya volverás mañana, cuando no encuentres nada más barato en otra zona de la ciudad".

En el número 277 de Canal Street, en la confluencia con Bowery, hay un almacén, el **Pearl River Department Store,** que es lo más parecido a un bazar de Extremo Oriente. Aquí se puede encontrar, a buen precio, ropa de seda natural, pijamas, zapatillas, sombrillas de papel y todo tipo de artículos traídos de China. El **Pearl Paint,** en el número 308 de Canal Street, es otro gran almacén de cuatro pisos, sobre todo dedicado a artículos de papelería y pintura, que dice ser el establecimiento con más artículos del mundo, y que, sin duda, ha sido instalado ahí dada la proximidad con los pintores de SoHo y TriBeCa.

LA NOCHE

En Chinatown no hay vida nocturna porque no hay bares. Cuando sus innumerables tiendas cierran, cuando sus restaurantes dejan de dar cenas, casi todos sobre las 22 h, Chinatown se queda vacío, hasta una hora muy temprana de la mañana, por lo que hay que buscar un sitio donde ir al vecino Little Italy, cada vez más pequeño.

LITTLE ITALY

Apenas existe ya, pero su fama ha impedido que desaparezca. Aquí los neoyorquinos tomaron sus primeros cafés expreso y cappuccino, su primera grappa y se sentaron en sus acogedores locales. En verano, cenaron en sus terrazas de la calle o se sentaron a tomar el café y la copa para descansar después de la comida del bullicioso ambiente de Chinatown.

TRANSPORTES

Metro: líneas 4, 5, 6, N, R, J, M y Z, estación Canal Street o las líneas B, C, F y Q, estación Broadway-Lafayette Street.

VISITA

Chinatown ha absorbido prácticamente esta zona, aunque todavía se conserva cierto recuerdo de lo que fue el antiguo barrio italiano, uno de los pocos lugares donde ir a cenar y a callejear

no implicaba peligro alguno. La mafia podía robar y extorsionar a gran escala, pero no permitía que en su barrio aparecieran rateros del tres al cuarto a importunar o amenazar a sus clientes.

Hoy Little Italy es casi una leyenda que conserva, además, el recuerdo de la presencia de la mafia en sus calles. Fue en uno de sus restaurantes donde asesinaron, en 1972, a uno de los *cappos* más conocidos, Joe Gallo.

A pesar de ello, sus dos únicas calles, apenas un tramo de **Grand Street** y **Mulberry Street,** siempre engalanadas con banderas y donde ya no viven italianos, siguen llenas de restaurantes y terrazas, donde se habla italiano y se come pasta.

Tampoco ha desaparecido por completo cierto toque de elegancia en sus establecimientos. Sus **pastelerías-cafés** son únicas, aunque un trozo de tarta cueste lo que una comida en Chinatown.

Los italianos tampoco han olvidado su **Festa de San Genaro,** que se celebra en septiembre; desde todos los lugares de la ciudad acuden hasta aquí para celebrarla en Mulberry Street con música, puestos en la calle y genuino ambiente italiano.

Lo único que se puede hacer en Little Italy es comer, merendar o cenar. No es demasiado barato y los restaurantes están a rebosar, pero, eso sí, se comerá auténtica comida italiana.

Little Italy cierra tarde, más allá de las 22 h y, cuando ya Chinatown se ha ido a dormir, todavía se puede comprar algo en los puestos que los chinos han instalado en este barrio, entre los restaurantes, para captar a los más trasnochadores. Hay algo que sí debe tener en cuenta: en Nueva York todos los barrios tienen vida propia, excepto, quizá, Little Italy, que sobrevive gracias a los turistas.

Los dos establecimientos más conocidos son la tradicional **Ferrara,** en Grand Street, una mezcla de pastelería y restaurante, decorada con el tradicional buen gusto, y **Umberto's Clam House,** en Mulberry Street, más conocido por el asesinato del mafioso Joe Gallo –todavía se pueden ver los agujeros de las balas– que por su cocina, a pesar de que su marisco es exquisito.

IL FORMAIO (A2) ⓲

132-A Mulberry Street, entre Grand Street y Hester Street. Telf. (212) 226 83 06. Abre los domingos y cierra a las 23 h. Precio: 20$. No es el mejor, pero sí el más barato, con diferencia. La pasta es buena y, además, tiene una gran variedad. Pero se puede comer de todo: sopas, ensaladas, carne, pescado y un buen café. Una pizza individual cuesta 5$.

TRIBECA

TriBeCa, cuyo nombre es un acrónimo de Triangle Below Canal Street, es un barrio que surgió a finales de la década de los setenta.

Cuando el SoHo subió los precios de sus inmuebles y fue prácticamente imposible conseguir un apartamento, un local o un *loft,* **los artistas cruzaron la Canal Street y empezaron a instalarse al suroeste del SoHo, una zona de características parecidas, llena también de almacenes semiabandonados. En poco tiempo, la zona cambió su fisonomía.**

La concentración de *lofts* **destinados a albergar estudios de grabación, galerías de arte, tiendas "chics", restaurantes, etc., atrajo a la clase alta, que compró sus viviendas en esta zona. Los "elegantes" invadieron TriBeCa y los precios se pusieron por las nubes, haciendo las delicias de las inmobiliarias.**

TRIBECA

TRANSPORTES

Metro: líneas 1 y 9, estación Franklin Street, o líneas 1, 2, 3 y 9, estación Chambers Street.

VISITA

TriBeCa es hoy un barrio caro, tanto o más que el SoHo, lleno de restaurantes dedicados a la "nouvelle cuisine", de elevados precios –quizá los más altos de la ciudad–, y repletos de gente elegante, muchos de ellos jóvenes ejecutivos de Wall Street o del mundo de las "stock options". Bohemios de verdad quedan pocos, aunque aún existan algunos bares antiguos, tiendas de segunda mano y pequeños oasis a precios más o menos asequibles. Los artistas que viven en este barrio, o se han hecho de oro o compraron los "lofts" antes del boom inmobiliario.

A este pequeño e imperfecto triángulo –uno de sus ángulos se corta hasta formar un rectángulo muy irregular– le dio el espaldarazo definitivo Robert de Niro, cuando decidió mon-

tar en el barrio, con algunos socios, el TriBeCa Film Center. Poco después, la zona comprendida entre Chambers Street, Broadway, Houston Street y Canal Street comenzó a llenarse de restaurantes de lujo, al amparo, del TriBeCa Grill, el restaurante de De Niro. Hasta su muerte, John F. Kennedy Jr. vivió aquí y también tuvo una casa Noemi Campbell.

TriBeCa se parece al SoHo como dos gotas de agua pero es más pequeño, tiene la ventaja de estar junto al río Hudson y a un paso de Wall Street y sus habitantes, tal vez porque se ha convertido en un lugar para privilegiados, se sienten orgullosos de su barrio, mejoran permanentemente su entorno y las actividades comunitarias y no salen de él.

Para empezar a callejear por TriBeCa, lo mejor es ir a Canal Street, en su confluencia con la West Broadway. Canal Street forma parte de Chinatown, está llena de tienduchas, que venden a precios de ganga todo tipo de imitaciones; está sucia, es una especie de rastro viejo donde todo se vende, sin que la decoración parezca importar a nadie.

Sin embargo, justo al entrar en la avenida West Broadway, hacia el sur, todo cambia. Durante cinco o seis manzanas lo único que se ve a un lado y otro de la calle son modernos bares y restaurantes, espléndidamente decorados con toda la imaginación de la que es capaz esta sugerente ciudad. De vez en cuando, surge algún pub clásico, pero su clientela es la misma: jóvenes de alto nivel adquisitivo.

Prosiguiendo por West Broadway se llega a White Street, donde está la **Federal House,** una pequeña casa de ladrillo de 1809, completamente remodelada en su interior.

De nuevo en West Broadway, puede verse un restaurante de Robert de Niro, el **Layla;** de menos éxito que TriBeCa Grill, combina en su decoración las tendencias modernas con la tradición oriental. Sus paredes están decoradas con bellas cerámicas y además ofrece espectáculos con bailarinas de la danza del vientre.

El recorrido continúa por esta calle de edificios bajos hasta que, casi sin advertirlo, se adentra en la zona de los rascacielos del sur de Manhattan. Antes del 11 de septiembre, la sensación era distinta, fantástica, porque daba la impresión de que una de las Torres Gemelas tapaba por completo la calle. Ahora el espacio parece más abierto, y más triste.

Girando a la izquierda hasta **Greenwich Street,** los espacios

COMPRAS

Como en toda la ciudad, en TriBeCa hay todo tipo de tiendas, pero, en realidad, no es el barrio más adecuado para las compras. Hay pequeños anticuarios, librerías de segunda mano, etc., pero, dada la proximidad del SoHo y de Chinatown, dos barrios de compras por excelencia, vale la pena cruzar Canal Street o la West Broadway y meterse en la vorágine de la fiebre del consumo.

se abren de nuevo hasta llegar a una gran explanada donde está el **Washington Market Park,** el primer mercado de frutas y verduras que tuvo la ciudad, hoy convertido en parque. Al lado está el famoso **Triplex** –una escuela municipal de artes escénicas especialmente activa que organiza unos 200 eventos al año– y el **TriBeCa Bridge,** un puente futurista, de acero, vigas blancas y cristal, que atraviesa West Street.

Tras cruzar el puente, en dirección al norte, se llega a **Harrison Street.** Entre West Street y Greenwich Street todas las casas de esta calle son *townhouses* del siglo XVIII, fantásticamente res-

tauradas, que dan una idea exacta de la transformación del barrio.
Siguiendo por Greenwich Street, se llega al restaurante **TriBeCa Grill,** situado en los bajos de un edificio rojo que fue una antigua fábrica y que actualmente está ocupado por la **TriBeCa Film Center,** un centro de producción cinematográfica donde tienen instaladas sus oficinas *Miramax Film,* Steven Spilberg, Quincy Jones y el propio De Niro.

Continuando a la derecha por Franklin Street y bajando por Hudson Street, se llega al **Duane Park,** un pequeñísimo parque alrededor del cual pueden verse todavía, entremezclados con los nuevos apartamentos residenciales, los que fueron antiguos almacenes de distribución de alimentos. En la plaza hay un curioso edificio *art dèco,* de color naranja, el **Wester Union Building.**

Pero lo mejor es perderse un poco, callejear sin rumbo y disfrutar de lo que aparece ante los ojos. Las calles más comerciales son West Broadway y Hudson Street, donde se puede encontrar tiendas de segunda mano que venden todo tipo de artículos, desde libros, a muebles o ropa. Y si se quiere comer más barato, hay que salir un poco de TriBeCa hasta Broadway y Chambers Street, donde se encontrará de todo.

DÓNDE DORMIR

No hay muchas opciones para alojarse en TriBeCa. Es demasiado pequeño, con el suelo muy caro y, sobre todo, sin grandes edificios y sin tradición en este sentido. No obstante, dentro de la escasa oferta, destaca el que se propone a continuación.

**COSMOPOLITAN
HOTEL TRIBECA** (B2) **3**
95 West Broadway, entre Warren Street y Chambers Street.
Telf. (212) 566 19 00 y 800 895 94 00. Fax (212) 566 69 09. Precio: 103$.
En opinión de algunos, es el mejor hotel de Nueva York por su relación calidad-precio. Es sencillo, pero impecable y decorado con mucho gusto, con sábanas y toallas de mejor calidad que muchos hoteles de lujo. Como curiosidad, cuenta con algunas habitaciones a modo de pequeño *loft* de dos pisos, con salón, televisión, cuarto de baño y armarios, en la planta baja, y en la superior, abuhardillada y con techo bajo, una habitación con la cama y un segundo televisor. No cuenta con servicio de habitaciones, pero proporcionan una relación de establecimientos que sirven a domicilio lo que se desee. Es un sitio ideal y su precio es barato para Nueva York.

En TriBeCa, además de los dos restaurante de Robert de Niro, TriBeCa Grill y Layla, hay otros cuatro, considerados de los mejores por los neoyorquinos. Pero ninguno de ellos es barato. A continuación, se relacionan éstos por su enorme fama y también se indican algunos más para que el presupuesto no se desequilibre demasiado.

CHANTERELLE (B1) ⓳
2 Harrison Street, en la esquina con Hudson Street. Telf. (212) 966 69 60. No abre los domingos y no sirve cenas tarde. Otro de los grandes. Especializado en la nueva cocina francesa, se inauguró hace veinte años y sigue siendo uno de los preferidos. Es elegante, distinguido, con esmeradísimo servicio y excelente cocina. Cenar es un lujo que puede costar más de 100$, pero se puede comer por unos 25$.

DANUBE (B2) ⓴
30 Hudson Street, con Duane Street. Telf. (212) 791 37 71. Abre los domingos y sirve cenas hasta tarde. Vienés, de altísima cocina, con los mejores vinos y un servicio más que impecable. Tiene premios a su decoración, que algunos han denominado "el sueño de Klimt", y todo en él es un lujo para la vista y el paladar. La *Guía Fagat* lo destaca entre los preferidos.

Su precio, ya se sabe: más o menos 100$, si no se es muy caprichoso.

NOBU Y NOBU, NEXT DOOR
(B1) ㉑. *105 Houston Street, esquina con Franklin Street. Telf. (212) 219 05 00 y (212) 334 44 45. Nobu abre los domingos y Nobu, Next Door cierra ese día, pero sirve cenas hasta tarde.* Es, con diferencia, el restaurante japonés más conocido y más apreciado. Su cocina es excelente, el servicio impecable y la decoración espléndida. Si no se reserva con mucha antelación, es prácticamente imposible cenar. La única solución es ir a mediodía, un poco tarde, en horario español. En *Nobu* la cena puede costar unos 80$, y en *Nobu, Next Door,* unos 10$ menos.

TRiBeCa GRILL (B1) ㉒
375 Greenwich Street, en la esquina con Franklin Street. Telf. (212) 941 39 00. Abre los domingos, pero no sirve cenas tarde. Precio: 60$. Cocina americana, con algo

TRIBECA

de italiana y asiática, pero su interés reside en que, entre plato y plato, puede aparecer alguna estrella del cine. Lo más destacado de su decoración son las lámparas de *Tiffany's* que Robert de Niro compró a uno de los bares más famosos de Nueva York, el *Maxwell's Plum,* hoy desaparecido.

LAYLA (A2) ㉓

211 West Broadway, en la esquina con Franklin Street.

Telf. (212) 431 07 00. Abre los domingos y no sirve cenas muy tarde. Pertenece a Robert de Niro, como el anterior, pero es mucho menos famoso. Especializado en cocina mediterránea, pero del Oriente Medio, lo mejor es su decoración, sus azulejos, sus alfombras y el buen gusto en la preparación de los platos. Amenizan la cena bailarinas de la danza del vientre, y la fiesta no sale

LA NOCHE

Si hubiera que hacer un ránking de la noche neoyorquina, el primer lugar, con diferencia, se lo llevaría el sur de la isla. Excepto Chinatown y el Financial District, todos los barrios del sur tienen una gran animación nocturna y TriBeCa no se queda atrás. Casi todas las noches los bares están llenos, pero el fin de semana, a pesar de los precios, es una locura.

Es difícil encontrar mesa en ningún sitio y en las barras se amontonan los clientes en espera de una copa. Los hay con tanta moral que esperan en la acera, incluso en invierno, a que salga alguien para ocupar su lugar. Hay montones de bares, por lo que, a continuación, se relacionan algunos de los más populares.

Buble Lounge. *278 West Broadway, entre Franklin Street y White Street. Telf. (212) 431 34 33. Horario: abre hasta las 2 h, excepto los fines que semana, que cierra a las 4 h. Precio: 10$ la copa.* Otro de los elegidos por los ricos y famosos. Tiene dos pisos, y algunas veces música en vivo, pero, sobre todo, tiene *glamour.* Es otro de los clubs donde no sólo se permite fumar, sino que venden una gran variedad de cigarrillos. Es caro, pero su clientela no parece notarlo, a juzgar por lo que consumen.

The Knitting Factory. *74 Leonard Street, entre Broadway y Church Street. Telf. (212) 226 71 21. Horario: abre todos los días hasta las 4 h. Precio: 6$ la copa.* Es más que un bar, ya que dispone de cuatro zonas para la música en vivo y cuatro bares. Siempre

por menos de 50$ con algo de moderación. Pero tiene la ventaja de que se pueden tomar en el bar algunos platos griegos: *hummus, taramosalata,* trozos de cordero, etc., por un precio aceptable en un ambiente de reminiscencias árabes.

THE ODEON (B2) ㉔
145 West Broadway, con Thomas Street.
Telf. (212) 233 05 07. Abre los domingos y cierra sobre las 23.30 h. Es un clásico de TriBeCa, entre otras cosas, porque fue el primer restaurante que se abrió en el barrio y que dio cenas hasta tarde. Su clientela principal es la del barrio, ahora ya mezclados con jóvenes de Wall Street. Su cocina es preferentemente francesa y de buena calidad. Está siempre lleno y hay que reservar para conseguir me-

hay actuaciones de salsa y jazz, elegidas entre las mejores bandas, pero también actúan compañías de teatro, actores por libre, etc. La diversión está asegurada y los precios no son elevados. Otra de las ventajas es el tipo de clientela, de todas las edades.

The Odeon. *145 West Broadway, entre Duane Street y Thomas Street. Telf. (212) 233 05 07. Horario: cierra todos los días a las 4 h de la madrugada.* La fama de este lugar, del que ya hemos hablado como restaurante, es un misterio. Abrió en los años ochenta y, desde entonces, está siempre abarrotado de gente comiendo y tomando copas. Su clientela ha cambiado: si antes fundamentalmente iban artistas del SoHo o TriBeCa, ahora se llena de ejecutivos jóvenes. Depende de lo que se pida, pero las copas tienen precios moderados, unos 8$.

Teddy's. *219 West Broadway, en la esquina con Franklin Street. Telf. (212) 941 70 71. Horario: cierra temprano, a las 12 de la noche. Precio: 8$ la copa.* Destaca su espléndida decoración, con mosaicos y espejos, y las mejores *margaritas* de la ciudad. A pesar de que tiene precios moderados, está lleno de profesionales de éxito dispuestos a emborracharse después de la dura jornada laboral.

Yaffa's. *353 Greenwich Street, en la esquina con Harrison Street. Telf. (212) 274 94 03. Horario: cierra a las 2 h de la madrugada y los fines de semana a las 4 h. Precio: 6$ la copa.* Es también un restaurante de precio económico, pero durante la noche se transforma y atrae a tal número de gente que es imposible encontrar un hueco. Sus atractivos son su clientela y sus precios.

sa. Por unos 40$ se puede cenar, pero también tomar un vino y algo de picar en la barra.

BROOME STREET BAR

(A2) ㉕. *363 West Broadway, con Broome Street. Telf. (212) 925 20 86. Abre los domingos y sirve cenas hasta tarde.* Es un pub clásico, decorado con madera oscura, que lleva 30 años sirviendo cervezas, hamburguesas y sándwiches. Tiene un precio más que moderado para la zona en la que está. Para cenar es un poco difícil conseguir mesa, pero si se va a partir de las 21 h las dificultades son menores. Por 20$, incluyendo la bebida, se puede comer bien.

YAFFA'S TEA ROOM (B1) ㉖

353 Greenwich Street, en la esquina con Harrison Street. Telf. (212) 274 94 03. Abre los domingos y sirve cenas hasta las 23 h. Precio: 20$. Está al lado del *TriBeCa Grill,* pero es más antiguo y, sobre todo, mucho más barato. Por la mañana y a mediodía sirve sándwiches, huevos, etc., pero por la noche ofrece una impredecible y divertida cocina árabe. La decoración también es un poco atrevida. En verano tiene terraza pero está siempre abarrotada.

GLORIAS' TRIBECA

(B2) ㉗. *107 West Broadway, entre Reade Street y Chambers Street. Telf. (212) 766 09 11. Abre los domingos y el resto de los días hasta las 24 h. Precio: 18$.* Es uno de los pocos restaurantes de TriBeCa de precios más asequibles. Sirve platos mexicanos tradicionales en considerables raciones.

KITCHENETTE (B2) ㉘

80 West Broadway, en la esquina con Warren Street. Telf. (212) 267 67 40. Abre los domingos y no sirve cenas muy tarde. Nada especial, pero tiene buena comida americana. Sirve excelentes desayunos y lleva muchos años dando de comer a los empleados de este barrio. Se puede cenar por menos de 18$, dependiendo de la bebida.

AVISO

El número y las letras que acompañan a los hoteles y restaurantes aquí reseñados hacen referencia a su situación en los planos que aparecen en la ciudad de Nueva York. Por ejemplo, **BROOME STREET BAR** (A2) ㉕, significa que dicho restaurante se encuentra situado en el plano de Downtown de día que aparece en las páginas 54-55, en la cuadrícula (A2), señalado con el número ㉕.

DOWNTOWN 2, El Sur Divertido

DOWNTOWN 2 de día

EL AMBIENTE DE DÍA
EN DOWNTOWN 2

(plano de día, pág. 96-97)

Loisaida

Es así como llaman al Lowest East Side los latinos. Además de éstos, abunda en la zona la población de origen chino. La mezcla enriquece a un barrio cada vez más revalorizado donde se suceden numerosas manifestaciones artísticas. Sin embargo, durante el día, lo único que se puede hacer es comprar algún recuerdo a precios de ganga. Las tiendas no son muy atractivas, pero sí los precios. Orchard Street y aledañas son las calles más comerciales.

SoHo: lo más chic

Parte del arte y la bohemia ha sido sustituidos por las tiendas de lujo y los restaurantes de moda, pero su atractivo sigue intacto y sus calles continúan siendo divertidas. A pesar de que no hay una sola firma europea o americana destacada que no haya abierto una tienda en el SoHo, todavía aquí se pueden encontrar gangas en mercadillos o en las tiendas de Broadway.

East Village, NoHo y Alphabetville: modernos y un poco punks

Excepto NoHo, que es más elegante, el East Village y el Alphabetville, que en sus límites casi se confunden, siguen siendo zonas poco convencionales, algo estrafalarias, muy modestas y bastante punkys. Las tiendas de artículos de segunda mano que se sitúan por St. Mark's Place son toda una tentación.

Greenwich Village

Es un barrio muy neoyorquino, algo aburguesado ya tras perder el ambiente bohemio que le caracterizó en el pasado. Sin embargo es una de las zonas más bonitas para pasear, con casas y calles distinguidas, por donde se respira un arraigado ambiente universitario. Las calles de las compras son, sobre todo, Bleecker Street y Christopher Street.

Union Square, Gramercy Park y Murray Hill: la frontera de la elegancia

Vivir en estos dos últimos barrios imprime carácter. Son tranquilos, elegantes y, también, aburridos. Claro que Union Square da la alegría que les falta. El Empire State Building es su enseña más destacada, a cuyo alrededor se arremolinan masas de turistas y empleados de la zona.

Chelsea

Lo tiene todo: las mejores galerías de arte vanguardista, los bares más modernos, tiendas de todo tipo... Definitivamente, Chelsea está de moda.

EL AMBIENTE DE NOCHE
EN DOWNTOWN 2

(plano de noche, pág. 98-99)

Lower East Side, el barrio multicultural

Si hay algún barrio multicultural, ése es el Lower East Side y su noche, también lo es. Los más locos, los más noctámbulos, los más modernos se dan cita aquí. Paraíso de rockeros, punks y todo tipo de tribus urbanas que buscan divertirse en los numerosos establecimientos que cierran a altas horas de la madrugada, no es, sin embargo, un lugar peligroso.

SoHo: ricos y famosos

El SoHo, junto con TriBeCa, concentra los restaurantes más famosos y los bares de copas que más tarde cierran en todo Manhattan. La noche en esta zona de la ciudad sale cara, pero eso no impide que sus locales estén abarrotados, sobre todo de "gente guapa".

East Village y Alphabetville, el sabor bohemio y latino

Desde los años sesenta, ha sido nocturno el East Village, y ahora se ve reforzdo por la apertura de nuevos locales en Alphabetville, donde abundan los cafés latinos. Los precios aquí son más asequibles y la mezcla de gente, más rica. Todo cae en esta zona en la que se reúnen los más bohemios de la ciudad. A este ambiente contribuyen también los teatros del tipo *Off-Off Broadway* (menos de 100 localidades), que se reparten por el East Village y que programan atrevidas obras vanguardistas y experimentales.

Greenwich Village

Ha tenido siempre y sigue teniendo la mejor música de jazz y los mejores restaurantes, alguno convertido en famoso lugar de encuentro de intelectuales. La noche en el Village sigue siendo mágica y maravillosa.

Union Square y alrededores: los nuevos *jetties*

Se recupera el declive de los años setenta y ahora es un barrio de ricos, con locales de precios altos, adonde acúden los nuevos *yuppies*.

Chelsea: gays, lesbianas y amantes del arte

Así es ahora Chelsea, una mezcla de elegantes garitos y bares supermodernos, supervanguardistas, y clubs nocturnos llenos de música y diversión. Chelsea es también el barrio gay por excelencia. Antiguos almacenes se han convertido en salones de baile, clubs, bares de copas y restaurantes, que no hay que dejar de visitar.

LOWER EAST SIDE

Fue uno de los peores barrios de Nueva York, tan peligroso como el propio Harlem. Durante la década de los setenta, entrar por la noche en esta zona, llena de toxicómanos, con las casas destrozadas, sin cristales, era poco menos que desafiar a la muerte. Hoy en día no es que sea un barrio de lujo, pues sigue teniendo ese aspecto marginal, pero, gracias a la llegada masiva de chinos, a la expansión que se ha producido en todo Manhattan, a las medidas de seguridad que se han impuesto en la ciudad y, sobre todo, a la iniciativa y la creatividad de sus jóvenes, el Lower East Side se ha convertido en uno de los barrios neoyorquinos con más vida nocturna, más moderno en sus manifestaciones artísticas, más auténtico y, desde luego, más barato.

TRANSPORTES

Metro: líneas G, M, E, J, y Z a Essex/Delancey Street.

VISITA

Lower East Side siempre fue una zona de aluvión, un suburbio de Manhattan, donde se iban instalando los que nada poseían. En el siglo XIX llegaron a ella los judíos más pobres, los que llegaban de Ellis Island, para iniciar una nueva vida. En el siglo siguiente fueron los puertorriqueños, los negros y los chinos quines intentaron abrirse un hueco entre los judíos para ganarse la vida como fuera. Esto deterioró todavía más un barrio que siempre tuvo edificios de mala calidad, de ladrillo ennegrecido por el paso de los años, de calles descuidadas y sucias y de tienduchas abarrotadas, baratas, pero de escaso atractivo.

Y, sin embargo, esta zona, que va de Canal Street a la East Houston, en el norte, y desde Bowery hasta el río, y que sus habitantes latinos llaman Loisaida *(Lower East Side en espanglish) se ha reinventado a sí misma y ha convertido lo marginal en arte haciendo de la idiosincrasia del barrio su principal atracción. Es el barrio que más ha subido los alquileres de todo Manhattan. Al caer la noche, la diversión ha sustituido al infierno.*

Lower East Side, situado al este de Little Italy, sigue siendo comercial porque los judíos no han abandonado la zona y tiene probablemente el mejor "deli" de todo Manhattan. No obstante, las tiendas cierran pronto y no abren los sábados (por el *sabbat* judío) por lo que no dan mucho ambiente al barrio. Todavía hoy, los que compran en ellas no son turistas, sino neoyorquinos en

busca de los mejores precios. **Orchard Street,** la calle comercial del barrio, está especializada en ropa de vestir y cuero; la **Allen Street,** en camisas y corbatas; la **Grand Street,** en ropa interior; **Bowery** tiene artículos para la casa, etc.

Para conocer mejor lo que fue el barrio se puede visitar el **Lower East Side Tenement Museum** *(visita, previo pago, de 11 h a 16 h, excepto sábados; domingos, de 12 h a 17 h),* y aprovechar para ir al **mercado de Orchard** y disfrutar del ambientillo. El museo permite hacerse una idea de lo que fue el barrio cuando vivía en él la comunidad judía, y el mercadillo, de lo que es actualmente Lower East Side: una mezcla de chinos, judíos, puertorriqueños, bohemios, *punks,* semi-marginales, etc., pero nada peligroso.

EL BOWERY

No era una calle peligrosa, pero sólo su aspecto impresionaba. Hasta finales de los setenta, esta gran avenida estaba llena de alcohólicos, que no se tenían en pie y que se tiraban literalmente a los coches para limpiar las ventanillas por unas monedas. En verano, la "avalancha" era menor porque podían dormir en la calle pero, cuando el frío se hacía insoportable, su única posibilidad de sobrevivir era conseguir unas monedas para ir a una especie de dormitorios inmundos donde les cobraban unos 2$. La calle estaba llena de horribles bares donde, por unos centavos, vendían alcohol de ínfima calidad.

Hoy, el Bowery está ocupado por la comunidad china, sigue estando más bien sucio, como casi todo el sur de Manhattan, pero no se ve un solo alcohólico. Está lleno de tiendas y la gente pasea por la calle, de día y de noche, con toda tranquilidad.

> ## COMPRAS
>
> Hay que darse una vuelta por Orchard Street y las calles aledañas y curiosear. Las tiendas no son nada atractivas: son viejas, con una decoración poco cuidada o, más bien, sin decorar, pero tienen los mejores precios y hay de todo. Y, por si fuera poco, se puede regatear hasta el último centavo, pues en este barrio están acostumbrados a eso y no ponen por ello mala cara.
>
> En estas calles se encuentra de todo en abundancia y apiñado, desde cuero a camisas, pasando por pequeños electrodomésticos, cosas para la casa, ropa interior, etc. Y una cosa está garantizada: no se encontrará un solo turista.

LOWER EAST SIDE

DÓNDE DORMIR

Hasta hace poco tiempo, el deterioro del barrio no animaba precisamente a hospedarse aquí. Ahora no hay ningún problema para quedarse en su único hotel, que, tal vez, recordando aquella época, ha querido "disimular" su ubicación, sin mentir del todo, llamándose "fuera del SoHo".

OFF SOHO SUITES (D3) 🔳
11 Rivington Street, entre Chrystie Street y Bowery. Telf. (212) 979 98 08. Fax (212) 979 98 01.

Precio: 100$. Está, como su nombre indica, cerca del SoHo y del Financial District. Es limpio, casi elegante, con habitaciones agradables, con cocina completa, microondas, televisión y cuarto de baño. Es una de las mejores ofertas de todo Manhattan. El único problema es que, aunque el barrio ya no es peligroso, resulta un poco desolador por la noche. Hay suites de lujo, para cuatro personas, por 175$. Un chollo.

DÓNDE COMER

Tiene los mejores delicatessen judíos y algún que otro restaurante hispano de buena calidad y precios moderados. Todavía no se ha instalado aquí la "gente bien", aunque, viendo lo que ha ocurrido en el SoHo y TriBeCa, no sería de extrañar que, como siempre, al amparo de los artistas locales que viven en la zona, empezaran a llegar al Lower East Side los "falsos bohemios", las tiendas elegantes y los restaurantes de lujo. Algunos establecimientos están abiertos las 24 horas del día y todos los días de la semana.

71 CLINTON FRESH FOOD (D4) ❶
71 Clinton Street, en la confluencia con Rivington Street. Telf. (212) 614 69 60. Abre los domingos y no sirve cenas tarde. Es uno de los mejores 50 restaurantes neoyorquinos seleccionados por la Guía Fagat. Sorprendente para el precio que tiene y único en el Lower East Side. Una cena sale por 45$, con buen vino y buen servicio, un precio que, aunque no parezca barato, es el mejor entre los de su género.

SAMMY'S ROUMANIAN (D3) ❷
157 Chrystie Street, en la confluencia con Delancey Street. Telf. (212) 673 03 30. Abre los domingos y no sirve cenas tarde. Precio: 40-45$. Es un clásico judío, caro, por-

que sus raciones son enormes y el vodka que ofrecen también, lo sirven en grandes dosis. Dicen que es uno de los pocos locales genuinos que quedan en Nueva York.

LE PÈRE PINARD (D3) ❸
175 Ludlow Street, entre Houston Street y Stanton Street. Telf. (212) 777 49 17. Abre los domingos y cierra tarde. Precio: 35$. Otra curiosidad de este barrio. Es un *bar-bistró* francés donde se puede tomar vino a un precio asequible y comer platos sofisti-

cados, pero buenos. Es uno de los pocos establecimientos tranquilos.

GOOD WORLD
BAR & GRILL (f. p.)
3 Orchard Street, entre Canal Street y Division Street. Telf. (212) 925 99 75. Abre los domingos y se puede cenar hasta tarde. Precio: 25$. Es un restaurante sueco verdaderamente bueno, que ofrece cocina auténtica y buen *aquavit*. En la oferta del Lower East Side, este

KOSHER, PASTRAMI Y SALMÓN CON CREMA DE QUESO

Si se come en un restaurante judío, hay que comer comida *kosher*, que es la que permite la religión de esta comunidad y que debe estar autorizada por el rabino.

Este precepto religioso obliga a matar a los animales y a desangrarlos de una forma determinada, a no comer cerdo y a no mezclar algunos alimentos, como la carne y los productos lácteos. En los supermercados de los Estados Unidos hay un apartado de comida *kosher* y los restaurantes anuncian, a veces, que su cocina es *kosher* para tranquilizar a los judíos más ortodoxos.

El *pastrami* es carne de vaca ahumada y sazonada, que corresponde exactamente a lo que sería la pierna del animal. Se come en bocadillo, con pepinillos y mostaza, generalmente caliente, y está delicioso, sobre todo si se elige un buen *deli*. El salmón ahumado sabe mejor si se toma con crema de queso, y es así como lo toman los judíos, quizá porque tienen prohibido mezclar el queso con ningún tipo de carne. Se sirve en un pan, con forma de *donuts*, pero, naturalmente, salado. La experiencia vale la pena.

EL ESPAÑOL ESTÁ DE MODA

En Nueva York un sinónimo de elegancia siempre ha sido "lo francés", y lo sigue siendo, pero, desde hace algún tiempo, utilizar palabras españolas tiene un toque "*chic*". Entre los estadounidenses es bastante frecuente despedirse con un "*adiós*" o "*hasta la vista*" y muchas veces se dan las "*gracias*" en castellano. Esto ocurre, fundamentalmente, porque en Nueva York los hispanos son la primera comunidad, después de la anglófona, y porque, además, ya hay muchos ciudadanos de segunda y tercera generación, con un alto nivel cultural, que han impuesto su música, su estética, su cocina, su forma de vida y hasta sus estrellas de cine, como Salma Hayek, Jennifer López, Antonio Banderas o Andy García. Ya no se avergüenzan de hablar castellano. Saben inglés, han estudiado en inglés y hablan español cuando les apetece.

EL ESPANGLISH

Ocurrió antes del fenómeno del "orgullo hispano" y es una nueva lengua. Fueron principalmente los puertorriqueños quienes comenzaron a castellanizar algunas palabras inglesas. Se empezaron a llamar *nuyorican*, las adolescentes eran *tinajeras*, la moqueta era la *carpeta*, el sofá era el *caucho*, el mercado era la *marqueta*, y así fueron creando una lengua que ahora no sólo se habla sino que también se escribe.

Muchos periódicos destinados al mercado latino tienen titulares difíciles de entender para los españoles y para el resto de los estadounidenses, pero a pesar de ello el *espanglish* es ya un lenguaje que forma parte de la cultura urbana de Nueva York y con el que se entienden los *nuyorican*.

Si os dicen que van a *chopear*, es que van a "ir de tiendas", y no han encontrado una "*ganga*" cuando utilizan esa palabra, sino que se han encontrado con una "banda de delincuentes"; *culear* es enfriar y *frisar*, congelar; la *jaigüey* es la autopista y un *rapista* es un violador; *vacunar* es pasar la aspiradora y *lonchar* es, naturalmente, comer.

Lo curioso de este hecho es que los hablantes del *espanglish* son en su mayoría bilingües, capaces de entenderse perfectamente en inglés y en castellano, y a pesar de ello el *espanglish* forma parte de una identidad cultural y es difícil que desaparezca.

restaurante es especial, pero no tiene buen servicio y hay que esperar bastante.

RATNERS (D4) ❹

138 Delancey Street, entre Norfolk Street y Suffolk Street. Telf. (212) 677 55 88. Abre los domingos y no sirve cenas tarde. Precio: 25$. Es otro de los clásicos locales judíos del barrio. Tiene cien años y sirve, en su mayoría, comida *kosher*. Los camareros también pueden considerarse clásicos del lugar.

SAGO (D4) ❺

79 Clinton Street, entre Houston Street y Stanton Street. Telf. (212) 614 88 17. En este restaurante marroquí, sin pretensiones, hay actuaciones (danza del vientre) los jueves y es posible divertirse y comer por 20$.

BARRIO (D3) ❻

99 Stanton Street, entre Ludlow Street y Orchard Street. Telf. (212) 533 91 12. Precio: 15$. Está al lado de *Arlene Grocery* y es uno de los que no cierra nunca, así que, si se sale hasta altas horas de la madrugada, después es posible pasar por este restaurante y comer algo.

KATZ DELICATESSEN (D3) ❼

205 East Houston Street, en la confluencia con Ludlow Street. Telf. (212) 254 22 46. Abre los domingos y cierra temprano. Precio: 15$. Es uno de los *delicatessen*

más antiguos. Grande y destartalado, pero exquisito. Ya tenía fama, pero desde que se rodó en él la película *Cuando Harry encontró a Sally* es la locura. Tiene el mejor *pastrami* del mundo, a juzgar por la cantidad de gente que va a comprarlo o a comerlo ahí. Si se va a comer, conviene hacerlo a hora española, es decir, más bien tarde.

OLIVA (D3) ❽

161 East Houston, en la confluencia con Allen Street. Telf. (212) 228 41 43. Abre los domingos y cierra tarde. Precio: 15$. Es un bar de tapas vasco. Informal, con los dueños y la clientela bastante joven, y con un aire y un ambiente moderno.

BEREKET (D3) ❾

187 East Houston Street, en la confluencia con Orchard Street. Telf. (212) 475 77 00. No cierra nunca y no admite tarjetas de crédito. Precio: 10$. Es un restaurante turco, muy barato, que ofrece *kebabs* a cualquier hora.

LA NOCHE

La noche en Lower East Side es distinta. Es el paraíso de los rockeros, de los *punks,* de las tribus urbanas y de los artistas psicodélicos. Cueros, pelos de colores chillones y una edad media bastante baja es lo que se va a encontrar en estas calles, llenas de bares con música, que cierran todos los días a altas horas de la madrugada. Es, sin duda, el barrio neoyorquino más moderno, más bohemio y está en plena expansión. No es peligroso. Atreveos y disfrutad de la diversión.

Arlene Grocery. *95 Stanton Street, entre Orchard Street y Ludlow Street. Telf. (212) 358 16 33. Horario: hasta las 4 h de la madrugada todos los días. No admite tarjetas de crédito. Precio: 5$ la copa.* Sus paredes son de color rojo y cuenta con una vieja barra de bar y un ambiente muy moderno, tan moderno como sus clientes habituales. Tiene música en vivo de todo tipo; hay noches en las que tocan en él cinco grupos diferentes, casi todos ellos *underground.* Es barato.

Baby Jupiter. *170 Orchard Street, en la confluencia con Stanton Street. Telf. (212) 982 22 29. Horario: los viernes y sábados cierra a las 4 h de la madrugada y el resto a las 2 h.* Es otro local típico del Lower East Side, por su gente y su música. Se puede cenar y ver actuar a los grupos más experimentales y, por supuesto, se toman copas. Es uno de esos lugares que muestra lo que ha cambiado el barrio en los últimos años. Es barato, las bebidas son a 5$ y, a veces, cobran una entrada de 3 a 5$.

Barramundl. *147 Ludlow Street, entre Rivington Street y Stanton Street. Telf. (212) 529 69 00. Horario: cierra todos los días a las 4 h de la madrugada. No admite tarjetas de crédito. Precio: 6$ la copa.* Sólo con ver la entrada es posible hacerse una idea de lo que puede haber dentro. No tiene música en vivo, pero sí una sorprendente decoración. En verano tiene un jardín y es un local del barrio y para el barrio.

Bowery Ballroom. *6 Delancey Street, entre Bowery y Chrystie Street. Telf. (212) 533 21 11. Horario: cierra a las 4 h de la madrugada. Precio: 6$ la copa.* Es el lugar de las estrellas del rock. Está instalado en un edificio antiguo de tres pisos. En una de ellas, enorme, se baila y en los otros dos se escucha, en opinión de los neoyorquinos, la mejor música en vivo de la ciudad.

Kush. *183 Orchard Street, entre Houston Street y Stanton Street. Telf. (212) 677 73 28. Horario: cierra a las 4 h de la madrugada.*

Precio: 7$ la copa. Es uno de los más famosos por lo insólito del local. Recrea, con gran fidelidad, los exóticos locales de ciudades como Marrakesh: oscuro, iluminado con numerosas velas, decorado con alfombras, estuco, etc. Los martes es el mejor día. Hay bailarinas de la danza del vientre, echadoras de cartas, etc. Tiene especialidades del Medio Oriente.

Lansky Lounge. *104 Norfolk Street, entre Delancey Street y Rivington Street. Telf. (212) 677 94 89. Horario: cierra a las 4 h de la madrugada.* Es un local judío, con comida *kosher,* pero su verdadero atractivo es que rememora los bares existentes durante la prohibición del alcohol de la década de los años veinte (los *speakeasy).* Se entra a través de un corredor y se llega al bar. Su especialidad es el *bugsy,* al parecer la bebida preferida por los *gangsters,* a base de naranja y vodka, a 7$ por copa.

The Living Room. *84 Stanton Street, en la confluencia con Allen Street. Telf. (212) 533 72 35. Horario: cierra a las 4 h de la madrugada. No acepta tarjetas de crédito. Precio: 6$ la copa.* En este barrio, donde los bares son bulliciosos, rockeros, *funks, punks,* este "cuarto de estar", decorado a la manera de los años sesenta, es un oasis de calma. Tiene música en vivo, generalmente de cantautores, y por algún dólar extra podéis pedir vuestra canción preferida.

Ludlow Bar. *165 Ludlow Street, entre Stanton Street y East Houston Street. Telf. (212) 353 05 36. Horario: cierra a las 4 h de la madrugada. Precio: 6$ la copa.* El éxito de este concurrido bar es su excelente *disc-jockey,* experto conocedor de la música *funky,* aunque también hace una buena selección del *soul* de los años setenta. A veces, los fines de semana, hay música en vivo.

Max Fish. *178 Ludlow Street, entre Stanton Street y East Houston Street. Telf. (212) 529 29 59. Horario: cierra a las 4 h de la madrugada. No admite tarjetas de crédito. Precio: 6$ la copa.* Es un lugar de cita de artistas y poetas, con una decoración surrealista y cuadros de arte pop y *kitsch* de los pintores locales. Una vez al año exponen cuadros pintados por enfermos mentales. Imposible encontrar sitio los fines de semana.

Meow Mix. *269 East Houston Street, entre las avenidas A y B. Telf. (212) 254 06 88. Horario: cierra a las 4 h de la madrugada. No admite tarjetas de crédito. Precio: 5$ la copa.* Es el bar de lesbianas más popular de todo el Lower East Side. Empezó siendo un sitio pequeñísimo y, debido a su gran éxito, han ampliado el local habilitando el sótano. El ambiente es agradable y su clientela muy habitual.

Mercury Lounge. *217 East Houston Street, entre Loudlow Street y Essex Street. Telf. (212) 260 47 00. Horario: cierra a las 4 h de la madrugada. Precio: 6$ la copa.* Tiene música en vivo y a veces cobra una entrada de 7$. Es un local enorme instalado una antigua fábrica, y tiene fama de llevar a los mejores grupos. Incluso con copas y pagando la entrada, muchos creen que, por la calidad de la música, sigue siendo uno de los sitios más baratos de la ciudad.

Sapphire. *249 Elbridge Street, entre Stanton Street y East Houston Street. Telf. (212) 777 51 53. Horario: cierra a las 4 h de la madrugada. No acepta tarjetas de crédito.* Es uno de los más antiguos del barrio y el mejor para bailar por la noche. Es pequeño y está siempre lleno, pero tiene encanto.

Swin. *140 Orchard Street, entre Rivington Street y Stanton Street. Telf. (212) 673 07 99. Horario: cierra a las 4 h de la madrugada. Precio: entre 1 y 5$ la copa, dependiendo de la actuación.* Es bastante nuevo, pero ya tiene fama por la calidad de los cantautores que contrata. En el piso de arriba se puede comer *sushi*, y la decoración es clásica y agradable.

SOHO

Si hay algún barrio que represente la capacidad de cambio de la ciudad de Nueva York y, sobre todo, la "vitalidad" de las inmobiliarias y los especuladores de suelo, ése es el SoHo. Situada al sur de la isla de Manhattan, entre Financial District, Greenwich Village y East Village, esta zona de la ciudad, no muy extensa, ha pasado de ser un lugar destartalado, lleno de almacenes y pequeñas industrias, a convertirse en el centro de las artes plásticas, primero, y en el centro de la moda, después. No hay una sola firma europea o americana destacada que no haya abierto una tienda en el SoHo. Cuando se pasea por sus calles, llenas todavía de galerías de arte, tiendas de vanguardia, templos del diseño y famosos restaurantes y mercadillos, es imposible olvidar que en los sesenta todo el mundo evitaba esta zona, vacía en cuanto caía la tarde, para llegar a un lugar más seguro. Hoy sus aceras están siempre llenas de gente de todo tipo, con cierto aire sofisticado unos, estrafalario otros, y la mayoría, gente normal que trabaja en este próspero barrio.

TRANSPORTES

Metro: líneas N y R, estación Prince Street-Broadway o línea 6, estación Prince Street.

VISITA

El SoHo inició su expansión a final de los años sesenta, cuando los pintores, disuadidos por los altos precios del vecino Village (hasta ese momento, el barrio bohemio e intelectual por excelencia), empezaron a alquilar los almacenes semiabandonados para instalar en ellos sus estudios, los famosos lofts. En un año se trasladaron a vivir hasta esta zona más de 3.000 artistas, y una década después, empezaron a llegar prestigiosas galerías de arte, que atrajeron grandes cantidades de dinero.

Sobre todo a raíz de la inauguración en 1992 del Guggenheim Museum SoHo, esta treintena de calles se ha ido convirtiendo en el lugar de referencia de la modernidad para todos los neoyorquinos.

Hoy no es el "barrio bajo" que fue y en el que, durante un centenar de años, se explotaba a los emigrantes en sus pequeñas fábricas, sino un barrio elegantemente informal, con un alto nivel de vida, que ha revolucionado la estética de la pintura y la decoración y que, en la actualidad, vende sus carísimos locales para que se instalen en ellos las grandes firmas de la moda, que antes sólo osaban establecerse en la Quinta Avenida (Fifth Avenue). El ejemplo más significativo es el Guggenheim, que ha "cedido" todo su primer piso, el que da a la calle, a la carísima firma italiana Prada.

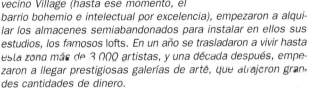

La **West Houston Street** es la vía que delimita el SoHo por el norte y a la que debe su nombre (South Houston, "al sur de Houston"). **Canal Street** marca la frontera del sur. Al este, **Lafayette Street** es la última calle considerada del SoHo y, al oeste, es la **Avenue of the Americas** (Sixth Avenue, Sexta Avenida) la que delimita el barrio. Con estos datos, lo mejor es callejear, disfrutar del ambiente y entrar en todo tipo de tiendas para empaparse de lo que "se lleva".

SUS PRINCIPALES ATRACTIVOS

Greene Street es el centro del SoHo y donde están los edificios de hierro más emblemáticos de la zona. Las galerías de arte

SOHO

están concentradas en **West Broadway** y **Prince Street,** y vale la pena echar una ojeada para comprobar lo excéntrico que puede llegar a ser el arte contemporáneo. Lo de comprar es otro capítulo. Los precios no son precisamente de saldo y, a menos que se vaya con una idea fija, lo normal es ver las galerías como si se tratara de museos.

Las **tiendas** son otro de los atractivos del barrio por su decoración y el atrevimiento de sus diseños, pero, en la mayoría de los casos, tampoco son baratas. No hay que dejar de entrar en ellas para contemplar su fantástica decoración, que muchas veces conserva el aspecto de almacén que tuvieron en su origen. Si se está interesado en algo, es preferible, en el mejor

de los casos, esporar a las rebajas o intentar adquirir algún modelo similar en algunas de las tiendas más baratas de la Broadway, la calle comercial por excelencia, o en los puestos callejeros. Como se ha dicho anteriormente, la calle más significativa es la Greene Street, porque conserva un mayor número de **edificios de hierro,** la arquitectura característica del SoHo, todos ellos del siglo XIX.

El hierro comenzó a utilizarse porque era el material de construcción más barato y más rápido para edificar, y además, permitía a los arquitectos lucirse en la decoración de las fachadas. En los números del 72 al 76 de esta calle hay un edificio de cinco pisos con columnas corintias. Los números 20 y 30 de la misma calle son otro ejemplo de lo que se podía hacer con el hierro, y en la esquina de Broome Street con la Broadway, el **Haughwout Building** es, quizá, el edificio con mayores pretensiones de todo el SoHo. Pero si el Haughwout es la catedral del hierro, el **Little Singer Building** ocupa un dignísimo segundo puesto y es probablemente uno de los edificios más bonitos del SoHo. Construido en 1904, actualmente tiene su sede en él una de las papelerías más interesantes de Nueva York.

LOS MUSEOS

Pero el arte en el SoHo hay que buscarlo en el interior de sus edificios y no fuera de ellos. Este barrio, a pesar de que cada vez es más comercial, tiene más de cien galerías de arte y varios museos destacados: el **Alternative Museum** *(visita, de martes a sábado, de 11 h a 18 h)*, en el 594 de Broadway, fundado por los propios artistas del barrio. Enfrente, en el 575 de la misma calle, se halla el **Museo de Arte Africano** *(visita, previo pago, excepto lunes, de 10.30 h a 17.30 h; sábados y domingos, de 12 h a 18 h)*, que, como su nombre indica, expone piezas africanas y afroamericanas. Destaca también el **New Museum of Contemporary Art** *(visita, previo pago, excepto lunes y martes, de 12 h a 18 h)*, en el 583 de Broadway, donde se exponen las obras más novedosas y las más controvertidas.

A pesar de encontrarse en un período de cambio, merece especial atención el **Guggenheim Museum SoHo** *(visita, previo pago, excepto lunes y martes, de 11 h a 20 h)*, en el 575 de la Broadway. Hasta que se sepa cual será su futuro y a pesar de que ya ha vendido su primer piso a *Prada*, en su interior puede verse una exposición monográfica inédita de Andy Warhol bajo el título "La Última Cena", un homenaje a Leonardo da Vinci (hay que entrar en el portal de la casa y subir en ascensor. Es gratis).

NoLiTa

Parece una manía. En cuanto dos o tres calles se ponen de moda, se les pone un nombre genérico y se convierten en un barrio, con carácter propio. Es

¿QUÉ ES UN LOFT?

La palabra *loft* significa el "piso de arriba" de un almacén. Pero en el SoHo no es el piso de arriba, sino los cuatro o cinco pisos que estaban encima de los almacenes de mercancías.

Se trata de locales grandes, generalmente de 200 m² o más, diáfanos, en donde los artistas empezaron a instalar sus estudios-viviendas. La mayoría de ellos ha mantenido la estructura original, sin tabiques, todo lo más separando los diferentes ambientes con biombos o paneles que no llegan al techo.

Las estructuras de los edificios permanecen igual, los ascensores siguen siendo enormes montacargas y los portales parecen a veces entradas de mercancías, pero algunas de sus decoraciones son fantásticas –tuberías de colores, suelos de madera en blanco, paneles de separación decorados, y en algunos casos, dada la altura de los techos, altillos donde se instalan las habitaciones–. Todo un derroche de imaginación a falta de dinero. Actualmente, alquilar un *loft* es casi imposible porque su precio alcanza los 5.000$ al mes.

113

como si los neoyorquinos con ancestros de aquí y de allá tuvieran la necesidad de pertenecer a un pequeño lugar.

Eso es NoLiTa (Norte de Little Italy), en realidad, una moderna

prolongación del SoHo hacia el este, en busca de locales un poco más baratos. Apenas ocupa tres calles: **Elizabeth** –la principal–, **Mott** y **Mulberry,** entre Kenmare Street y East Houston Street.

En sus edificios, todavía semiabandonados y cubiertos de pintadas, algunos jóvenes diseñadores de ropa están abriendo pequeños locales, entre extravagantes y "chics". Estos locales han comenzado a dotar al barrio de una identidad propia, y algunos de ellos, quizá por la proximidad con Chinatown, están regentados por neoyorquinos de origen chino.

DÓNDE DORMIR

No hay hoteles en el SoHo. Algunos propietarios alquilan habitaciones en sus espaciosos lofts, pero no están dentro de ningún circuito. A veces, se anuncian en el periódico gratuito del barrio, el Village Voice, pero es difícil alquilarlas desde fuera de Nueva York.

DÓNDE COMER

El SoHo está lleno de restaurantes de todos los precios y horarios y para todos los gustos. Los hay caros y famosos, menos caros y también famosos, y un considerable número de locales para tomar un sándwich, una hamburguesa o para comprar comida para llevar. Pero, quizá, lo más agradable de este barrio sean sus cafés, unos tranquilos locales donde la gente va a leer o a escribir, incluso con el ordenador portátil, y en los que nadie parece tener prisa.

La decoración es a veces moderna, con cuadros en las paredes, otras con un toque antiguo o, más bien con muebles viejos cogidos de aquí y de allá, pero con gusto y, en otras ocasiones, simplemente funcional y cómoda, con sillones confortables. También hay pubs, con música en vivo, decorados a la manera de los ingleses y los irlandeses.

A continuación, se relacionan algunos restaurantes de precio medio y otros que, por su fama o por su excelente cocina, merecen una mención.

BALTHAZAR (D3) ❿

80 Spring Street, al lado de Crosby Street.

Telf. (212) 582 04 60. Abre los domingos y sirve cenas hasta las 24 h. Precio: 50$.

Según la *Guía Zagat*, a pesar de sus elevados precios, es el tercer restaurante más visitado de Nueva York y figura en el puesto 17 entre los favoritos de los clientes. Es una *brasserie* francesa, de excelente calidad, con un servicio impecable y con una decoración no especialmente original. Los fines de semana es imposible encontrar mesa si no se reserva con mucha antelación; siempre está hasta los topes y con gente en la calle para entrar.

AQUAGRILL (D2) ⓫

210 Spring Street, al lado de la Sixth Avenue.

Telf. (212) 274 05 05. Abre los domingos y no sirve cenas después de las 22 h. Precio: 45$ la cena. Es otro de los favoritos y figura también en el ránking de los más frecuentados. Tiene un excelente pescado fresco magníficamente cocinado, y tampoco resulta fácil encontrar sitio en él si no se reserva con antelación.

L'ECOLE (D2) ⓬

462 Broadway, en la esquina con Grand Street.

Telf. (212) 219 33 00. Cierra los domingos y no sirve cenas después de las 22 h. Es el Instituto Culinario Francés y son sus alumnos los que se encargan de la cocina. Los productos son de gran calidad y la elaboración sencillamente exquisita: alta cocina a precio de saldo. Se puede cenar por 40$, que, aunque parezca mentira, es barato para un buen restaurante. Hay que reservar porque está siempre lleno.

KELLEY & PING (D2) ⓭

127 Greene Street, entre Houston Street y Prince Street. Telf. (212) 228 12 12. Abre los domingos y sirve cenas hasta las 23 h. Precio: 25$, todo incluido.

Por su emplazamiento y su decoración se asemeja a un mercado de Shanghai. Su precio es verdaderamente moderado. Cocina oriental, muy especiada, y especialidad en pastas, aunque se puede pedir *curri*, pescado y casi todo tipo de platos asiáticos. No acepta reservas y es difícil encontrar mesa por la noche; a la hora de la comida es más fácil.

SPRING STREET NATURAL RESTAURANT (D3) ⓫
62 Spring Street, al lado de Lafayette Street.
Telf. (212) 966 02 90. Abre los domingos y sirve cenas hasta las 23.30 h. Los fines de semana, hasta más tarde.

Precio: 25$. Es un clásico vegetariano en el SoHo. Abrió hace 25 años y sigue teniendo buena acogida. No es difícil encontrar mesa porque es grande y, además, tiene la ventaja de ser un lugar tranquilo

LOS CAFÉS

Los cafés constituyen un verdadero refugio frente al bullicio de la ciudad. En todos sirven un buen café expreso con bollos o sándwiches por unos 3$, pero lo mejor es su ambiente.

Si se está en el SoHo por la mañana, en Greene Street, la calle paralela a la Broadway, se encontrarán algunos de estos cafés, donde la gente no parece tener prisa y donde, en la mayoría, la decoración es agradable y, en algunos casos, verdaderamente imaginativa y acogedora.

Los **Starbruck Café**, que se extienden por toda la ciudad, también se encuentran en el SoHo, concretamente en Spring Street, muy cerca del restaurante *Balthazar*. En sus comodísimos sillones situados al lado de las cristaleras es posible echar un sueñecito sin que nadie se extrañe por ello. El único inconveniente es para los fumadores, que, después del café, deben encender el cigarrillo en la calle. En ninguno dejan fumar.

UN RESPIRO PARA FUMAR

Es un bar-café, nada especial, decorado con funcionalidad que puede convertirse en el refugio de los fumadores del SoHo. No sólo permiten fumar en la barra, sino también en las mesas y a todas horas. Incluso en la puerta se puede leer: "Aquí está permitido fumar".

Se llama **VG** y está en Broadway, en la esquina con Bleecker Street. Tiene una gran variedad de cervezas, se sirve vino de la casa más barato que en otros lugares, a unos 3$ el vaso, se puede comer y cenar una hamburguesa o algún plato combinado por un precio módico, aunque no hasta muy tarde, y todos los camareros hablan español. Se puede ir a un local algo más confortable o más bonito, pero no con menos permisividad.

donde se puede descansar e incluso leer un libro, sin que nadie se extrañe. La cocina es buena y natural; incluye platos no vegetarianos, con algo de pescado y pollo.

FENELLI'S CAFÉ (D2) ⑮
94 Prince Street, en la esquina con Mercer Street. Telf. (212) 226 94 12. Abre los domingos y hasta las 2 h de la madrugada o más. Precio: 20-25$. Es una institución en el Sollo. Inaugurado en 1847, es el segundo bar más antiguo de Manhattan, después del *Bridge Café*. En su barra se puede fumar, como es habitual en todos los pubs, y se puede comer hamburguesas y pasta. Pero es tan popular que, para encontrar mesa, hay que llegar antes de las 19 h.

LOMBARDI'S (D3) ⑯
32 Spring Street, entre Mott Street y Mulberry Street. Telf. (212) 941 79 94. Abre los domingos, no sirve cenas tarde y no acepta tarjetas de crédito. Precio: 20$. Fue la primera pizzería que abrió en Nueva York y sigue siendo una de las mejores. Su comedor es agradable, pero no muy amplio, y en verano se puede comer en el jardín que hay en la parte de atrás. No sirve sólo pizzas; su pastel de almejas es fantástico. Los camareros son amables y se cuida especialmente el servicio.

CAFÉ GITANE (D3) ⑰
242 Mott Street, en la esquina con Prince Street (en el corazón de NoLiTa).
Telf. (212) 334 95 52. Abre todos los días y, por la noche, hasta las 24 h. Precio: 15$. Es el bar-café más concurrido de NoLiTa por su comida barata y su ambiente un tanto bohemio. Su especialidad son los sándwiches y la pasta, pero también se puede comer buen parmesano y buen salmón ahumado. Es una mezcla de italiano y francés, con un excelente pan. Tiene vino francés (por vasos o botella) y, si hace buen tiempo, se puede comer en la terraza de la calle. Está permitido fumar.

SOHO KITCHEN & BAR (D2) ⑱
103 Greene Street, entre Spring Street y Prince Street. Telf. (212) 925 18 66. Abre los domingos y cierra a las 24 h.
Es un restaurante americano que abrió en la década de los ochenta y que, desde entonces, ha mantenido sus precios moderados, a pesar de que a veces su clientela es famosa. Los platos más caros, los de carne, cuestan 9$ y hay también ensaladas, pizzas y pasta, más baratas. Su carta de vinos es excelente, los hay de todos los precios, y todos, incluso el más caro, se pueden pedir por vasos.

SOHO

COMPRAS

Todo el SoHo es una tienda, pero no hay un centro comercial ni tampoco grandes almacenes, como ocurre en otras zonas de la ciudad.

La Broadway, desde Houston Street hasta Canal Street, es una sucesión de tiendas, generalmente de ropa, donde se encuentra de todo, más caro y más barato. Los grandes diseñadores se han instalado, generalmente, en Prince Street, Greene Street y Broadway, mezclados entre galerías de artes y restaurantes de lujo; las marcas menos exclusivas,

LA NOCHE

Si es verdad que Nueva York no duerme, el SoHo es uno de los barrios responsables de su insomnio. Aparte de que sus restaurantes, en una gran mayoría, cierran muy tarde, sobre todo los fines de semana, la cantidad de bares donde se pueden tomar copas, y casi siempre comer, hasta altas horas de la madrugada es mayor que en otros barrios de la ciudad. Por otra parte, los habitantes del SoHo no son especialmente madrugadores. Ni las tiendas, ni las galerías abren demasiado temprano y a las nueve de la mañana, mientras que en otras zonas de Manhattan hay ya un gran bullicio, aquí apenas si hay gente por las calles.

Casa La Femme. *150 Wooster Street, entre Houston Street y Prince Street. Telf. (212) 358 96 83. Horario: cierra a las 4 de la madrugada. Precio: 10$ la copa.* Es uno de los más famosos por su decoración de estilo árabe, es Marruecos o Egipto en medio del SoHo. Hay, incluso, *"jaimas"* en las que se puede tomar una copa entre cojines orientales y alfombras. El suelo imita la hierba de un jardín y tiene un espectáculo de bailarinas de la danza del vientre. Está lleno de "gente bien" que está dispuesta a pagar 50$ por una cenar.

Circa Tabac. *32 Watts Street, esquina con Thompson Street. Telf. (212) 941 17 81. Horario: de domingo a miércoles cierra a las 2 de la madrugada, y jueves, viernes y sábado, a las 4. Precio: 8$ la copa.* La gracia del local es que el tabaco, que en esta ciudad es un proscrito, aquí se convierte casi en una obligación. Es el paraíso de los fumadores y lo tienen a gala. Venden 150 marcas de cigarrillos de todo el mundo. Está decorado al estilo de la década de los años 20 y sus dueños se han preocupado de instalar un excelente sistema de purificación del aire. Es caro si se come algo.

como GAP, Banana Republic, Atrium, Roots o Zara están todas en Broadway y en sus aledaños.

A continuación se relacionan algunas tiendas de especial interés por su variedad y sus precios, pero vale la pena recorrer el barrio, sobre todo Broadway, donde hay montones de pequeños comercios en los que se pueden conseguir gangas.

CANAL JEAN COMPANY

Broadway, entre Broome Street y Spring Street. Nada menos que cuatro plantas de ropa vaquera y ropa de sport, todo a buen precio. Es la tienda con mayor variedad de pantalones *Levi's* de todo Manhattan y, quizá, con los mejores precios. Se puede conseguir un 501 por unos 15$ y los vaqueros más

Kavehaz. *123 Mercer Street, entre Prince Street y Spring Street. Telf. (212) 343 06 12. Horario: cierra a la 1 de la madrugada. Precio: 25$.* Jazz en un ambiente refinado, con velas, buenísima bebida y tranquilidad. Sirven también ensaladas o pasta.

NV. *289 Spring Street, entre Hudson Street y Varick Street. Telf. (212) 929 68 68. Horario: cierra a las 4 de la madrugada. Precio: 10$.* Conserva el ambiente de un viejo salón mundano, con terciopelos, alfombras y divanes, y la mayoría de su clientela viene hasta él para bailar. En la parte de abajo, la más confortable, se charla y se toman copas, pero a eso de la 1 de la madrugada, todo el mundo se va al piso de arriba para bailar durante horas.

Pravda. *281 Lafayette Street, entre Prince Street y Houston Street. Telf. (212) 226 49 44. Horario: cierra entre las 3 y las 4 de la madrugada. Precio: 10$.* Según la *Guía Zagat,* es otro de los locales favoritos de los neoyorquinos, quizá porque lo ruso está de moda. Su especialidad, naturalmente, es el vodka y otras bebidas rusas, todas ellas de alta graduación. Tiene dos pisos, el de abajo lleno de gente, y uno arriba, un poco más íntimo. Está lleno de gente elegante.

Zinc Bar. *90 West Houston Street, entre La Guardia y Thompson Street. Telf. (212) 477 83 37. Horario: cierra a las 4 de la madrugada.* Jazz y música latina, en vivo, es el atractivo de este bar un poco escondido que tiene precios moderados. Una copa de su especialidad, la *caipirinha,* cuesta unos 8$ más impuestos y propina. Sus bandas de música son buenas y suelen acudir a él los enamorados del jazz.

caros están en torno a los 40$. Los hay también de segunda mano. Abre los siete días de la semana.

DAFFY'S

Broadway, justo en la esquina con Grand Street. Tiene varias sucursales en el centro de la isla y acaba de abrir ésta del SoHo. Es una tienda con ropa de caballero, señoras y niños, y con precios, a veces, asombrosos. Igual que ocurre en otros comercios, en la etiqueta aparece el precio real y, después, el precio de la tienda. Su especialidad es la ropa italiana y se pueden conseguir prendas de muy buena calidad. No hay apenas dependientes, pero tiene probadores y los artículos se pueden cambiar sin problemas. Abre los domingos.

FLEA MARKET

Flea Market ("mercadillos" en castellano) significa exactamente, como en francés, "mercado de las pulgas", y en Nueva York, como en otras grandes ciudades, son una institución y una forma de diversión para los sábados y los domingos por la mañana.

OLD NAVY

Broadway, entre Broome Street y Spring Street. Al precio que ésta el dólar, *GAP* resulta caro para los españoles, pero en *Old Navy* se puede conseguir ropa de sport, de puro algodón y similares diseños a los de *GAP*, por menos de la mitad. Hay ropa de señora, caballero y niños.

SOHO ANTIQUES Y COLLECTIBLES FAIR

Broadway, esquina con Grand Street. Abre los sábados y los domingos. Venden todo tipo de cachivaches y ropa usada. Algunas cosas valen la pena. Se pueden encontrar sortijas de plata, mexicanas o del Himalaya, collares, gafas de segunda mano y de imitación, muebles, etc. Es divertido.

AVISO

La selección de los establecimientos incluidos en esta guía se ha hecho siguiendo, exclusivamente, el criterio independiente de los autores. Ninguno de los hoteles, restaurantes, comercios, etc. aquí contenidos ha desembolsado la más mínima cantidad para aparecer en la guía.

EAST VILLAGE, NOHO Y ALPHABETVILLE

Son tres barrios en uno situados al suroeste de la isla. East Village fue siempre un barrio bohemio, frecuentado por escritores malditos, lleno de teatros experimentales, de tiendas de segunda mano, de *hippies* y *beatniks* y de intensa vida nocturna. NoHo, entre East Village y Greenwich Village, apenas tiene entidad propia, excepto porque sus establecimientos son algo más convencionales que los del East y su cercanía con la Universidad de Nueva York le da un aire más sofisticado.

Alphabetville, junto al río East, es puertorriqueño y, hasta hace una década, la gran cantidad de heroinómanos que merodeaba por él impedía entrar en sus calles. Hoy, sigue siendo un barrio hispano, pero recuperado y cada vez se distingue menos de su vecino East Village.

TRANSPORTES

Metro: Para ir a East Village, la línea 6, estación Astor Place. Para ir a NoHo, las líneas N y R, estación 8th Street.

VISITA

Como suele ocurrir en Manhattan, el elevadísimo precio de la vivienda expulsó a los más bohemios del Greenwich Village y éstos se trasladaron al **East Village,** un barrio mucho menos elegante y más deteriorado, ocupado por inmigrantes europeos. Los artistas lo hicieron suyo, lo convirtieron en el centro del inconformismo y de la protesta, abrieron sus locales, siempre poco convencionales, y los pusieron de moda. Hoy pocos "outsiders" pueden trasladarse a él, a menos que sean artistas consagrados y, en su lugar, han ido apareciendo tiendas de diseño, restaurantes, bares y locales nocturnos. Quizá lo que no ha cambiado tanto es la gente que lo visita y que frecuenta sus locales nocturnos.

Esa manía, típica de la isla, de poner un nombre genérico cada cuatro calles, en el empeño de formar un barrio distinto, también ha ocurrido en el caso de **NoHo,** que, en realidad, es la franja central que separa el East Village del Greenwich Village.

Encuadrar a **Alphabetville,** que no se sabe si se corresponde más con Lower East Side o con East Village, es difícil. Lo que sí mantiene, en cambio, es su carácter latino y quizá sus habitantes se sientan más cerca del Lower, porque denominan al barrio "Loisaida" (Lower East Side, en espanglish).

EAST VILLAGE, NOHO Y ALPHABETVILLE

Si todo el Lower East Side fue un horror, las calles por las que se extiende Alphabetville fueron verdaderamente terroríficas. Los taxis se negaban a entrar, los toxicómanos las ocupaban y las casas eran auténticas guaridas de camellos y delincuentes. En 1983 una espectacular redada acabó con el tráfico de heroína, y hoy, milagrosamente, se puede pasear por el barrio.

COMPRAS

La 9th Street, entre la Avenue A y la Second Avenue, concentra las tiendas típicas de East Village. Está llena de boutiques, con precios relativamente asequibles, más que en otros barrios, y con ropas originales y un tanto "retro". Algunas de las más importante son **Lisa Tsay**, en el número 439, y **Mark Montano**, en el 434.

También es el barrio de las tiendas de segunda mano, de ropa y bisutería, como **Cha Cha Tchatchka** y **Atomic Pasion**. Normalmente, la ropa, de señora y caballero, está en buenas condiciones, pero hay que mirar cuidadosamente y, a veces, los precios no son tan bajos. En ocasiones, la ropa nueva, comprada en tiendas de descuento, es más barata que en estas de segunda mano, aunque aquí se puedan conseguir cosas mucho más exóticas. En el 93 de la East 7th Street está la **Kimono House**, donde se venden, lógicamente, kimonos de segunda mano muy baratos y de gran calidad.

EAST VILLAGE

East Village era en parte lo que es actualmente Lower East Side, pero con mucha más solera. En sus calles vivieron los miembros de la generación *beat* y en los años sesenta fue refugio de pintores, escritores y, también de *hippies* y *beatniks.* Andy Warhol creó en él su Velver Underground y puede decirse que parte de la música *punk-rock* y de sus creadores pasaron por algunos de sus locales.

No todo se ha perdido. Sigue teniendo ese aspecto un poco inconformista, diferente, de tiendas de segunda mano –raras, a veces casi mercadillos llenos baratijas–, de teatros *Off-Off-Broadway,* de locales de música *punk-rock* y bares de *folk,* pero ya no puede hablarse de él como un barrio bohemio. En cambio, lo que sí permanece es la diversidad de sus comunidades, aspecto que sigue siendo uno de sus atractivos.

En el East Village conviven judíos-ucranianos y rusos, e irlandeses, que fueron los primeros que se establecieron; también hay indios, una emigración más reciente, que abrieron sus restaurantes baratos en la 6th Street, entre la First Avenue y la Second Avenue (Primera y Segunda avenidas). Los puertorriqueños ocupan la zona este. Y ahora se les han unidos otros recién llegados, los yuppies y nuevos ricos, rubios en su mayoría, que son los únicos que pueden comprar o alquilar un piso en la actualidad.

Lo que se llama East Village (no confundir con el Village, o sea con Greenwich Village, que está al oeste de la ciudad) es el barrio comprendido entre la **14th Street** por el norte y la **East Houston Street** por el sur; por el este hace frontera con el puertorriqueño **Alphabetville,** ya prácticamente anexionado, aunque se oiga más español, y por el oeste, con **Broadway.**

St. Mark's Place es el centro y el lugar en el que tiene que empezar todo paseo. Es un tramo de la 8th Street, que está situado entre la Third Avenue (Tercera Avenida) y la Second Avenue (Segunda Avenida), muy animado, y que sigue teniendo librerías, tiendas de ropa estrafalaria y algún bar de comida rápida.

Siempre tomando como referencia St. Mark's Place, en la confluencia de Bowery, Lafayette y la Fourth Avenue (Cuarta Avenida), se halla la **Cooper Union Foundation,** presidida por un inmenso edificio, de 1859, que albergó un centro de enseñanza

UNA GENERACIÓN VENCIDA

La generación *beat,* o lo que es lo mismo la "generación vencida", fue un movimiento literario, de los años cincuenta, surgido en San Francisco, pero con ramificaciones en el East Village. Su máximo representante fue Jack Kerouac y su novela E*n el camino* se considera la Biblia de los *beat* o los *beatniks,* los términos con los que ellos mismos se denominaron.

Los *beat* se oponían a la forma de vida norteamericana y abogaban por la liberación personal y el culto a la espontaneidad. La filosofía Zen fue su inspiración y el camino, la carretera, su forma de vida.

El alcohol, las orgías, la marihuana formaban parte de sus vidas, unas vidas marcadas por la angustia y la desolación y, desde luego, por el rechazo de todo lo establecido. En realidad, fueron los precursores de los *hippies.*

Allen Ginsbert, otro de los escritores de esta generación, fue quien vivió en el East Village y por su casa pasaron, cuando no estaban en "la carretera", el propio Kerouac, Borroughs, Cassady y otros muchos escritores e intelectuales, en busca de un refugio donde emborracharse y hablar de sus experiencia vitales.

para los menos favorecidos en el que todavía se imparten clases. Hoy su escuela de arquitectura goza de gran prestigio.

En **Lafayette Street,** la calle que llega al SoHo, la única huella que recuerda el esplendor de esta zona (en otros tiempos, residencia de los más ricos) es el **Colonnade Row,** que en la actualidad alberga la sede del **Teatro Colonnade.** Enfrente está el **Public Theatre,** una verdadera leyenda, que cuenta, entre sus estrenos más sonados, el musical contra la guerra de Vietnam, *Hair.*

En el número 802 de Broadway, paralela a la anterior en dirección oeste, se halla una de las iglesias neogóticas más bonitas de Nueva York, la **Grace Church,** construida en 1846 por James Renwick junior, el mismo arquitecto al que se debe la famosa catedral de San Patricio, en la Fifth Avenue (Quinta Avenida).

NoHo

Se llama NoHo a la pequeña área que, al norte de Houston Street, comprende de Bleecker Street a la 4th Street, entre Broadway y Lafayette Street. Este sector tiene más parecido con el SoHo, con sus tiendas de antigüedades, sus restaurantes lujosos y sus bares, y hace frontera con la Universidad de Nueva York, que da paso al elegante Greenwich Village.

De regreso nuevamente en St. Mark's Place, al otro lado, es decir, hacia el este, se llega a **St. Mark's-in-the-Bowery Church,** otro lugar simbólico con una larga trayectoria contestataria. Es una iglesia de estilo neoclásico, de 1799, famosa más por sus actividades que por su arquitectura. Durante la vigencia de la generación *beat,* en los años cincuenta, se empezó a leer en ella poesía, tradición que se ha mantenido. Todavía se celebran lecturas literarias,

conciertos y, además, tiene fama, y así lo anuncian sus carteles, de ayudar a los pobres que todavía quedan en East Village.

ALPHABETVILLE

Alphabetville está situado en una pequeña prominencia que presenta la isla al este, entre East Houston Street y la 14th Street. Cuando se construyeron casas detrás de la First Avenue (Primera Avenida), a las paralelas a ésta se las denominó A, B, C y D. De ahí, lo de Alphabetville o Alphabet City.

En dirección al este, hacia el río, entre la avenida A y la B, se halla situado el **Tompkins Square Park,** un parque emblemático,

BROADWAY, OFF-BROADWAY Y OFF-OFF-BROADWAY

Aunque parezca que estos nombres tienen que ver con la ubicación de algún teatro, la realidad es que son categorías. Broadway se llama a los teatros de gran producción, alto coste y muy conocidos que coinciden, generalmente, con las grandes salas de la zona de Broadway. Off-Broadway se denominó a los teatros más pequeños, generalmente situados en el Greenwich Village, que trataban temas menos rentables, más críticos, más satíricos, más polémicos y, en definitiva, más experimentales y, por tanto, con mayor riesgo. Off-Off-Broadway son los de menor coste, los que permiten mayor audacia, los que contratan a compañías más experimentales, menos profesionales y, a veces, desde luego, las más vanguardistas. Éstos generalmente están en el East Village y en Chelsea. Existen unos baremos oficiales para clasificar los teatros en una u otra categoría, independientemente del tipo de producción que estrenen. Los de más de 500 localidades son Broadway, los de 100 a 500 son Off-Broadway y los de menos de 100 son Off-Off-Broadway.

que representó en los años cincuenta y sesenta el espíritu del barrio. En él tuvieron lugar manifestaciones políticas, concentraciones, discursos radicales, etc. Después pasó por un período difícil, ya que el elevado índice de delincuencia de esta zona no lo hacía muy recomendable, ni siquiera por el día. Así, el parque quedó desierto, excepto por los numerosos mendigos que no tenían otra opción que dormir en sus bancos.

No obstante, el Tompkins Square Park siguió siendo el signo de la rebelión y fue testigo de numerosas cargas policiales, provocadas por las protestas ante el aburguesamiento del barrio y la consiguiente expulsión de los menos pudientes, pero la batalla se ha perdido. Hoy día sigue habiendo mendigos, pero es un parque como los demás, que se puede recorrer de día sin peligro y en el que conviven los pocos desheredados resignados, los puertorriqueños, que siguen viviendo en Alphabetville, y los nuevos vecinos, que pasean a sus perros y a sus niños.

Las casas del barrio siguen estando en malas condiciones y algunas permanecen abandonadas, pero los alquileres, que eran muy bajos, van subiendo en proporciones todavía más altas que en el resto de la ciudad.

En la avenida A, la que está más cerca de East Village, se han instalado buenos restaurantes y cafés muy agradables. Las avenidas B y C, a la que llaman avenida Loisaida, son casi completamente latinas, así como la E, donde hay un bar, que se ha convertido en un clásico. Es el **Nuyorican Poets Café,** un café literario, pero hispano, donde se habla español y se fomenta el orgullo de la cultura latina.

DÓNDE DORMIR

No son exactamente hoteles, pero son establecimientos agradables, muy familiares, que hablan español y, sobre todo, con unos precios increíbles para Manhattan. En la isla todo lo que no sea pagar un mínimo de 154$ por habitación y noche es un hallazgo. Por otro lado, ya no hay zonas peligrosas y ésta tiene la ventaja de su inmejorable situación, al lado de "todo lo que se mueve" y de "todo lo que está vivo".

SECOND HOME ON SECOND
AVENUE (B3) **2**
221 Second Avenue, entre 13th Street y 14th Street. Fax (212) 677 31 61. Precio: 133$ la habitación doble y 154$ la suite. Su propietario se llama Carlos Delfín y es una institución en el barrio. Tiene dos hotelitos, de parecidas características, éste en mejor zona. Las habitaciones son espaciosas y limpias, con televisión y cuarto

de baño, no demasiado moderno, pero completo.Se puede incluso alquilar una *suite,* que tiene una salita con un sofá-cama. Se puede usar la cocina y fumar.

EAST VILLAGE BED & COFFEE
(C4) **3**. *110 Avenue C, entre 7th Street y 8th Street. Fax (212) 533 41 75. Precio: 62$ la habitación doble.*

AVISO

El número y las letras que acompañan a los establecimientos aquí reseñados hacen referencia a su situación en los planos. Por ejemplo, SECOND HOME ON SECOND AVENUE (B3) **2**, significa que dicho alojamiento se encuentra situado en el plano de Downtown 2 de noche que aparece en las páginas 98-99, en la cuadrícula (B3) señalado con el número **2**.

Es una pequeña casa de dos pisos en Alphabetville con seis habitaciones francamente baratas. Tienen el inconveniente de que hay que compartir baño. La decoración es muy divertida. Su pro-

pietario, Carlos vive aquí y permite a sus huéspedes cocinar. A veces, incluso, hace él la cena. El metro queda lejos y hay que coger un taxi por la noche.

DÓNDE COMER

Hay tal cantidad de sitios para comer o cenar en este barrio, tanto en East Village como en NoHo, que es imposible hacer una relación. Se destacan los mejores por su cocina, aunque alguno sea caro, y los que son asequibles para quienes cobran en euros. También se mencionan algunos de la Little India, la East 6th Street, entre la First y la Second avenues (Primera y Segunda avenidas).

GOTHAM BAR & GRILL (B2) ⑲
12 East 12th Street, entre Fifth Avenue y University Place. Telf. (212) 620 40 20. No cierra los domingos, pero no da cenas tarde. Lleva tres años abierto y sigue teniendo una de las mejores cocinas de Manhattan. Es americano, especializado en nueva cocina americana, y el servicio y la decoración son los propios de un restaurante elegante. Es caro, más de 60$, pero tiene un menú a mediodía de 20$.

BOND STREET (C3) ⑳
6 Bond Street, al lado de Lafayette Street.
Telf. (212) 777 25 00. Abre los domingos y sirve cenas hasta tarde. Tiene casi tanta fama como el otro japonés

de TriBeCa, el Nobo. Este restaurante de NoHo tiene un surtido de sushis imaginativos de excelente calidad, pero su precio puede ser excesivo. Una cena no sale por menos de 55$.

B BAR & GRILL (C3) ㉑
40 East 4th Street, entre Bowery y Lafayette Street.
Telf. (212) 475 22 20. Abre los domingos y sirve cenas hasta tarde. Precio: 30$.
Situado en una antigua gasolinera, este espacioso restaurante, decorado al estilo de los años sesenta, ha sido durante mucho tiempo uno de los clásicos del barrio. La cocina es buena a condición de que se pidan cosas sencillas. Lo mejor, sus brunchs.

LA PAELLA (C3) ㉒
214 East 9th Street, entre Second Avenue y Third Avenue. Telf. (212) 598 43 21. Abre los domingos y sirve cenas hasta tarde. Sirve fundamentalmente raciones y los americanos dicen que es excelente y de buena calidad. Tiene mucho éxito, tal vez porque sus precios no son excesivos y porque está de moda lo español. Se cena por menos de 30$, un buen precio para un restaurante.

PISCES (C4) ㉓

95 Avenue A, en la esquina con 6th Street.
Telf. (212) 260 66 60. Abre los domingos y cierra tarde. Precio: 30$ la cena. Otro establecimiento al que los neoyorquinos adoran por su precio y su excelente marisco y pescado, preparado de forma imaginativa. Todos los días sirve platos especiales, al margen del menú.

SHABU TATSU (C3) ㉔

216 East 10th Street, entre First Avenue y Second Avenue.
Telf. (212) 477 29 72. Abre los domingos y cierra tarde. Precio: 30$ la cena. Uno mismo se prepara su plato, mezclando vegetales y carne en una olla con agua hirviendo que hay en el centro de la mesa. Este japonés, de gran éxito, tiene buenas materias primas y buen precio.

ACME BAR & GRILL (C3) ㉕

9 Great John, al lado de Lafayette Street. Telf. (212) 320 01 63. Abre los domingos y sirve comidas hasta tarde. Precio: 25$ la cena. Es un restaurante de barrio, americano, que sirve costillas, filetes y algo de marisco, de buena calidad a precios moderados. Su clientela es generalmente joven porque, en el sótano, suele haber música en vivo, rock y blues.

BOCA CHICA (C3) ㉖

13 First Avenue, esquina con 1st Street. Telf. (212) 473 01 08. Abre los domingos y no sirve cenas tarde. Precio: 25$. Es uno de los más populares. Sirve comida latina, muy auténtica, a base de frijoles, arroz y cerdo. Deliciosas *margaritas*. El ambiente es divertido y sus precios razonables.

CUCINA DI PESCE (C3) ㉗

87 East 4th Street, en la esquina con Second Avenue. Telf. (212) 260 68 00. Abre los domingos, sirve cenas hasta tarde y no admite tarjetas de crédito. Precio: 25$ la cena. Otro de los más populares. Es un italiano, con buena pasta y buen pescado, y con la fórmula "todos los mejillones que pueda comer por 9,95$". Tiene un agradable jardín.

HAVELI (C3) ㉘

100 Second Avenue, entre 5th Street y 6th Street. Telf. (212) 982 05 33. Abre los domingos y cierra tarde. Precio: 25$. Es uno de los más conocidos de la Little India; su calidad y su ambiente son buenos. Aunque es más caro, vale la pena.

IL BAGATTO (C4) ㉙

192 East 2nd Street, entre Avenue A y Avenue B. Telf. (212) 228 66 39. Abre los domingos, sirve cenas hasta tarde y no admite tarjetas de crédito. Desde 1995 es el italiano preferido del Alphabetville por su excelente pasta. La lasaña, según algunas revistas gastronómicas, es la mejor de Nueva York. Su *tiramisú* es divino. Por 25$ se cena estupendamente.

ANGELICA KITCHEN (B3) **㉚**

300 East 12th Street, esquina con Second Avenue.
Telf. (212) 228 29 09. Abre los domingos, no sirve cenas tarde y no admite tarjetas de crédito. Precio: 20$. Es un excelente vegetariano que se toma en serio la calidad de sus productos. La mayor parte de los ingredientes que sirve en la mesa son biológicos, con toda garantía, algo importantísimo en estos momentos para un buen número de neoyorquinos. Su clientela es fija y sus precios asequibles.

SECOND AVENUE DELI (C3) **㉛**

156 Second Avenue, esquina con East 10th Street.
Telf. (212) 677 06 06. Abre los domingos y sirve cenas hasta tarde. Precio: 20$. Desde luego es el deli judío preferido del barrio y también de la mayoría de los neoyorquinos. Y, además, en este caso, su fama no ha influido en sus precios. Se puede comprar comida para llevar. Su *pastrami,* su *corned beef* y sus sopas son buenísimos. El único inconveniente es que sulele estar lleno.

VILLAGE YOKOCHO (C3) **㉜**

8 Stuyvesant Street, entre Third Avenue y East 9th Street.
Telf. (212) 598 30 41. Abre los domingos y cierra a las 3 h. Precio: 15$. Es un japonés auténtico, de excelente precio, en el que se puede comer barbacoa típica coreana.

LA NOCHE

Hay tantos bares, tantos sitios de música en vivo y tal variedad de ambientes que no es fácil hacer una selección. El East Village ha sido siempre el paraíso de la bohemia y sigue siendo uno de los lugares preferidos por los neoyorquinos para salir de noche. Por si fuera poco con los que ya había, desde los años cincuenta y sesenta, la recuperación de Alphabet City y la irrupción de lo latino han venido a incrementar la oferta. Sus bares cierran muy tarde y, además, a diario y, aunque parezca imposible, están siempre llenos. Pasear por sus calles, sobre todo el fin de semana, a medianoche, es como estar en Wall Street a la hora punta. A continuación hemos tratado de seleccionar los que están de moda o los más clásicos, pero el consejo es dejarse llevar.

Angel's Share. *8 Stuyvesant Street, entre Second Avenue y Third Avenue. Telf. (212) 777 54 15. Horario: cierra a las 3 h.*

Precio: 7$ la copa. Es uno de los preferidos, tal vez porque su segundo piso es un refugio para los románticos. Está decorado al gusto de los años treinta, pero siguiendo la moda japonesa. Es tranquilo y apacible, con excelente música de jazz y blues.

Astor Restaurante & Lounge. *318 Bowery, en la esquina con Bleecker Street. Telf. (212) 253 86 44. Horario: cierra a las 2 h, excepto los fines de semana, que permanece abierto hasta las 4 h. Precio: 7$ la copa.* Situado en NoHo, es un espacioso bar, muy bien decorado, al estilo marroquí, confortable e íntimo. Es el típico bar para poder hablar, sin que os molesten ni la música ni la gente.

Baraza. *133 Avenue C, entre 8th Street y 9th Street. Telf. (212) 539 08 11. Horario: cierra a las 4 h y no admite tarjetas de crédito. Precio: 7$ la copa.* Tiene las caipiriñas y los mojitos más baratos de la ciudad y uno de los mejores ambientes latinos. Su música, también latina, es excelente.

Bond Street. *6 Bond Street, entre Broadway y Lafayette Street. Telf. (212) 777 25 00. Horario: cierra a la 1 h de la madrugada, y a las 2 h los fines de semana. Precio: 10$ la copa.* Está más que de moda, con una clientela habitual de actores, modelos, diseñadores y estrellas del rock. Es japonés y sus bebidas son a base de sake. Ambiente refinado y buen servicio .

Burp Castle. *41 East 7th Street, en la esquina con Third Avenue. Telf. (212) 982 45 76. Horario: cierra a las 2 h de la madrugada. Precio: 10$ la copa.* Se escucha música gregoriana y su decoración recuerda a un monasterio. Excelente cerveza servida por camareros vestidos de monjes. Es curioso y tranquilo.

C Nota. *157 Avenue C, esquina con 10th Street. Telf. (212) 677 81 42. Horario: cierra a las 4 de la madrugada y no acepta tarjetas de crédito. Precio: 5$ la copa.* Es un lugar para los amantes del jazz, con música en vivo de buena calidad. Está siempre lleno porque el local es pequeño. No cobran entrada.

C.B.G.B. *313 Bowery, en la esquina con Bleecker Street. Telf. (212) 254 09 83. Horario: cierra a las 4 h de la madrugada y no acepta tarjetas de crédito. Precio: 5$ la copa, más 3-9$ la entrada.* Es un clásico de la historia del rock del East Village. Tiene 25 años y sigue en la brecha. Contrata a buenos grupos y tiene todo el sabor que le proporciona el paso del tiempo, con *graffitis* en las paredes y decoración de la época.

Chez es Saada. *42 East 1st Street, entre First Avenue y Second Avenue. Telf. (212) 777 56 17. Horario: cierra a las 4 h. Precio: 8$ la copa.* Es otro de los favoritos porque su decoración, marroquí, es verdaderamente maravillosa. Todo en este bar es refinado y seductor. Los fines de semana actúan bailarinas.

Detour. *346 East 13th Street, entre First Avenue y Second Avenue. Telf. (212) 533 62 12. Horario: los viernes y los sábados cierra a las 4 h y el resto de los días a las 2 h. Precio: 6$ la copa.* Siempre hay música de jazz en vivo y es uno de los pocos que sólo cobra la copa. Su clientela viene a escuchar música y a tomar cerveza. Es un local muy del barrio, sin pretensiones, pero de ambiente agradable.

Izzy Bar. *166 First Avenue, entre 10th Street y 11th Street. Telf. (212) 228 04 44. Horario: cierra a las 4 de la madrugada. Precio: 6$ la copa.* Hay un bar en la planta superior, y en la planta baja se escucha normalmente jazz en vivo. También tiene música latina y tecno. A veces, los fines de semana se baila en la planta de abajo. Ocasionalmente, cobran entrada.

Korova Milk Bar. *200 Avenue A, entre 12th Street y 13th Street. Telf. (212) 254 88 38. Horario: cierra a las 4 de la madrugada. Precio: 6$ la copa.* Su atractivo es su decoración, que está inspirada en la película de Kubrick *La naranja mecánica.* Sus bebidas son de lo más exótico.

Lucky Cheng's. *24 First Avenue, entre 1st Street y 2nd Street. Telf. (212) 473 05 16. Horario: cierra a las 12 de la noche, excepto viernes y sábados, que lo hace a las 2 h. Precio: 7$ la copa.* Es el restaurante-bar de las *drag-queens,* según reza un cartel, y al menos, los camareros van vestidos así. La decoración es delirante y hay un pequeño show de cabaret. Hay, incluso, karaoke y es divertido. También sirven comida asiática.

McSorley's Old Ale House. *15 East 7th Street, entre Second Avenue y Third Avenue. Telf. (212) 254 25 70. Horario: cierra a la 1 h y no acepta tarjetas de crédito.* Es uno de los bares irlandeses más antiguos de Nueva York, concretamente de 1854, y los precios de su cerveza, que es buenísima, son de los más baratos. Su clientela viene a beber porque, aunque parezca increíble, una copa cuesta 4$.

7B. *108 Avenue B, en la esquina con 7th Street. Telf. (212) 473 88 40. Horario: cierra todos los días a las 4 h de la madrugada y no acepta tarjetas de crédito. Precio: 5$ la copa.* Fue abierto en 1933, en los años de la prohibición del alcohol, y sigue siendo un divertido local de Alphabetville. Es un bar de barrio, con buena música y buena bebida y, además barato.

Wonder Bar. *505 East 6th Street, entre Avenue A y Avenue B. Telf. (212) 777 91 05. Horario: cierra a las 4 h de la madrugada y no acepta tarjetas de crédito. Precio: 6$ la copa.* Es un bar con excelente música y un buen ambiente. Su clientela, generalmente homosexual, es de todas las edades y generalmente del barrio. Es un lugar agradable para tomar una copa.

GREENWICH VILLAGE

El único inconveniente de este barrio tan neoyorquino y tan vinculado a la historia de la literatura del pasado siglo es el precio. Si no fuera por ello todo el mundo querría vivir en él. Dicen que se ha aburguesado en exceso, que ya no tiene el ambiente

bohemio que lo hizo famoso, que sus vecinos perdieron hace tiempo interés por todo lo que no fuera el dinero, pero lo cierto es que es una de las zonas más bonitas de Nueva York, con las casas y las calles más cuidadas y con una evidente entidad cultural y un arraigado ambiente universitario.

TRANSPORTES

Metro: líneas A, C, E y W, estación 4th Street o estación 8th Street, o líneas 1 y 9, estación Christopher Street/Sheridan Square o estación 14th Street.

VISITA

Paseando por sus calles arboladas, con pequeñas casas de dos pisos –las townhouses*–, con las escaleras a la calle y las típicas verjas inglesas, algunas con patios traseros, parece increíble que, a unas pocas manzanas, estalle el bullicio de una ciudad llena de rascacielos, intensa circulación, prisas a todas horas y gente crispada.*

El Greenwich Village, el Village –como todo el mundo lo llama– es un oasis, limitado por la prestigiosa Universidad de Nueva York y el río Hudson, de este a oeste, y por Houston Street, al sur, y la 14th Street, al norte.

Ya no hay escritores, a menos que sean famosísimos, ni actores, a menos que trabajen con frecuencia en Hollywood, ni pintores, ni, desde luego, inconformistas, pero sus bares y sus restaurantes, sus librerías, sus tiendas, sus locales de música y sus teatros siguen haciendo de este barrio un lugar especial, donde muchos neoyorquinos pasean y se divierten.

También los homosexuales, que tanta fama le dieron, han abandonado el barrio, aunque todavía se vean algunos en Christopher Street. Pero no se puede decir que sea una zona aburrida. La noche, más burguesa que antes, termina tarde, sus restaurantes, más caros que antes, siguen estando llenos y, aunque ya no esté de moda y los más snobs prefieran ahora el SoHo o TriBeCa, el encanto del Village se mantiene intacto.

Como muchos barrios del sur, el Village no es grande y se puede recorrer andando, calle a calle, en una mañana o en una tarde. Pero es fácil perderse. En esta zona, la cuadriculada Nueva York desaparece, las calles y las avenidas se confunden y la única manera de llegar al lugar que se busca es consultando un mapa o preguntando a algunos de sus vecinos. La ventaja es que perderse es una delicia, que nunca se sufrirá experiencias desagradables y que basta con preguntar por Washington Square o por la Avenida de las Américas (Sexta Avenida) para volver a orientarse.

UN DELICIOSO PASEO

Pasear por el Village es como seguir los pasos de quienes lo inmortalizaron en sus novelas o en sus obras de teatro, como revivir con ellos el ambiente literario de una época.

Comenzando por Bleecker Street desde Broadway, los altos edificios, bastante impersonales, de la residencia de profesores de la Universidad de Nueva York, la universidad privada más grande de Estados Unidos, dan la bienvenida al visitante y ahí, justo, en medio, una gran **estatua de Pablo Picasso** le recuerda que se adentra en un mundo privilegiado.

Prosiguiendo por Bleecker Street, en el número 145, se halla la casa en la que vivió en 1830 James Fenimore Cooper autor, entre otras muchas obras, de *El último mohicano*. Un poco más allá, en el número 159, está el **Circle in the Square Theatre,** fundado en 1951 y donde estrenaron O'Neill, Tennessee Williams, Jean Genet, entre otros, y leyeron piezas literarias Dorothy Parker, Arthur Miller o Gore Vidal. Hoy día se siguen representando obras de gran calidad y han pisado su escenario grandes actores, como Dustin Hoffman. En el número 172 vivió James Agee, autor del guión de la fantástica película *La reina de África*. El **Caffè Figaro,** en el número 184, es otra institución; lo pusieron de moda en los años cincuenta los miembros de la generación *beat* y hoy en día sigue estando lleno de gente y sirve uno de los mejores cafés de la zona.

133

GREENWICH VILLAGE

A la derecha, continuando por MacDougal Street y entrando un poco hacia el este por la 3rd Street, se llega, en el número 85, a la casa donde vivió Edgar Allan Poe.

De vuelta a MacDougal Street, en el número 133, está el **Provincetown Playhouse,** fundado en 1915, donde estrenó muchas de sus obras O'Neill. Bette Davis, entre otros famosos actores, actuó aquí. En el número 137 hay que hacer una parada porque en él tuvo su sede el **Club Liberal,** el centro de reunión de escritores e intelectuales, donde se exponía el incipiente arte cubista y donde se empezaron a divulgar las teorías feministas más avanzadas.

UN POCO DE HISTORIA

Greenwich Village es famoso desde el siglo XIX, pero su origen es anterior. Debe su nombre a los primeros colonos ingleses que se establecieron en la zona, a finales del siglo XVII, y –todavía– en el año 1800 seguía estando separado de la ciudad y era el refugio de algunos neo-

yorquinos ricos, que construyeron en él sus casas de campo.

Durante todo el siglo XIX fue un barrio residencial de la alta sociedad, que, poco a poco, lo fue abandonando a

medida que iban construyendo sus palacetes en la Fifth Avenue (Quinta Avenida). Fue entonces cuando empezó a llenarse de intelectuales en busca de un sitio tranquilo a precios asequibles.

A finales del siglo XIX y principios del XX, el Village era ya un barrio bohemio, ocupado por escritores, revolucionarios y creadores de todo tipo, y su nombre quedó vinculado a la literatura norteamericana de entonces. T.S. Eliot, John Reed, Henry James, Edith Wharton, Eugene O'Neill fueron algunos de los que hicieron famosas sus calles y sus tabernas.

En el año 1969 nació en este barrio, en la Christopher Street, el *Movimiento de Liberación Gay,* y su plaza principal, Washington Square, ha sido testigo de manifestaciones y protestas de los más radicales.

Retomando la Bleecker Street, hacia el oeste está la **Commerce Street,** donde vivió, en el **número 11,** Washington Irving, que fue embajador en España de 1842 a 1846 y escribió *Cuentos de La Alhambra* e *Historia de la conquista de Granada.*

Siguiendo hasta la esquina con Bedford Street, nos encontramos con una estrechísima casa, en la que vivió la poetisa feminista Edna St. Vincent Millay, en 1923 y, más tarde, John Barrimore y Cari Grant. En el número 37 de la misma Commerce Street está el **Cherry Lane Theatre,** fundado en 1924 por la propia poetisa y en el que se estrenaron obras de Samuel Beckett, Ionesco, Jean Genet o Harold Pinter.

De vuelta a Bedford Street, en el número 86, está el bar **Chumley's,** antiguo *speakeasy* o local clandestino durante la prohibición del alcohol. Por este bar, todavía en funcionamiento, pasaron todos los escritores del barrio y algún visitante que otro, como Simone de Beauvoir.

Prosiguiendo el recorrido hacia Grove Street, en el número 45 puede verse una de las casas más elegantes del Village. Es del siglo XIX y en ella vivió el poeta Hart Crane. Un poco más allá, en el número 59 de la misma calle, vivió y murió Thomas Paine.

Al llegar a la Sheridan Square, es obligado hacer una visita a la **Christopher Street,** la calle por ex-

COMPRAS

El Village es una zona de tiendas de regalos, de antigüedades, de libros y de discos. Hay también boutiques de ropa, sobre todo en la 8th Street, pero no es un barrio donde los neoyorquinos vayan a comprar "prêt a porter". Las calles más comerciales son Bleecker Street y Christopher

Street. Vale la pena darse una vuelta por la zona.

Sigue habiendo algunas tiendas y librerías dedicadas al mundo gay, y una muy divertida, exclusivamente de condones. Se llama **Condomania** y está en Bleecker Street con la West 10th Street. Muchos de los preservativos que venden son, evidentemente, para usar, pero otros, imaginativos y divertidos, son para regalo, ya que no tienen mucha utilidad. Nada en el Village es sórdido. Todo tiene ese aire de elegancia y cierta distinción que caracterizan al barrio.

GREENWICH VILLAGE

celencia de la comunidad gay de Nueva York. Aquí, en el número 53 está el **Stonewall Bar,** el lugar donde en 1969 tuvieron lugar graves enfrentamientos con la policía y que se ha convertido en símbolo de los derechos de los homosexuales.

En esta calle se puede ver todavía en muchos comercios la bandera gay, el arco iris, y algunos bares donde se reúnen los que aún viven en el barrio. El ambiente es plácido y tranquilo, y sus bares son deliciosos. Todos los años se celebra un desfile que termina en esta calle.

Hacia el noreste, por Christopher Street, se llega a la **Sixth Avenue** (o Avenida de las Américas), en su confluencia con la Greenwich Avenue, y aquí vale la pena detenerse para ver el **Jefferson Market Courthouse,** un edificio neogótico, de los más espectaculares de la ciudad, que fue, durante mucho tiempo, Palacio de Justicia. Hace más de cuarenta años que ha dejado de serlo y en la actualidad alberga una biblioteca pública. Detrás está la **Women's House of Detention,** la cárcel de mujeres, que estuvo en funcionamiento hasta 1974. Muy cerca está **Patchin Place,** otra referencia literaria. O'Neill tuvo aquí su casa y John Reed escribió en ella su famoso libro sobre la Revolución Rusa *Diez días que conmovieron al mundo.*

Continuando hacia el sur por la Sixth Avenue, se llega a **Washington Place,** y hacia el este, a **Washington Square,** la plaza más simbólica del Village.

Washington Square, elegantísima en una época, bohemia en otras, conflictiva casi siempre, y en la actualidad, más anodina, llena de gente jugando al ajedrez, tomando el sol o leyendo, e incluso malviviendo pues todavía queda algún mendigo, no es una plaza bonita, pero, desde 1892, año en el que se construyó su famoso **Memorial Arch,** para conmemorar el centenario de la elección de George Washington como presidente de Estados Unidos, ha sido testigo de innumerables protestas.

El 1917 un grupo del Club Liberal proclamó, desde el arco, la República Independiente del Greenwich Village con la pretensión de hacer de este barrio un lugar para el socialismo, la poesía, la conversación y el sexo y, desde entonces, y hasta finales de los sesenta, todas las reivindicaciones progresistas han pasado por esta plaza, llena siempre de músicos callejeros, algunos camellos de poca monta y pacíficos ciudadanos.

Henry James la inmortalizó en *La edad de la inocencia* y John Dos Passos escribió *Manhattan Transfer* en su casa de Washington Square. También el famoso pintor norteamericano Edward Hopper tuvo una *townhouse,* del siglo XIX, en este histórico lugar.

De Washington Square sale la **Fifth Avenue** (Quinta Avenida), y al norte, en su confluencia con la 10th Street, está la **iglesia de la Ascensión,** un pequeño templo, construido en el siglo XIX. Una manzana más allá está la **Primera Iglesia**

EL DESFILE GAY

El desfile de la "Semana del Orgullo Gay" se celebra todos los años el último domingo de junio para conmemorar los disturbios que tuvieron lugar, en 1969, en los alrededores de Christopher Street.

Los homosexuales se reunían a menudo en el bar *Stonewall* y, frecuentemente, eran hostigados por la policía, que, una y otra vez, los echaba del lugar.

Hartos de la situación hicieron correr la voz entre los amigos, y el 27 de julio se reunió una buena cantidad de personas en el bar y se hicieron fuertes. La policía rodeó el local durante más de una hora. Hubo heridos en ambos bandos y detenciones, pero los derechos de los homosexuales empezaron a ser una realidad. Era la primera vez que la comunidad *gay* se defendía de las agresiones y se hacía fuerte ante ellas.

Desde entonces, se celebra anualmente una semana de fiesta que culmina con un gran desfile de *gays* y lesbianas. El recorrido empieza en la Fifth Avenue, a la altura de 52nd Street, y llega hasta el Village, pasando con Christopher Street. Los manifestantes llegan hasta el río y allí celebran una fiesta con música, baile y fuegos artificiales.

Presbiteriana de Nueva York, un edificio neogótico de relativo interés.

Para conocer el Village, sin embargo, no debe seguirse un itinerario predeterminado. Lo mejor es pasear sin rumbo fijo por sus calles, pararse a tomar un café en sus terrazas, mirar sus tiendas, observar a sus gentes. Seguir, por ejemplo, la Christopher Street y llegar hasta el río Hudson, en otro tiempo una zona donde iban a ligar los homosexuales, y ahora llena de apartamentos nuevos y con un paseo a orillas del agua. Ver también lo que están representando en sus teatros, elegir la música que se va a escuchar por la noche y, en definitiva, dejarse llevar por el ambiente del barrio.

DÓNDE DORMIR

Hay pocos hoteles en el Village y, los pocos que hay son pequeños aunque, eso sí, llenos de sabor. Es difícil, además, conseguir habitación porque, aunque ninguno entra dentro de los circuitos comerciales de las grandes agencias, muchos norteamericanos los conocen, saben de su encanto y de sus precios nada exorbitantes e intentan hospedarse aquí –aunque la mayoría no tiene cuarto de baño en las habitaciones– para poder estar en este maravilloso barrio durante su estancia en Nueva York.

ABINGDON GUEST HOUSE (C1) **4**
13 Eighth Avenue, entre West 12th Street y Jane Street. Telf. (212) 243 53 84. Fax (212) 807 74 73. Precio: con baño privado 154$, y con baño compartido, 103$. Es un hotelito decorado con gran estilo y situado en una zona deliciosa del Village. Los propietarios, Austin y Stass, son especialmente amables y se toman muy en serio el confort de su hotel y el cuidado de las habitaciones. No se pueden alquilar por menos de cuatro noches entre semana o dos en fin de semana. En el primer piso tiene un café, el *Brewbar.*

WASHINGTON SQUARE HOTEL (C2) **5**
103 Waverly Place, entre entre Fifth Avenue y Sixth Avenue. Telf. (212) 777 95 15 y 800 222 04 18. Fax (212) 979 83 73. Dispone de habitaciones con baño, decoración y servicio algo impersonales. Pero, eso sí, tiene una ubicación fantástica, al lado de Washington Square. Su restaurante es muy bueno y los domingos, a la hora del *brunch,* hay jazz en vivo. Una habitación doble cuesta 150$ e incluye desayuno continental.

LARCHMONT HOTEL (B2) **6**
27 de la 11th Street, entre Fifth Avenue y Sixth Avenue. Telf. (212) 989 93 33. Fax (212) 989 94 96. Precio: 103$ la habitación doble, con desayuno. El único incon-

veniente es que ninguna habitación tiene baño privado, pero el hotel tiene, en su conjunto, un aire sofisticado, como corresponde a la zona donde está ubicado, una de las zonas residenciales más bonitas del Village. En cada piso tiene dos cuartos de baño y una pequeña cocina para compartir y todo es de una pulcritud asombrosa.

DÓNDE COMER

Lo primero que hay que decir es que el Village no es barato. Su vecindario tiene, en general, un alto nivel de vida y consumen y gastan en el barrio, pero la mayoría de sus restaurantes son buenos o, como mínimo, muy agradables. A continuación, se destacan tres por su excelente cocina, algunos por su larga tradición como lugar de encuentro de intelectuales, y otros por su buena relación calidad-precio.

ONE IF BY LAND, TIBS (C2) ㉝
17 Barrow Street, entre Seventh Avenue y West 4th Street. Telf. (212) 228 08 22.
Abre los domingos y sirve cenas hasta tarde. Maravilloso desde todos los puntos de vista. Con piano, chimenea, flores... Es como para celebrar un acontecimiento especialmente romántico. Está especializado en la nueva cocina americana y tiene un esmerado servicio, pero el precio es alucinante, más de 100$ por persona.

IL MOLINO (C2) ㉞
86 West 3rd Street, entre Sullivan Street y Thompson Street. Telf. (212) 673 37 83. No abre los domingos, pero da cenas hasta tarde. Pre-

---

"SPEAKEASY"

Se llamaron así en tiempos de la prohibición del alcohol, y la traducción literal del término es "hablar bajito". Eran locales clandestinos donde sólo podían entrar, tras llamar a la puerta y dar la consigna, los habituales; en ocasiones, estaban camuflados en pisos y, generalmente, se hallaban insonorizados para evitar que se pudiera escuchar desde la calle lo que ocurría en su interior; muchos de ellos contaban con casino. En algunos de ellos el alcohol se servía en tazas por si la policía irrumpía de improviso.

En la actualidad, en Nueva York y, sobre todo, en el Village, donde nunca se dejó de beber, aún existen este tipo de bares, ahora legales, que mantienen la misma decoración de los años de la prohibición.

cio: 65$. Restaurante italiano, que, a pesar de su elevado precio, es uno de los preferidos por los neoyorquinos, por lo que reservar mesa no es nada fácil. Su cocina, naturalmente, es buena y su servicio especialmente amable. Es más fácil encontrar mesa a mediodía.

BABBO (C2) ❸❺

110 Waverly Place, entre MacDougal Street y Sixth Avenue.
Telf. (212) 777 03 03.
No cierra los domingos y sirve cenas hasta tarde.
Es un italiano de los caros, con excelente cocina y perfecto servicio. Su carta de vinos es fantástica y la decoración, clásica, es cuidada y elegante. Claro que el precio no es para menos. No se puede comer o cenar por menos de 60$ y a pesar de ello es uno de los italianos preferidos por los neoyorquinos.

KNICKERBOCKER BAR & GRILL (C2) ❸❻

33 University Place, al lado de 9th Street.
Telf. (212) 228 84 90. Abre los domingos y sirve cenas hasta tarde. Es un histórico, favorito en la década de los cuarenta. Sirve fundamentalmente carne, y tiene un ambiente agradable y relajado. Charles Lindberg firmó aquí su contrato para el primer vuelo trasatlántico. Sólo por eso vale la pena pagar los 40$ que cuesta una cena. Tiene, además un club de jazz.

PÓ (C2) ❸❼

31 Cornelia Street, entre Bleecker Street y West 4th Street. Telf. (212) 645 21 89. No cierra los domingos, pero cierra temprano. Precio: 40$ la cena. Es un italiano con muy buena fama. Su plato de degustación, de aproximadamente 36$, es excelente. Su carta de vinos, además de ser amplia, tiene precios muy razonables. Sólo tiene un problema: que hay que esperar semanas para obtener una reserva.

BAR PITTI (D2) ❸❽

268 Fifth Avenue, entre Bleecker Street y Houston Street. Telf. (212) 982 33 00. Abre los domingos, sirve cenas hasta tarde y no admite tarjetas de crédito. Precio: 30$. Es difícil encontrar mesa para cenar en este restaurante toscano, muy popular en el barrio, que tiene una excelente cocina y unos precios más que moderados para la zona. El precio de sus vinos es un poco alto.

CAFÉ ASEAN (C2) ❸❾

117 West 10th Street, entre Greenwich Avenue y Sixth Avenue. Telf. (212) 633 03 48. Abre los domingos, sirve cenas hasta las 22.30 h y no acepta tarjetas de crédito. Precio: 25$. Es un vietnamita-tailandés-malasio, con cocina imaginativa y buenos precios. Los camareros son especialmente amables y tiene un pequeño y delicioso jardín. Los platos de gambas son buenísimos.

FLORENT (B1) ④

69 Gansevoort Street, entre Greenwich Street y Washington Street. Telf. (212) 989 57 79. Abre los domingos, da cenas hasta tarde y no admite tarjetas de crédito. Precio: 25$ la cena.

En este restaurante francés, que es una institución, se puede cenar hasta las 3 h de la madrugada. Su clientela es increíble: artistas, *drag queens* y nocturnos en general. Además, su comida es buena y sus precios más que asequibles para Nueva York.

MINETTA TAVERN (C2) ④

113 MacDougal Street, entre Bleecker Street y Third Avenue. Telf. (212) 475 38 50. Abre los domingos y da cenas hasta tarde. Precio: 25$.

Es un local histórico y, desde 1937, uno de los restaurantes italianos más frecuentados. Fue un *speakeasy,* uno de los bares de la época de la prohibición. Se llamó *El Conejo Blanco* y está decorado con fotografías y caricaturas de los "famosos" que han pasado por él.

FRENCH ROAST (C2) ④

456 Sixth Avenue, en la esquina con 11th Street. Telf. (212) 533 22 33. Abre las 24 horas de los siete días de la semana. Precio: 20$.

Es un restaurante muy popular entre los estudiantes de la Universidad de Nueva York.

Tiene buenas ensaladas, mejillones a la Provenzal, hamburguesas y pollo, y todo a buen precio.

CORNER BISTRO (B1) ④

331 West 4th Street, en la esquina con Jane Street. Telf. (212) 242 95 02. Abre los domingos, sirve cenas hasta tarde y no admite tarjetas de crédito. Precio: 15$.

Es un local del barrio, sin pretensiones, pero sirve una de las mejores hamburguesas de la ciudad, acompañada de patatas fritas y cerveza.

TEA & SYMPATHY (B1) ④

108 Greenwich Avenue, entre 12th Street y 13th Street. Telf. (212) 807 83 29. Abre los domingos, no sirve cenas después de las 22 h y no admite tarjetas de crédito.

Típico bar-restaurante británico en el corazón del Village y está decorado con el tradicional confort inglés. A precios muy moderados, sirve comidas, un té completo, con pastas y tarta, y cenas. La merienda completa cuesta igual que la cena, unos 15$.

AVISO

El número y las letras que acompañan a los establecimientos aquí reseñados hacen referencia a su situación en los planos. Por ejemplo, Pó (C2) ④, significa que dicho restaurante se encuentra situado en el plano de Downtown 2 de día que aparece en las páginas 96-97 en la cuadrícula (C2), señalado con el número ④.

LA NOCHE

Es verdad que ya no está tan de moda, pero Greenwich Village sigue siendo un barrio atractivo. Muchos neoyorquinos prefieren la noche del Village a la de otras zonas y para los visitantes es un sitio obligado por su historia.

Por otra parte, en el Village sigue habiendo buen teatro, cines donde se pueden ver películas alternativas, los mejores loca-

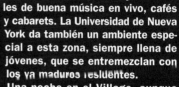

les de buena música en vivo, cafés y cabarets. La Universidad de Nueva York da también un ambiente especial a esta zona, siempre llena de jóvenes, que se entremezclan con los ya maduros residentes.

Una noche en el Village, aunque haya perdido parte de su autenticidad, sigue siendo una noche especial y donde mejor música de jazz, blues y folk se puede escuchar. Además, muchos de sus locales tienen acreditada su buena fama desde los años treinta y han sido testigos del éxito de las grandes figuras de la música y el espectáculo. ¿Se puede pedir más?

Bar D'O. *29 Bedford Street, en la esquina con Downing Street. Telf. (212) 627 15 80. Horario: abre los domingos, no cierra hasta las 4 h de la madrugada y no admite tarjetas de crédito. Precio: 6$ la copa.* Es un bar frecuentado por homosexuales. Tiene espectáculos de cabaret y el ambiente es muy divertido, pero hay que llegar temprano porque está hasta los topes. No cobra entrada.

The Bitter End. *147 Bleecker Street, entre La Guardia y Thompson Street. Telf. (212) 673 70 30. Horario: cierra a las 2 h de la madrugada, excepto viernes y sábados, que abre hasta las 4 h. Precio: 5$ la copa.* Es un club de música, clásico del Village, siempre lleno de estudiantes de la Universidad de Nueva York. En él han tocado músicos increíbles, como Kenny Rogers, Stevie Wonder o Linda Ronstads. Lleva 40 años ofreciendo la mejor música y, además, es barato.

The Bottom Line. *15 West 4th Street, en la esquina con Mercer Street. Telf. (212) 228 78 80. Horario: no tiene un horario fijo y no admite tarjetas de crédito. Precio: 6$ la copa.* En sus 24 años de historia se ha convertido en una institución. Tiene siempre música folk, rock o jazz en vivo y de buena calidad. Su clientela está compuesta por algunos *hippies* trasnochados y un buen número de turistas.

Blue Note. *131 West 3rd Street, en la esquina con Sixth Avenue. Telf. (212) 475 85 92. Horario: los viernes y los lunes cierra a las 4 h de la madrugada, los demás días a las 2 h. Precio: 8$ la copa.* Tiene música de jazz todos los días en vivo y de muy buena calidad. Es el típico local donde se va casi exclusivamente a oir música y ése es su único atractivo. Una acústica excelente y una elección de los grupos perfecta.

Bowlmor Lanes. *108 University Place, entre 12th Street y 13th Street. Telf. (212) 255 81 88. Los viernes y sábados cierra a las 4 h de la madrugada y los demás días a las 2 h. Precio: 5$.* Este bar abrió en 1938 y está siempre lleno de estudiantes de la Universidad de Nueva York porque sus precios son moderados y su tradición larga.

Café What? *115 MacDougal Street, entre Bleecker Street y Third Avenue. Telf. (212) 254 37 06. Horario: los vienes y sábados cierra a las 4 h de la madrugada y los demás días a las 2.30 h. Precio: 6$ la copa.* Desde los años sesenta, es uno de los más populares. En él cantó Jimmy Hendrix y Bob Dylan estuvo entre sus clientes. Tiene siempre música en vivo de todos los estilos y se puede bailar. Vale la pena pasar una noche en este clásico local.

Chicago B.L.U.E.S. *73 Eighth Avenue, entre 13th Street y 14th Street. Telf. (212) 924 97 55. Horario: cierra relativamente pronto, sobre las 24 h. Precio: 6$ la copa.* Desde hace más de 15 años es uno de los clubs de blues más conocidos de Manhattan. Su decoración no es nada especial, pero su música es muy buena y todos los lunes abre sus puertas a todos los músicos que quieran tocar en él. El único problema es que, cuando mejor está la fiesta, cierra.

Chumley's. *86 Bedford Street, entre Barrow Street y Grove Street. Telf. (212) 675 44 49. Horario: cierra sobre las 2 h de la madrugada los fines de semana y a las 24 h entre semana, y no admite tarjetas de crédito. Precio: 5$ la copa.* Es otro pub muy clásico que fue también un *speakeasy*. Abrió sus puertas en 1928 y siguió sirviendo copas durante la prohibición. Probablemente, sea uno de los que mejor se ha conservado en toda Nueva York. Está siempre lleno.

Clementine. *1 Fifth Avenue, en la esquina con 8th Street. Telf. (212) 253 00 03. Horario: cierra a las 3 h de la madrugada. Precio: 8$ la copa.* Es uno de los preferidos. Tan sofisticado como su clientela habitual y muy bien decorado, este bar, donde también se pueden pedir platos de nueva cocina americana, tiene excelentes bebidas, pero sus precios son más bien altos.

55 Bar. *55 Christopher Street, entre Sixth Avenue y Seventh Avenue. Telf. (212) 929 98 83. Horario: no cierra los domingos y abre hasta las 4 h de la madrugada. Precio: 6$ la copa.* Es uno *speakeasy* y en su interior se nota el paso de

los años, pero su música es fantástica. Tocan grupos de jazz, muy bien elegidos, todos los días y mantiene una clientela asidua de amantes de la buena música. No cobra entrada.

Smalls. *183 West 10th Street, en la esquina con Seventh South Avenue. Telf. (212) 929 75 65. Horario: abre todos los días de 22 h a 8 h de la mañana.* Éste es un local insólito, con músicos tocando jazz sin parar. Cobra 10$ la entrada y no tiene licencia para vender alcohol. Ofrece gratis zumos y café, y cada uno se trae su bebida de la calle. Está siempre lleno de amantes del jazz.

Sweet Basil. *88 Seventh Avenue, entre Bleecker Street y Glove Street. Telf. (212) 242 17 85. Horario: abre todos los días hasta las 12 de la noche. Precio: 7$ la copa.* Uno de los mejores locales de jazz del Village, a precios moderados. Siempre hay jazz, muy bueno, tradicional o moderno, y más parece un local de Nueva Orleans que de Nueva York.

Terra Blue. *149 Bleecker Street, entre La Guardia y Thompson Street. Telf. (212) 777 77 76. Horario: abre todos los días y cierra a las 4 h de la madrugada. Precio: 6$ la copa.* Muy buen blues y siempre está lleno, tanto de clientes habituales, como de turistas. Para poder conseguir una mesa hay que llegar temprano. El lugar es especialmente confortable.

The Village Vanguard. *178 South Seventh Avenue, en la esquina con 11th Street. Telf. (212) 255 40 37. Horario: cierra todos los días a las 4 h de la madrugada. Precio: 7$ la copa.* Probablemente, en este local se escucha el mejor jazz de Nueva York. Inaugurado hace sesenta años, es un auténtico santuario, donde la gente va a escuchar música y donde no se oye ni una mosca cuando los grupos comienzan su actuación. Aquí debutó, con su trío, el pianista Billy Evans.

UNION SQUARE, GRAMERCY PARK Y MURRAY HILL

Estas tres zonas forman parte de lo que se llama genéricamente Midtown, el centro de Manhattan, y son, concretamente, tres pequeñas zonas situadas en el sureste del centro de la isla. En ellas están situados los grandes hoteles, los rascacielos más famosos y las avenidas más elegantes.

Las estaciones de trenes, Penn Station y Grand Central Terminal, están en sus aledaños así como Times Square, la plaza alrededor de la cual se encuentran todos los teatros de Broadway. Pero la perla de la corona de esta área es el famoso Empire State Building, símbolo por excelencia de la Gran Manzana y el rascacielos más alto de Nueva York hasta que fue superado en 1972 por las desaparecidas Torres Gemelas.

TRANSPORTES

Metro: líneas L, N, R, 4, 5 y 6, estación 14 Street-Union Square. Línea N, R y 6, estación 23 Street. Para ir al Empire State Building: líneas N y R, estación 34 Street-Herald Square, o B, D, F y Q, estación 33 Street.

VISITA

*El Midtown es extenso y es necesario dividirlo por tramos. Éste, al que se refiere el presente capítulo, es la zona situada al este de la Sixth Avenue (Sexta Avenida o de las Américas), desde la 14th Street (calle 14) a la 40th Street (calle 40), donde todavía se conservan vestigios históricos. A medida que crecía la ciudad, durante todo el siglo XIX, su expansión se fue haciendo hacia el norte y de esta época datan algunos edificios de **Union Square, Gramercy Park** y **Murray Hill.***

En este gran distrito el sector sudoriental no puede considerarse un barrio como tal; se trata de pequeños enclaves, a los que se dio, en ocasiones, el nombre del propietario que construyó los bloques de viviendas y que, en su mayoría, no tienen entidad étnica ni cultural, aunque sí una cierta homogeneidad por el elevado poder adquisitivo de sus habitantes, blancos en su práctica totalidad.

UNION SQUARE, GRAMERCY PARK Y MURRAY HILL

MIDTOWN O EL ORDEN URBANÍSTICO POR EXCELENCIA

En general, quienes llegan a Manhattan se hospedan en Midtown, por lo que esta zona es su primera visión de la ciudad. Comprende el área que va de la 14th Street a la 56th Street (calles 14 a la 56), de sur a norte, y del río East al río Hudson, de este a oeste.

El túnel **Queens-Midtown** conduce a la isla por su lado derecho, muy cerca de las Naciones Unidas, y el túnel **Lincoln** cruza el

Hudson a la altura de la 39th Street (calle 39).

En este caso sí se puede hablar de un trazado urbanístico que no se aleja de las perfectas cuadrículas, por lo que no existe ninguna posibilidad de desorientarse: la **Quinta Avenida** divide este área por la mitad y separa el este del oeste, y la única arteria que discurre en diagonal, de este a oeste, es la **Broadway.**

Merece la pena hacer hincapié en su estructura urbanística para poder orientarse con facilidad: las calles se suceden en perfecto orden numérico, sin otro nombre que no sea el que éste les confiere, y empiezan siempre en la Quinta Avenida. Un ejemplo: el número 1 East de la calle 50 (East 50th Street) está en la esquina de la derecha, y el 1 West de la misma calle (West 1st Street), en la esquina izquierda. La numeración va creciendo, en ambos sentidos, hacia los respectivos ríos.

En cuanto a la numeración de las avenidas, empieza siempre en el sur. En el oeste todas las avenidas tienen número, pero en el este las hay con nombre. El orden, en dirección al río East, es el siguiente: Quinta Avenida, Madison Avenue, Park Avenue, Lexington Avenue, Third Avenue (Tercera Avenida), Second Avenue (Segunda Avenida), First Avenue (Primera Avenida) y Franklin D. Roosevelt Drive, que no puede considerarse avenida, ya que se trata de una especie de vía de circunvalación que discurre junto al río.

UNION SQUARE

Union Square es la plaza que da entrada, por el sur, al Midtown. En ella desembocan **Broadway,** que atraviesa en diagonal la isla hasta el norte, y la **Fourth Avenue** (Cuarta

Avenida), la continuación de Bowery. Y la unión de estas dos grandes arterias es la que le da nombre.

Al norte, se halla **Park Avenue,** una de las principales avenidas de la ciudad, que llega hasta Harlem y que, en algunos de sus tramos, es una de las más elegantes. Como ocurre muchas veces en Nueva York, la plaza ha pasado por diferentes etapas a través de la, relativamente, corta historia de esta ciudad. A finales del siglo XIX y principios del XX, fue una zona elegante, donde se instalaron teatros y tiendas. Pasó, poco después, a ser el centro de reunión de los sindicatos y de algunos políticos, como lo atestiguan las **estatuas** de George Washington, Abraham Lincoln, el marqués de Lafayette, e incluso, Gandhi, esta última instalada en 1986. A finales de los ochenta empezó su declive y la plaza se llenó de camellos y delincuentes, y en la actualidad, vuelve a estar de moda, sobre todo porque, tres veces a la semana, se instala en ella un mercado de alimentos biológicos (en inglés, *organics),* al que acude gran cantidad de gente.

Hoy en día Union Square es un importante nudo de comunicaciones, de metro y autobuses, y durante todo el día su ambiente es bullicioso y animado.

Aquí Andy Warhol creó su primera factoría y también aquí se halla el **Tammany Hall,** el antiguo Parlamento demócrata. En la propia plaza, o junto a ella, se encuentran situados algunos de los mejores restaurantes y cafés, tiendas de discos –como

UNION SQUARE ES BIOLÓGICO

Es un espectáculo. Cuatro veces a la semana, los lunes, miércoles, viernes y sábados la plaza se llena de puestos con todo tipo de productos biológicos. Es el primer "mercado verde" y lo más *"in"*. Procedentes de Long Island o de Pennsylvania, los granjeros, la mayoría de ellos jóvenes, vienen aquí a vender sus productos, tratados todos ellos de forma natural.

Su aspecto no es el mismo que se ve en los supermercados normales. Las patatas son pequeñas, las frutas no brillan, pero hay garantía total de que todo en este mercado es natural, desde el vino hasta el vinagre, pasando por los postres y los quesos.

Venden también libros que explican las ventajas de lo biológico, e incluso, el papel –nunca hay plástico– es reciclado. Regalan recetas, hay puestos de degustación y se pueden comprar también plantas y flores.

UNION SQUARE, GRAMERCY PARK Y MURRAY HILL

Virgins– y de ropa y, muy cerca, la librería de segunda mano más famosa, **Strand.** Pero es su mercado, sus establecimientos, los paseantes y quienes descansan en sus jardines los que dan vida a esta plaza, pórtico de una de las zonas residenciales más elegantes de la ciudad, Gramercy Park, y de la sede de los nuevos *yuppies,* los llamados *jetties* –"Joven, Emprendedor y Tecnificado"– que gastan su dinero en las inmediaciones de Park Avenue y la 17th Street (calle 17).

GRAMERCY PARK

Comprende una pequeña manzana de edificios, de estilo inglés, entre Park Avenue y Lexington Avenue y entre la 20th Street y la East 21st Street (calles 20 y 21 Este).
Se construyó en 1831, imitando las *"squares"* residenciales londinenses y era tan exclusiva que, para entrar en su cuidado parque de verjas de hierro, a los residentes se les entregó una llave de oro. Hoy día es una plaza pública, que sigue estando llena de flores y, misteriosamente, casi siempre vacía, como si sólo pudiera disfrutarla, todavía, un puñadito de personas que viven en esta manzana de privilegiados. Los escasos paseantes, con sus elegantes perros, y los edificios neogóticos y victorianos, con sus porteros uniformados, dan idea de lo que es este pequeñísimo oasis de tranquilidad en la trepidante Manhattan.

Muy cerca, en Irving Place, está una de las tabernas más antiguas, la **Pete's Tavern,** que data de 1864.

FLATIRON DISTRICT

Al otro lado de la Fifth Avenue (Quinta Avenida) se halla el Flatiron District. Se llama así la zona que está alrededor del **edificio Flatiron,** el primer rascacielos que se construyó y uno de los más curiosos de la isla.

Es un edificio de estructura triangular, muy estrecho por uno de sus vértices, para aprovechar la confluencia de la Quinta Avenida con Broadway. Cuando se terminó, en 1902, sus 20 pisos, con influencias del estilo renacentista italiano, causaron una auténtica revolución arquitectónica. Hoy, todavía, sigue siendo uno de los edificios más atractivos de Nueva York.

La plaza donde confluyen la Quinta Avenida con Broadway se llama **Madison Square,** y en ella hay otro rascacielos, el **Metropolitan Life Company,** levantado poco después, con su torre del

SILICON ALLEY. LOS JETTIES, UNA NUEVA CLASE SOCIAL

Se llama "Callejón del Silicio" a la zona que está en los alrededores del Flatiron Building, y su nombre es un homenaje al importantísimo parque tecnológico Silicon Valley.

Junto al primer rascacielos que se construyó en Manhattan, paulatinamente se han instalado compañías, como DoubleClick o Kozmo.com, con un único lema: "Hacerse rico en el menor tiempo posible". Sus ejecutivos, los llamados *jetties* –"Joven, Emprendedor y Tecnificado"–, se han convertido en los nuevos *yuppies* de Nueva York, pero eso sí, mucho más jóvenes, jovencísimos, sin corbata y con jornadas laborales de esclavos. Esclavos del tiempo, pero con tanto dinero que no les importa nada pagar lo que sea con tal de que el sitio donde alojarse o comer esté al lado de la oficina. Traba-

jan siete días a la semana, todas las horas posibles y no desconectan el móvil ni el portátil un solo momento.

Esta situación ha sido aprovechada por los avispados negociantes de Nueva York, que han instalado alrededor de las oficinas restaurantes y bares de lujo y confortables y silenciosos cafés, a donde a veces se bajan el ordenador. Son los nuevos millonarios, y en parte, los responsables de que en esta ciudad un apartamento de una sola habitación cueste 3.000$ al mes, y una sencilla cena, 103$.

reloj, y el **Appellate Division,** el Tribunal de Apelación. En sus inmediaciones, entre la Sixth Avenue (Sexta Avenida) y la Park Avenue, a la altura de la 17th Street (calle 17), se han instalado los "jetties", en una zona que ya se denomina **Silicon Alley,** rememorando el gran centro tecnológico, Silicon Valley, y donde, al amparo de las nueva empresas tecnológicas, de publicidad, de diseño gráfico, etc., se han instalado tiendas y restaurantes de lujo. En sus alrededores estuvo el primer **Madison Square Garden,** el primer estadio, construido en 1928, época durante la cual las inmediaciones de la plaza estaban ocupadas por teatros y animadas por una trepidante vida nocturna. Todo fue destruido y el único edificio histórico que queda está situado un poco más arriba, en la esquina de la Quinta Avenida con la 32nd Street (calle 32). Es la **Iglesia Episcopal de la Transfiguración,** de 1870, de estilo neogótico, que durante una época fue el templo de quienes se dedicaban al mundo del espectáculo.

Subiendo por Lexington Avenue, a la altura de la 20th Street (calle 20), hay un pequeño enclave, conocido como **Little India,** por la gran concentración de tiendas y restaurantes indios. Un poco más arriba, se encuentra el elegante barrio de Murray Hill.

MURRAY HILL [ver plano pág. 172-173]

Su interés es escaso. Es más, pasa desapercibido. Se trata de una serie de edificios construidos en un área propiedad del magnate J. Pierpont Morgan cuyos precios siempre fueron muy elevados. No tiene un centro determinado y, aproximadamente, ocupa un espacio situado entre la Quinta Avenida y la Tercera (Third Avenue), entre la 32nd Street y la 40th Street (calles 32 y 40).

Lo más destacable es la **Morgan Library,** en la confluencia de Madison Avenue con la East 36th Street (calle 36 Este), para ver su magnífica colección de manuscritos medievales y renacentistas.

Un poco al sur, también en Madison Avenue, está la **church of the Incarnation,** una capilla neogótica, construida en 1864, que tiene vidrieras de Tiffany. Bajando una manzana, se encuentra el **B. Altman Building,** la Biblioteca de Ciencia, Industria y Negocios de Nueva York.

EL EMPIRE STATE BUILDING Y LA QUINTA AVENIDA

Pero la estrella de esta parte del Midtown es, sin duda, el **Empire State Building,** situado muy cerca, en la Quinta Avenida, entre la 33rd Street y la 34th Street (calles 33 y 34). Con sus toques *art dèco,* es el símbolo indiscutible de la ciudad de Nueva York. Empezó a construirse en 1929 y en 1931 estaba ya inaugurado. Inmortalizado por King-Kong en el cine, unos años después de su inauguración, el Empire es y seguirá siendo el rascacielos por excelencia de Nueva York, y su vista, la mejor de la ciudad.

Se calcula que lo visitan anualmente 3,8 millones de personas, que aguardan colas de hasta tres horas para llegar a los dos **observatorios,** situados en los pisos 86 y 102.

Desde el más alto, de forma circular y al estar situado en el centro de la isla, la panorámica es total: Central Park, con su lago; los dos ríos y los bosques de rascacielos de Wall Street y del centro de la ciudad.

Al pasear por Nueva York, resulta inevitable recorrer una y otra vez la **Fifth Avenue (Quinta Avenida)** en todos sus tramos, para ver sus tiendas, sus edificios y sus gentes, y observar los cambios que va experimentando a su paso por las diferentes zonas: unas elegantísimas, otras más populares y, algunas, incluso algo deterioradas. En el tramo

que se ha descrito las dos grandes atracciones son el Empire State y el Flatiron, y os aconsejamos bajar desde el primero por la Quinta Avenida, contemplar desde el norte el Flatiron y llegar andando hasta Washington Square. El paseo vale la pena.

DÓNDE DORMIR

Ésta es en una de las zonas donde se hospedan muchos de los visitantes de Nueva York. La oferta de hoteles es amplia, aunque no tanto como en el lado oeste, y la mayoría son caros, como casi todos en Manhattan. A continuación, se ofrece una relación de los mejores y de algunos con precios más asequibles.

MORGANS (f. p.)
237 Madison Avenue, entre 36th Street y 37th Street. Telf. (212) 686 03 00 y 800 334 34 08. Fax (212) 779 83 52. Precio: 250-300$ la habitación doble. No es barato, pero es espléndido. Es de los mismos dueños que abrieron el famoso *Club 54,* con la pretensión de convertirlo en uno de los hoteles más *"chics".* Los empleados van vestidos de Armani y Kelvin Klein, y en su interior se halla instalado uno de los bares más exclusivos y concurridos de Nueva York, el *Asia de Cuba.*

DORAL PARK AVENUE (A2-3) **7**
70 Park Avenue, en la esquina con la 27th Street. Telf. (212) 687 70 50 y 800 223 67 25. Fax (212) 808 90 29. Precio: 250$ la doble. Es un hotel de lujo. Aunque es antiguo, su reciente remodelación, carísima y muy imaginativa, lo ha convertido en uno de los mejores de la ciudad. Su servicio es excelente y sus precios también.

UNION SQUARE, GRAMERCY PARK Y MURRAY HILL

GRAMERCY PARK (A3) **8**

2 Lexington Avenue, entre 21st Street y 22nd Street. Telf. (212) 475 43 20 y 800 221 40 83. Fax (212) 505 05 35. Precio: 180-200$ la habitación doble. Abrió en 1924 y está situado en una de las mejores zonas, al lado del único parque privado de la ciudad, en el elegante Gramercy. Tiene todas las comodidades. El bar es lugar de encuentro de los neoyorquinos de esta zona.

CARLTON (A2) **9**

22 East 20th Street, en la esquina con Madison Avenue. Telf. (212) 532 41 y 800 542 15 02. Fax (212) 889 86 83. Precio: 160-200$ la doble, según temporada. Es un hotel situado en un edificio antiguo del elegante barrio de Murray Hill. Está renovado, con todas las comodidades, a un precio aceptable y un excelente servicio.

MURRAY HILL (A3) **10**

143 East 30th Street, entre Third Avenue y Lexington Avenue. Telf. (212) 683 69 00 y 800 996 63 76. Fax (212) 545 031 03. Precio: 125-160$ la doble. No admite tarjetas de crédito. Magníficamente situado, está en un edificio renovado y, aunque las habitaciones son pequeñas, tienen todo lo necesario. El servicio es agradable.

GRAND UNION (f. p.)

34 East 32nd Street, entre Madison Avenue y Park Avenue. Telf. (212) 683 58 90. Fax (212) 689 73 79. Precio: 110$ la habitación doble en temporada baja. Está bien situado, ha sido remodelado recientemente y es confortable, con habitaciones amplias. Sin nada especial, pero sus precios son buenos.

QUALITY HOTEL EASTSIDE (A3) **11**. *161 Lexington Avenue, en la esquina con la 30th Street. Telf. (212) 545 18 00 y 800 567 77 20. Fax (212) 790 27 60. Precio: 100-250$ la habitación doble.* No es nada especial, excepto por su buena situación y porque tiene un amplio abanico de precios, dependiendo de la temporada. Es cómodo y básico.

GERSHWIN HOTEL (A2) **12**

7 East 27th Street, entre Fifth Avenue y Madison Avenue. Telf. (212) 545 80 00. Fax (212) 684 55 46. Precio: 100-140$ la doble. Se parece un poco al *Carlton Arms.* Decorados ambos en estilo pop, con reproducciones de Warhol, Dooning y Lichtenstein, sus habitaciones son

---

AVISO

El número y las letras que acompañan a los establecimientos aquí reseñados hacen referencia a su situación en los planos. Por ejemplo, **CARLTON** (A2) **9**, significa que dicho alojamiento se encuentra situado en el plano de Downtown 2 de noche que aparece en las páginas 98-99, en la cuadrícula (A2), señalado con el número **9**

luminosas, con muebles funcionales. El bar está siempre muy animado y a menudo suena jazz en vivo. Su precio es más que moderado.

MADISON HOTEL (A2) **13**
21 East 27th Street, entre Fifth Avenue y Madison Avenue. Telf. (212) 532 73 73 y 800 9MADISON. Fax (212) 686 00 92. Precio: 100-130$ la doble. Es un hotel básico, con habitaciones limpias, todas con cuarto de baño. Incluye desayuno continental.

HOTEL 31 (f. p.)
120 East 31st Street, entre Madison Avenue y Park Avenue. Telf. (212) 685 30 60. Fax (212) 532 12 32. Precio: 85-130$. No admite tarjetas de crédito. Pertenece

a los mismos propietarios que el *Hotel 17* del Village, pero no es tan bonito. El barrio es bueno, y el hotel está limpio y ofrece precios razonables.

CARLTON ARMS (A3) **14**
160 East 25th Street, entre Third Avenue y Lexington Avenue. Telf. (212) 679 06 80 y (212) 684 83 37. Precio: 60-100$ la habitación doble con baño. No es precisamente un hotel confortable, pero es barato y tiene un aire bohemio y divertido, que hace de él algo distinto. Algunas habitaciones fueron decoradas por artistas, así como su *lobby*. No tiene aire acondicionado y, aunque está limpio, necesitaría una remodelación.

DÓNDE COMER

Hacer una relación de los establecimientos para comer o cenar en esta zona del Midtown, donde proliferan los delis y donde todo se llena a la hora del lunch, es imposible. No obstante, se relacionan los mejores y más famosos –algunos de ellos cerca del Silicon Alley para uso de los "jetties"–, y, a continuación, los que dan de comer sin que la cuenta produzca un infarto.

GRAMERCY TAVERN (B2) **45**
42 East 20th Street, entre Broadway y Park Avenue. Telf. (212) 477 07 77. Abre los domingos y cierra tarde. Situado entre el edificio Flatiron y el elegante Gramercy, este restaurante es el se-

gundo en el ránking *Zagat.* Exquisita cocina, en un marco elegantemente rústico, y con un servicio no sólo impecable, sino verdaderamente amable. Una cena cuesta más de 60$, pero por algo más de 20$ se puede comer en lo que es la taberna; vale la pena intentarlo.

UNION SQUARE CAFÉ (B2) **46**
21 East 16th Street, entre la Fifth Avenue y Union Square. Telf. (212) 243 40 20. Abre los domingos y no cierra demasiado tarde. Precio: 55-60$. Según la *Guía Zagat*, es el restaurante preferido por los neoyorquinos durante

los últimos cinco años. Su comida es excelente, el servicio impecable y sus precios, aunque altos, no son abusivos si se comparan con otros, incluso de peor calidad.

ASIA DE CUBA (f. p.)
237 Madison Avenue, entre 37th Street y 38th Street, en el hotel Morgans.
*Telf. (212) 726 77 55. Abre los domingos y cierra tarde. Precio: 50$ la cena.*Tienen fama tanto su restaurante como su bar, que es un centro de reunión de "gente guapa". La comida es asiática-cubana, de buena calidad y el ambiente es elegante.

MESA GRILL (B2) ㊼
102 Fifth Avenue, entre 15th Street y 16th Street.
Telf. (212) 807 74 00. Abre los domingos y no cierra demasiado tarde. Precio: 50$ la cena.
Otro de los establecimientos de moda, con gran concentración de *jetties,* sobre todo a la hora de la comida. Tiene dos pisos, el de abajo superconcurrido y ruidoso, y el de arriba, más tranquilo.

BLUE WATER GRILL (B2-3) ㊽
31 Union Square, en la esquina con la 16th Street.
Telf. (212) 675 95 00. Abre los domingos y sirve cenas hasta tarde. Precio: 45$ la cena. Otro local famoso, situado en un edificio de la plaza que fue un antiguo banco. Tiene buen marisco y está lleno de estos jóvenes emprendedores, que van a comer al primer piso y a escuchar música en el sótano.

STEAK FRITES (B2) ㊾
9 East 15th Street, entre Fifth Avenue y Union Square.
Telf. (212) 463 71 01. No cierra los domingos y sirve cenas hasta tarde. Precio: 35$ la cena.
Este *bistró* francés-belga ofrece buenos mejillones y, sobre todo, el *steak* para dos personas. El ambiente es agradable, y está decorado con cuadros a lo Toulouse-Lautrec, y tiene gran variedad de vinos y cerveza belga. Está siempre lleno.

AMERICA (B2) ㊿
9 East 18th Street, entre Fifth Avenue y Broadway.
Telf. (212) 505 21 10. Abre los domingos y sirve cenas hasta tarde. Precio: 25$ la cena.
Es un restaurante grande y no muy caro para comer típica comida norteamericana: hamburguesas, ensaladas, pastas, chili con carne, etc., y también comida de los Estados, como Nueva Inglaterra y Mississippi. Tiene bue-

nos *brunchs* los sábados y los domingos.

COFFEE SHOP (B2-3) ⑤①
29 Union Square, en la esquina con 16th Street.
Telf. (212) 243 79 69. Abre los domingos y cierra tarde. Precio: 25$ la cena. Es un brasileño-americano con *churrasquinos cairotas* y *feijoas* y, por supuesto, sándwiches. Los precios son moderados.

EVERGREEN SHANGAI (f. p.)
10 East 38th Street, entre Fifth Avenue y Madison Avenue. Telf. (212) 448 11 99. Abre los domingos, no cierra tarde y no acepta tarjetas de crédito. Precio: 25$ la cena. Si se quiere comer auténtica comida china fuera de Chinatown, éste es el lugar. Tiene cocina cantonesa, de Sesuan y de Hunan, y especialidades de Shangai, todo de buena calidad. Es difícil encontrar sitio a las horas punta.

CHAT'N'CHEW (B2) ⑤②
10 East 16th Street, entre Fifth Avenue y Union Square. Telf. (212) 243 16 16. No cierra los domingos y no sirve cenas tarde. Precio: 20$ la cena. En una zona donde casi todos los restaurantes son caros, este establecimiento sirve nueva cocina americana abundante a muy buen precio. El problema es que no admite reservas y que siempre está lleno, sobre todo de gente joven.

OLD TAVERN BAR & RESTAURANT (B2) ⑤③
45 East 18th Street, entre Broadway y Park Avenue. Telf. (212) 529 67 32. No cierra los domingos y da cenas hasta tarde.
Es una taberna del siglo XIX famosa porque ha aparecido en muchas películas, como *Balas sobre Broadway,* de Woody Allen; pero, además, son muy buenas sus hamburguesas, sus ensaladas y, por supuesto, su cerveza. Y, además, con un excelente precio. Se puede comer bien por 20$. ¿Se puede pedir más?

REPUBLIC (B2-3) ⑤④
27 Union Square West, entre 16th Street y 17th Street. Telf. (212) 627 71 72. No cierra los domingos y no da cenas tarde. Precio: 20$.
Se trata de un restaurante asiático coqueto, agradable y de buen precio. Tiene buena pasta y un plato exquisito, el pollo con salsa de coco. En general, su cocina es imaginativa.

UNION SQUARE, GRAMERCY PARK Y MURRAY HILL

THE PUMP (f. p.)

113 East 31st Street, entre Park Avenue y Lexington Avenue. Telf. (212) 213 57 33. No abre los domingos y no sirve cenas tarde. Precio: 12$. Curioso y barato restaurante que presume de tener un menú bajo en calorías y rico en proteínas. Todos los alimentos son *lights,* no ponen nada frito, y la mantequilla, el sodio y el azúcar están prohibidos.

COMPRAS

Hay tiendas por todas partes, excepto quizá, lo que es exactamente Gramercy Park y Murray Hill. Pero en Broadway y la Quinta Avenida, en los tramos que van de la 14th Street a la 23rd Street, es decir, en los alrededores del Flatiron Building, se suceden las tiendas de ropa, de objetos para la casa, de libros, de discos, etc. La propia plaza, Union Square, también está llena de almacenes. A continuación, se destacan algunos por su buen precio o por su amplia oferta.

BARNES & NOBEL

Es una fantástica cadena con nueve grandes establecimientos en todo Manhattan,

LA NOCHE

La vida nocturna del barrio que comprende los alrededores de Union Square es relativamente reciente. Durante la década de los años setenta esta zona y su plaza no eran muy recomendables por la noche. Como en buena parte del sur, las drogas hicieron su aparición y los neoyorquinos eligieron otros lugares para divertirse. Hoy es un lugar seguro, con muchos bares y, en general, con un ambiente de lo más *chic.* Los *jetties* han contribuido a esta recuperación, aportando dinero y *glamour.* Es difícil encontrar un lugar en esta zona que no sea de gente guapa.

Asia de Cuba. *236 Madison Avenue, entre 37th Street y 38th Street. Telf. (212) 726 77 55. Horario: abre todos los días y los fines de semana cierra a la 1 h de la madrugada. Precio: 9$ la copa.* Este bar-restaurante, situado en el hotel Morgans, es el acabose. Lleva años siendo el preferido de los neoyorquinos tanto para cenar como para tomar una copa. Dicen que es una réplica de los bares de lujo de La Habana antes de la llegada de Fidel Castro, y su clientela es una de las más sofisticadas de Nueva York. Es caro.

Aubette. *119 East 27th Street, entre Park Avenue y Lexington Avenue. Telf. (212) 686 55 00. Horario: abre todos los*

donde la gente pasa horas mirando libros. El trato es amabilísimo y, en algunos de estos almacenes, hay cafés confortables y silenciosos, donde permiten ojear las revistas sin comprarlas. En esta zona hay dos, uno en la misma Union Square, y otro, considerado la librería más grande del mundo, en el número 105 de la Quinta Avenida, en la esquina con la East 18th Street.

ROTHMAN

200 Park Avenue, en la esquina con 17th Street. Horario: todos los días, pero los domingos tienen un horario reducido, de 12 h a 17 h. Es una de las mejores tiendas de trajes de descuento de Nueva York, con firmas como Kelvin Klein, Hugo Boss, etc., a precios excelentes. Hay trajes de 1.000$ a 400 y tiene una gran selección de pantalones y zapatos, todos de primeras marcas, a precios reducidos.

THE STRAND BOOKSTORE

828 Broadway, en la esquina con 12th Street. Horario: todos los días de 9.30 h a 22.30 h, y los domingos, de 11 h a 22.30 h. Esta tienda

días y cierra a las 4 h de la madrugada. Precio: 7$ la copa. Es también restaurante, pero su fama se debe a las copas. Se puede fumar y venden todo tipo de tabaco. Tiene más de treinta variedades de vino, que se puede pedir por copas, y otras tantas de whisky. Una gran chimenea y los sofás de cuero le dan un aire muy acogedor.

Belmont Lounge. *117 East 15th Street, entre Irving Place y Union Square. Telf. (212) 533 00 09. Horario: abre todos los días y cierra a las 4 h de la madrugada. Precio: 6$ la copa.* Es uno de los que está de moda y, de vez en cuando, se puede ver a gente famosa. Es el lugar perfecto para tomar una copa con un grupo de amigos. Tiene una zona común y otra sala reservada para fiestas.

Blue Water Grill. *21 Union Square, en la esquina con 16th Street. Telf. (212) 675 95 00. Horario: abre todos los días y cierra a las 0.30 h entre semana y a las 1.30 h de la madrugada los viernes y sábados. Precio: 8$ la copa.* Es también restaurante, especializado en marisco, y su bar está en el número 2 del ranking de la *Guía Zagat*. Tiene varios ambientes y a veces excelente música de jazz. Su carta de vinos en muy buena y su clientela más bien "gente guapa".

Cibar (Inn at Irving Place). *56 Irving Place, entre 17th Street y 18th Street. Telf. (212) 460 56 56. Horario: cierra entre semana a las 2 h, y los vienes y sábados, a las 4 h de la *madrugada. Precio: 9$ la copa.* Es un local sofisticado, donde se permite fumar y que tiene gran variedad de cócteles. A veces hay música en vivo. Ambiente agradable y acogedor.

Gramercy Park Hotel. *2 Lexington Avenue, en la esquina con 21st Street. Telf. (212) 475 43 20. Horario: abre todos los días y cierra a las 24 h. Precio: 7$ la copa.* Es el bar del hotel, un bar muy especial, decorado al viejo estilo, con maderas oscuras, piano y una bebida siempre de calidad. El ambiente es una mezcla de clientes del hotel y neoyorquinos asiduos.

Irving Plaza. *17 Irving Place, en la esquina con 15th Street. Telf. (212) 777 68 00. Horario: los horarios varían según los días.* Es un sitio de música y ése es su atractivo: la calidad de los grupos que contrata. Hay que pagar entrada y se puede beber, aunque todo se sirve en vasos de plástico. Una cerveza cuesta 6$.

The Jazz Standard. *116 East 27th Street, entre Park Avenue y Lexington Avenue. Telf. (212) 576 22 32. Horario: los fines de semana cierra a las 24 h, y el resto, a las 22.30 h. Precio: 8$ la copa.* Es un club de jazz confortable y sofisticado, con buena música y buena bebida. A veces cobra 10 o 15$, además de la copa, pero tiene la ventaja de ser menos conocido que los del Village y, por tanto, con menos turistas.

The Lemon. *230 Park Avenue, entre 18th Street y 19th Street. Telf. (212) 614 12 00. Horario: abre todos los días y cierra a las 2 h de la madrugada. Precio: 7$ la copa.* Está de moda entre la gente bien de la zona. Es caro, distinguido, con camareros de muy buen ver y una elegante decoración. Tiene dos pisos, uno de ellos decorado con fotografías en blanco y negro de estrellas del rock. Sirve también cenas a precios elevados.

de libros de segunda mano merece un apartado. Lo tiene todo. En sus viejas estanterías hay más de 8.000 libros, todos bien clasificados y a excelentes precios. Se encuentran libros viejos y algunos que apenas hace un mes que han salido a la venta. Es todo un espectáculo ir a las 9.30 h de la mañana y esperar la cola que se forma hasta que abren: hay gente que espera para comprar, pero hay otros que llevan libros para vender, que, inmediatamente, son seleccionados y colocados en las estanterías. Un consejo: aunque en Nueva York hay librerías maravillosas, como la cadena *Barnes & Noble*, es preferible que no compréis nada hasta no haber pasado por *Strand* porque podéis encontraros con la sorpresa de que

Luna Park. *50 East 17th Street, en la esquina de Union Square. Telf. (212) 475 84 64. Horario: abre todos los días, pero sólo de mayo a octubre, y cierra a las 4 h de la madrugada. Precio: 7$ la copa.* Otro local frecuentado por los *"jetties"*; es conocido por su bar al aire libre. Está siempre lleno de publicitarios, estilistas y "gente de moda" en general. Sirve comida mediterránea a precios altos.

Morgans Bar. *237 Madison Avenue, entre 37th Street y 38th Street. Telf. (212) 726 76 00. Horario: abre todos los días hasta las 2 h y los fines de semana hasta las 4 h de la madrugada.* Está en el hotel Morgans y también está de moda. Es otro de los elegantes, con una clientela más de tarde que de noche. Lo normal es ir a este bar a la salida de la oficina y antes de cenar para tomar un *snack* en un ambiente especialmente distinguido.

Pete's Tavern. *129 East 18th Street, en la esquina con Irving Place. Telf. (212) 473 76 76. Horario: abre todos los días y cierra a las 2 h. Precio: 6$ la copa.* Por fin, un clásico en este barrio de bares de moda. Este pub fue fundado en 1864 y sigue manteniendo la misma decoración de entonces. Sirve comida tradicional norteamericana, con algo de italiana, y no es caro.

Union Bar. *204 Park Avenue, entre 17th Street y 18th Street. Telf. (212) 674 21 05. Horario: abre todos los días y no cierra hasta las 4 h de la madrugada. Precio: 7$ la copa.* Otro de los modernos, con una clientela joven, de menos de 30 años, pero con posibles. Lo más interesante de este espacioso local es el bar de caoba, que antes estuvo en el hotel Astor. Sirven pizzas (son caras).

el libro nuevo que buscabais está en ella a la mitad de precio.

STRAWBERRY

Es una cadena de ropa femenina de excelente precio. Uno de sus almacenes, de dos pisos, está en Union Square. Siempre tiene una sección de rebajas, a veces, espectaculares. Casi toda la ropa procede de los países del Este o de Oriente, y se puede encontrar piel vuelta, seda, lino o lana a menos de la mitad de precio que en otras tiendas. Vale la pena buscar cuidadosamente hasta encontrar una ganga.

VIRGIN MEGASTORE

52 East 14th Street, al lado de Union Square. Todo el mundo conoce esta gran tienda de discos, donde, además se puede tomar café, ver películas, etc. La única pega es que no se permite escuchar el disco que se compra.

CHELSEA

A pesar de que en el siglo XIX se pretendió, con poco éxito, hacer de esta zona un barrio residencial de clase media, Chelsea llegó a convertirse, en cambio, en el área con más teatros de Nueva York. En la primera mitad del siglo XX fue un barrio bohemio e intelectual, si bien habitado por intelectuales pobres y, a partir de los años sesenta, su deterioro lo convirtió en una de las zonas menos visitada de la isla.

Hoy es un distrito recuperado, con identidad propia, con vida nocturna, restaurantes y tiendas. En él conviven los vecinos de siempre –muchos de ellos hispanos– con los nuevos, y los locales más "in" con los típicos bares de barrio. Al lado de la galería de arte más vanguardista siguen funcionando los talleres mecánicos, y la mezcla de gentes de todas las clases sociales le da un atractivo especial. Chelsea es en la actualidad otro barrio "de moda" en Manhattan.

TRANSPORTES

Metro: Dependiendo de la altura a la que se vaya hay diferentes líneas: líneas A, C, y E, estación 14 Street; líneas 1 y 9, estación 18 Street; líneas C y E, estación 23 Street.

VISITA

Chelsea, que debe su nombre al famoso barrio de Londres y que siempre ha sido una zona de emigración, es también una parte del Midtown, la situada en el suroeste, enfrente justo de Gramercy, a la izquierda de la Quinta Avenida. Se extiende, por el oeste, desde la Quinta Avenida (Fifth Avenue) hasta el río Hudson, y de sur a norte, desde la 14th Street a la 29th Street (calles 14 a 29).

Entre la Tenth Avenue y la Eleventh Avenue (avenidas 10 y 11) se han instalado las mejores galerías de arte, casi todas ellas provenientes del SoHo, y la Eighth Avenue (Avenida 8) rivaliza con la Christopher Street del Greenwich Village y es ahora el lugar de reunión de la comunidad gay.

Además, su zona portuaria, al lado del río Hudson, ha sido transformada en un inmenso complejo deportivo, de alto nivel, que ha contribuido también a la expansión y mejora del barrio.

UN NOSTÁLGICO RECUERDO

Para los españoles, pasear por esta zona es hacer una pequeña concesión a la nostalgia porque aquí es donde se instaló, a finales del siglo XIX, la pequeña comunidad que emigró de España. Eran casi todos gallegos y se establecieron cerca de la orilla del Hudson, entre la 14th Street y la 23rd Street. El número nunca fue grande, pero sí muy activo y enseguida empezaron a crear un espacio cultural propio, que culminó en 1904 con la fundación de la **Sociedad Hispana.** En los años veinte, el número de inmigrantes españoles aumentó, debido a las condiciones sociales y políticas impuestas durante la dictadura de Primo de Rivera. En esta ocasión, fueron, en su mayoría, refugiados políticos, con un nivel cultural más alto y con intereses diferentes a los de los emigrantes en general.

Este grupo de españoles logró tener un teatro y una revista propios, y consiguió atraer a intelectuales, como Federico García Lorca, que colaboró con ellos durante su estancia en Nueva York. La Guerra Civil española aumentó el número de exiliados y la 14th Street se convirtió en una calle española, que llegó a tener hasta 12 restaurantes, varias librerías y un supermercado con productos del país. Hoy se conservan algunos testimonios de entonces, como el **Centro Español** y la **iglesia de Nuestra Señora de Guadalupe,** y se sigue celebrando la fiesta de Santiago Apóstol.

SANTIAGO APÓSTOL EN NUEVA YORK

No se ha perdido la tradición. Durante cuatro días, a finales del mes de julio, los españoles de Chelsea, muchos de ellos gallegos, celebran al lado de la iglesia de Guadalupe, la fiesta de Santiago, con procesiones, una misa al aire libre y puestos con tapas, tortilla de patatas y chorizo.

La fiesta está patrocinada por la pequeña Asociación de Comerciantes Españoles, una institución muy respetada en Chelsea por sus frecuentes actividades a favor del barrio.

Los alrededores del **Centro Español**, en la 14th Street, entre Seventh Avenue y Eighth Avenue, se convierten en una feria donde se venden productos españoles y se honra a Santiago.

CHELSEA

Chelsea, como el resto de Midtown, es un barrio perfectamente cuadriculado. Así que, desde la 14th Street se puede iniciar el paseo hacia el norte en dirección a la 18th Street por la **Sixth Avenue** (Sexta Avenida o de las Américas), una arteria que, a principios del siglo XX estuvo llena de grandes comercios y que conserva todavía edificios parecidos a los de las elegantes zonas de Gramercy y Murray Hill.

Las 18th, 19th, 20th y 21st Streets conservan edificios de hierro de finales del siglo XIX –parecidos a los del SoHo–, que fue-

ron también almacenes. En la esquina de la 20th Street se halla la antigua **Iglesia Episcopal de la Sagrada Comunión,** construida en estilo neogótico en 1846, y que hoy alberga, para escándalo de algunos, el popularísimo club nocturno *Limeligth.*

Continuando por la Sexta Avenida, en la 21st Street está el **Shearith Israel,** un cementerio judío, portugués y español, que se utilizó entre 1829 y 1851, y más arriba, a la altura de la 25th Street, se puede ver una pequeña concentración de tiendas de antigüedades. Los fines de semana, entre la 24th Street y la 26th Street, se instala uno de los más visitados *flea markets* (mercados callejeros) de anticuarios. Entre la 25th Street y la 29th Street, el panorama cambia: es lo que se llama el **Flower District,** por la cantidad de tiendas especializadas en plantas. Es el momento de desviarse hacia la izquierda y entrar en la Eighth Avenue (Octava Avenida), el verdadero Distrito Histórico de Chelsea.

EL DISTRITO HISTÓRICO

Desandando el camino, a la altura de la 19th Street, el **Joyce Theatre,** un teatro *art dèco,* da la bienvenida al visitante y lo introduce en el corazón de la comunidad gay y lesbiana, y también en la zona de Chelsea donde hay más restaurantes.

En la 20th Street, entre la Eighth Avenue y la Ninth Avenue, está la **Iglesia Episcopal de St. Peter,** y la Rectoría, edificios del siglo XIX que actualmente albergan la sede del **Atlantic Theatre Com-**

pany. Entre la 20th Street y la 21st Street se encuentra el seminario episcopal más antiguo de Estados Unidos, el **General Theological Seminary,** y la casa, de 1832, de James N. Wells, el hombre que planificó todo el barrio de Chelsea.

En el número 404 de la 20th Street se encuentra la casa más antigua, y a su lado, las *townhouses* típicas del Nueva York histórico. También la 22nd Street tiene casas residenciales, sobre todo en el tramo que va de la Ninth Avenue a la Tenth Avenue.

Pero la verdadera sorpresa aparece cuando se cruza la Ninth Avenue en dirección a la Eleventh Avenue. Aquí, entre la 20th Street y la 29th Street, se han instalado las galerías del arte más prestigiosas y vanguardistas, amparadas por el **Dia Center for the Arts** de la 22nd Street. Entre viejos talleres de automóviles, en calles con el asfalto agrietado y todavía en un ambiente semiportuario, han ido surgiendo las más modernas salas de exposición de toda la isla. En espacios nuevos, inmaculadamente blancos, atendidos por gente del mejor y más refinado estilo, las galerías exponen lo mejor o, al menos, lo más cotizado de los nuevos creadores. Hay ya más de cien y algunas del prestigio de la **Gagosian, Paula Cooper** o **Matthew Marks.** Y, muy cerca, cruzando la autopista que bordea el río Hudson, en la 23rd Street está, en lo que antaño fueron terrenos del puerto, el **Piers Sports and Entertainment Complex,** el complejo deportivo más grande de la ciudad.

CHELSEA MARKET, MÁS QUE UN MERCADO

En el **número 75** de la **Ninth Avenue,** entre la 15th Street y 16th Street, se halla instalado uno de los mercados de comida más bonitos de Nueva York. No es nuevo, ya que tiene su origen en 1912, aunque entonces era más una fábrica que un mercado. En ella se empezaron a fabricar las famosas galletas *Oreo.*

En la actualidad, ha sido remodelado y sus grandes pasillos están llenos de tiendas decoradas con el buen gusto que caracteriza a este barrio. Hay una excelente licorería, panaderías, tiendas de fruta, establecimientos con preciosos cacharros de cocina y algún local de comida rápida.

Pero lo más interesante es su remodelación. Se han respetado completamente las paredes de ladrillo visto del antiguo edificio y se han mantenido los hierros de los antiguos almacenes; incluso hay una pequeña cascada entre estos hierros. Hasta la luz, tenue excepto en las tiendas, recuerda el ambiente de entonces. El resultado es perfecto y, sin duda, vale la pena visitarlo.

CHELSEA

DÓNDE DORMIR

Fue un barrio en el que, a principios del siglo pasado, vivieron y se hospedaron escritores, cantantes, poetas, e intelectuales en general, casi todos con cierto aire inconformista. Aún hoy día cuenta con el Hotel Chelsea, quizá el de mayor tradición intelectual y bohemia de todo Manhattan.

El deterioro del barrio hizo que se quedara fuera de los circuitos turísticos, pero hoy vuelve a estar de moda y sus hoteles cada vez son más solicitados. Tiene, además, una ventaja: todavía no es un barrio demasiado caro y su situación es inmejorable, a un paso de los teatros, pero alejado del bullicio, y en el centro de la isla.

CHELSEA (A1) 🔟

222 West 23rd Street, entre Seventh Avenue y Eighth Avenue. Telf. (212) 243 37 00. Fax (212) 675 55 31. Es una verdadera institución. En sus habitaciones se hospedaron desde Dylan Thomas a Bod Dylan, pasando por Eugene O'Neill, Arthur Miller o Sarah Bernhardt. Es un edificio victoriano de 1884 que conserva en su vestíbulo testimonios de algunos de los artistas que pasaron por él. Muchas de sus habitaciones han sido remodeladas y son bastante confortables. Una habitación doble oscila entre 150 y 280$, un precio que muchos mitómanos estarían dispuestos a pagar.

CHELSEA SAVOY HOTEL (A1) 🔟

204 West 23rd Street, en la esquina con Seventh Avenue. Telf. (212) 929 93 52. Fax (212) 741 63 09. Es un hotel nuevo, en el corazón de Chelsea, con habitaciones soleadas y excelentes cuartos de baño. El servicio, formado por gente joven, es agradable y cuenta con una sala de lectura, con periódicos y revistas. Las habitaciones dobles oscilan entre 125-150$, y los niños de menos de 13 años pueden dormir gratis en la habitación de los padres.

COLONIAL HOUSE INN (A1) 🔟

318 West 22nd Street, entre Eighth Avenue y Ninth Avenue. Telf. (212) 243 96 69 y 800 689 37 79. Precio: 125-140$ la habitación doble. Está situado en una casa de 1850, en el centro de la zona gay, y la mayoría de sus clientes son gays y lesbianas, aunque son igualmente bien recibidos todo tipo de visitantes. Es limpio y agradable, y está magníficamente conservado.

CHELSEA INN (B2) **18**

*46 West 17th Street, entre
Fifth Avenue y Sixth Avenue.
Telf. (212) 640 64 69.
Fax (212) 645 89 89. Precio: 120-150$.* Lo mejor es
su situación, en el corazón
del Chelsea y a un paso de
Greenwich Village. Está instalado en una pequeña casa
del siglo XIX renovada y todas
las habitaciones tienen una
pequeña cocina. No es nada
copooial, pero está limpio y
tiene precios aceptables.

ALLERTON HOTEL (A1) **19**

*302 West 22nd Street, en la
esquina con Eighth Avenue.
Telf. (212) 243 60 17.* Es un
hotelito familiar, con modernas habitaciones, cuarto de
baño, televisión y, algunas,

con una pequeña cocina. Está situado en
una calle residencial, muy tranquila,
llena de árboles.
Pero lo mejor son sus
precios: la habitación doble,
105$, y una habitación individual o un pequeño estudio,
entre 80 y 90$.

CHELSEA LODGE (B2) **20**

*318 West 20th Street.
Telf. (212) 343 44 99 y 800
373 11 16.* Es un pequeño
hotel recientemente renovado,
que cuenta con 22 habitaciones cómodas y de precios
más que razonables. Se puede
encontrar una habitación doble
por 100$ o algo menos, aunque los fines de semana suelen encarecerse algo.

DÓNDE COMER

*Siempre ha sido un barrio
lleno de restaurantes, aunque
la mayoría tienen precios bajos
y una calidad no muy alta. La
llegada de las galerías de arte,
de la comunidad gay y, como
consecuencia, de la creciente
vida nocturna ha ampliado la
oferta, y hoy comer o cenar en
Chelsea es una buena elección
para muchos neoyorquinos no
sólo por sus precios, sino porque, además, muchos
de ellos están
abiertos las 24
horas.*

EL QUIJOTE (A1) **55**

*226 de la 23rd
Street, entre Seventh
Avenue y Eighth Avenue. Telf. (212) 929 18 55.
Abre los domingos y sirve*

cenas hasta tarde. Precio:
35$ la cena. Es uno de los
antiguos restaurantes españoles, inaugurado en 1930,
y no ha cambiado mucho su
decoración, un tanto retro.
Está especializado en marisco y sirve una buena langosta.

CAFETERIA (B1) **56**

*119 Seventh Avenue, en el
esquina con 17th Street.
Telf. (212) 414 17 17.
Está abierto 24 horas,
siete días a la semana.
Precio: 30$ la cena.*
Tiene cocina clásica y
también nueva cocina
americana, y un buen
ambiente y buena decoración. Es un sitio de moda
a un precio mucho más

CHELSEA

competitivo que otros locales de su misma calidad. Es preferible ir después de las 22 h.

EIGHTEENTH & EIGHTH (B1) ⑤⑦
159 Eighth Avenue, en la esquina con 18th Street.
Telf. (212) 242 50 00. Abre los domingos y cierra sobre las 24 h. Precio: 25$ la cena. Es muy popular en el ambiente gay y la comida es la típica norteamericana. Son muy buenos los *brunchs* y no es fácil encontrar sitio.

EMPIRE DINNER (A1) ⑤⑧
210 Tenth Avenue, en la esquina con 22nd Street.
Telf. (212) 243 27 36. Abre 24 horas, siete días a la semana. Precio: 22$ la cena. La comida no es extraordinaria, pero su decoración *art dèco* hace que sea un sitio muy especial. Por otra parte, ¿dónde se puede comer a precios aceptables una hamburguesa a las 4 de la madrugada en un ambiente en el que se mezcla el glamour de los galeristas con los vaqueros de los del barrio?

BENDIX DINNER (A1) ⑤⑨
219 Eighth Avenue, en la esquina con 21st Street.
Telf. (212) 366 95 60. Está abierto 24 horas, siete días de la semana. Es un tailandés con un buen menú, tanto para comer como para cenar, pero también se pueden pedir hamburguesas o *"chili"* con carne. Es muy buena la sopa de pollo con fideos, y mejor el precio, unos 17$ por una cena.

CENTRO ESPAÑOL (B1) ⑥⓪
239 de la 14th Street, entre Seventh Avenue y Eighth Avenue. Telf. (212) 929 78 73. Abre para comer y cenar, pero no hasta muy tarde. Precio: 15$. Es como una casa de comidas española, aunque los camareros sean centroamericanos en su totalidad. Por el precio de una hamburguesa se puede comer un plato de pescado o carne. Además, se puede visitar el centro, que tiene una pequeña biblioteca, con clásicos españoles y salas de reunión.

LA TAZA DE ORO (B1) ⑥①
96 Eighth Avenue, entre 14th Street y 15th Street.
Telf. (212) 243 99 46. No abre los domingos, cierra antes de las 12 de la noche y no acepta tarjetas de crédito. Precio: 15$ la cena. Es un restaurante puertorriqueño verdaderamente auténtico, con un servicio amable y eficaz. Las chuletas fritas, el *mondongo* y la carne guisada son buenos, pero lo mejor es el precio.

COMPRAS

En Chelsea, como en todo Manhattan, las tiendas se suceden unas a otras. En la 14th Street hay innumerables pequeños almacenes nada atractivos, pero de bajos precios, y la 25th Street y la 26th Street, en los alrededores de la Sixth Avenue, están llenas de anticuarios, a menudo, con cosas de interés. No hay que olvidar, naturalmente, el interesante *Flea Market* de los fines de semana. Aunque es difícil hacer una selección, a continuación se relacionan algunas tiendas de descuento por la calidad de sus productos o por su originalidad.

CENTRAL CARPET

14th Street, en la esquina con Eighth Avenue. Su atractivo es la propia tienda. Instalada en un antiguo banco, su espléndido vestíbulo, de amplia bóveda, acoge todo tipo de alfombras nuevas y antiguas de todo el mundo, incluidas las tradicionales norteamericanas. Además,

¿QUÉ SERÍA DE MANHATTAN SIN LOS FLEA MARKETS?

Son el alma de las mañanas de los sábados y los domingos de la Gran Manzana, y se celebran en casi todos los barrios. Pero seguramente el más famoso es el de Chelsea, llamado **Annex Antiques Fair and Flea Market**, que se instala al aire libre los sábados y los domingos en la Sexta Avenida, entre la 26th Street y la 27th Street.

Haga frío o calor, a eso de las diez de la mañana –los puestos empiezan a instalarse sobre las 7 h– los neoyorquinos acuden a los mercadillos en busca de todo tipo de cachivaches.

El mercadillo de Chelsea está especializado en antigüedades y hay un grupo de vendedores que ofrecen objetos muy interesantes. Aunque los precios no son baratos, se puede regatear, y los clientes habituales, que saludan al dueño con familiaridad, suele obtener muebles y objetos de gran calidad a buen precio.

Pero no hay sólo antigüedades, también hay puestos de ropa usada, abalorios antiguos o, simplemente, viejos libros... Al lado, exactamente en el 112 de la 25th Street, se ha instalado en dos plantas de un aparcamiento lo que se llama el **Garage**, otro mercadillo, en este caso bajo techado.

Vale la pena ir a curiosear porque muy a menudo se puede encontrar algo de interés. Y no os preocupéis, la mayoría de los puestos al aire libre admiten tarjetas de crédito y están dispuestos a bajar los precios. Sobre las 16 h los vendedores empiezan a recoger.

CHELSEA

sus amables dependientes hablan español.

EISENBERG & EISENBERG

16 de la 17th Street, entre la Fifth Avenue y la Sixth Avenue. Es un almacén especializado en trajes de gran calidad, con una tradición que viene de 1898. Sus precios son verdaderamente de fábrica y tiene las mejores marcas, desde Ralph Lauren a Dior, siempre a menos de la mitad de precio. Cuenta, además, con sastres que hacen cualquier tipo de arreglo rápido y muy barato.

NYC LIQUIDATORS

158 de la 27th Street. Venden de todo, desde compacts, hasta juguetes, cosmética, relojes, pañuelos...

LA NOCHE

Ha sido un auténtico "boom". Los gays, casi todos profesionales liberales, que antes se reunían en el Greenwich Village, han irrumpido en Chelsea y han convertido este barrio en uno de los más animados en la noche de Nueva York. La abundancia de locales grandes, antiguos almacenes, ha favorecido la instalación de salones de baile, de clubs, de bares y de restaurantes. Chelsea es hoy un auténtico hormiguero nocturno de "ambiente". **Baltum.** *148 de la 14th Street, entre Ninth Avenue y Washington. Telf. (212) 206 15 90. Horario: cierra sobre las 4 h y no abre domingos ni lunes. Precio: 6$ la copa.* Tiene dos zonas, separadas por una gigantesca pantalla. En una de ellas se toman copas, como en un cualquier bar, y en la otra, llena de jóvenes, se baila. Es un sitio para mirar y ser mirado, y los vídeos son otro de sus atractivos.

Barracuda. *275 de la 22nd Street, entre Seventh Avenue y Eighth Avenue. Telf. (212) 645 86 13. Horario: abre todos los días hasta las 4 h y no acepta tarjetas de crédito. Sirve también comidas. Precio: 6$ la copa.* Es uno de los favoritos de la comunidad gay del barrio. Está decorado al estilo de los años sesenta, con mucho neón, y tiene habitaciones con espectáculos privados en vivo. A veces hay un espectáculo de la *"drag-queen"* Hedda Lettuce.

Cheetah. *12 de la 21st Street, entre Fifth Avenue y Sixth Avenue. Telf. (212) 206 77 70. Horario: abre todos los días hasta las 4 h de la madrugada, excepto miércoles, y no acepta tarjetas de crédito.* Es un enorme local donde el espectáculo principal son los maravillosos cuerpos de los jóvenes clientes bailando. Está muy bien decorado y la única contraindicación es que cuesta 20$. Las copas, además, no son baratas: unos 8$.

a precios increíbles y con una gran variedad. Su departamento de música es especialmente bueno. Es un abigarrado almacén con cosas nuevas y usadas, donde se encuentra de todo.

V.I.M. JEANS

16 de la 14th Street, entre Fifth Avenue y Sixth Avenue.

Es uno de los establecimientos más baratos para comprar vaqueros y zapatillas para hombre, mujer y niños. Se pueden encontrar vaqueros de marca por 19$ y zapatillas *Reebock* por 25$. Y hay otras gangas: tops por 6$, suéteres por 4$, camisas por 9$, etc.

Ciel Rouge. *179 Seventh Avenue, entre 20th Street y 21st Street. Telf. (212) 929 55 42. Horario: cierra a las 2 h, los fines de semana, a las 4 h. No acepta tarjetas de crédito. Precio: 7$ la copa.* En el bullicioso Chelsea este bar de copas es un remanso de paz, íntimo y discreto. Está decorado en rojo y los fines de semana suele tener música en vivo, a veces de acordeón.

East of Eighth. *254 de la 23rd Street, entre Seventh Avenue y Eighth Avenue. Telf. (212) 352 00 75. Horario: abre todos los días hasta las 4 h y sirve también comidas. Precio: 6$ la copa.* Es un bar restaurante, de ambiente gay, con un comedor bien decorado en el segundo piso y un bonito jardín lleno de plantas y fuentecillas. El ambiente es muy agradable, para todo tipo de público. La comida es típicamente americana y las copas tiene precios moderados.

El Flamingo. *547 de la 21st Street, entre Tenth Avenue y Eleventh Avenue. Telf. (212) 243 21 21. Horario: cierra los lunes y los fines de semana está abierto hasta las 5 h.* Tiene dos pisos y es una especie de cabaret muy popular, donde se puede bailar y donde el espectáculo también está en la clientela. A veces hay espectáculos musicales en los que participa todo el mundo. No tiene precio fijo, depende del día, pero suele ser caro.

G Lounge. *223 de la 19th Street, entre Seventh Avenue y Eighth Avenue. Telf. (212) 929 10 85. Horario: abre todos los días hasta las 4 h de la madrugada y no admite tarjetas de crédito. Precio: 7$ la copa.* Es elegante, íntimo, sin *"drag-queens"*, y uno de los preferidos por los más *"chics"* de la comunidad gay. Está muy bien decorado y es el lugar ideal para tomar una copa y charlar.

Limelight. *47 de la 20th Street, en la esquina con Fifth Avenue. Telf. (212) 807 77 80. Horario: abre todos los días hasta las 4 h y los fines de semana hasta las 6 h. Precio: 7$ la copa.* Es una discoteca situada en la antigua iglesia de la Sagrada

CHELSEA

Comunión, un edificio de estilo neogótico, y ése es su principal atractivo. Es uno de los preferidos de los jóvenes.

Loft 61. *550 de la 21st Street, entre entre Tenth Avenue y Eleventh Avenue. Telf. (212) 243 65 55. Horario: no abre los domingos y cierra sobre las 3 h. Precio: 12$ la copa.* Es de lo más moderno de Chelsea, y a él acuden a tomar copas los relacionados con el mundo del arte. Está instalado en un antiguo almacén que ha sido decorado por un equipo de artistas plásticos, y en él se celebran la mayoría de los *"parties"* de las galerías. Sirven cenas, muy caras.

La Maison de Sade. *206 de la 23rd Street, entre Seventh Avenue y Eighth Avenue. Telf. (212) 727 86 42. Horario: abre todos los días hasta las 4 h Precio: 7$ la copa.* A veces tiene actuaciones, que incluyen espectáculos de inspiración sadomasoquista, aunque sin pasarse. Se puede cenar comida francesa y tomar copas. Su precio no es excesivamente alto.

Merchants NY. *112 Seventh Avenue, en la esquina con 17th Street. Telf. (212) 366 72 67. Horario: abre todos los días y cierra a las 4 h. Precio: 7$ la copa.* Es toda una institución en Nueva York. Tiene cuatro establecimientos, todos con éxito, y éste de Chelsea no es una excepción. El ambiente es muy agradable, con chimenea y cómodos sofás. Sirven cenas y lo más famoso son sus martinis.

Passerby. *436 de la 15th Street, entre Ninth avenue y Tenth Avenue. Telf. (212) 206 73 21. Horario: abre todos los días hasta las 2 h. Precio: 9$ la copa.* Otro lugar de encuentro de los galeristas, que también ha sido decorado por famosos artistas. Pasa casi desapercibido, quizá para hacerlo más exclusivo, aunque está abierto a todo tipo de público.

Roxy. *515 de la 18th Street, entre Tenth Avenue y Eleventh Avenue. Telf. (212) 645 51 56. Horario: no abre todos los días, pero los viernes y los sábados cierra a las 7 h de la mañana. No admite tarjetas de crédito.* Es una gran discoteca y, sobre todo, los sábados, está llena hasta los topes de gays que bailan hasta el amanecer. Los demás días el ambiente es un poco más relajado, aunque también se baila. Una copa cuesta 7$ y hay que pagar una entrada de 20$.

The Tonic. *108 de la 18th Street, entre Sixth Avenue y Seventh Avenue. Telf. (212) 929 97 55. Horario: abre todos los días y cierra pronto, a las 23.30 h.* Es un clásico, que tiene 110 años y una decoración de los años veinte. El ambiente es elegante, su carta de vinos excepcional y la cocina, nueva cocina norteamericana, es excelente. Solo sirve cenas, a un precio de más de 50$ y copas, a 8$.

MIDTOWN

MIDTOWN de día

MIDTOWN de noche

EL AMBIENTE DE DÍA EN MIDTOWN

(plano de día, pág. 172-173)

La 42 y alrededores: más que una calle

Es el corazón de la ciudad, por lo que casi hay que recorrerla de punta a punta, desviándose además hacia el norte y el sur. La calle 42 lo tiene todo: la sede de la ONU, los teatros, los grandes almacenes, los rascacielos más conocidos... Y la mitad de los símbolos de Manhattan están en sus alrededores. La vida bulle en sus alrededores, con apartamentos, tiendas y almacenes, restaurantes, locales de comida rápida y establecimientos variopintos que abarcan un público de clase media y alta.

El barrio del MOMA

Si sólo tuviera el Museo de Arte Moderno, ya merecería la pena visitar este barrio. Pero el Midtown es mucho más: es la catedral de San Patricio, el Rockefeller Center, el Radio City Music Hall, el Waldorf-Astoria y un sinfín de tiendas, entre las que está *Tiffany*.

EL AMBIENTE DE NOCHE EN MIDTOWN

(plano de noche, pág. 174-175)

Nada menos que Broadway

Todo gira alrededor de los teatros y es precisamente ese ambiente el que ha hecho mundialmente famoso este barrio. Broadway, con sus restaurantes, sus bares, su pequeña dosis de tentación (cada vez menos) y sus musicales, sigue siendo único.

Midtown, sofisticado y conservador

La noche en el Midtown no es excitante; es tranquila y sin sorpresas: restaurantes elegantes, bares de toda la vida y poca "movida". Una zona para los amantes de lo clásico.

LA CALLE 42
Y SU ENTORNO

Puede resultar extraño dedicar un capítulo a una sola calle, pero es que la calle 42 (42nd Street) de Nueva York, la que divide Manhattan casi por la mitad y va de este a oeste de la isla, reúne en su entorno tal cantidad de ambientes, de edificios, de teatros, de tiendas, de restaurantes, que no recorrerla y dedicarle unas cuantas horas es quedarse sin conocer una importante parte del corazón de la ciudad.

Es también esta calle la vía que separa, en cierta forma, el Nueva York popular, en donde todavía vive, compra y se divierte la gente normal, el Nueva York creativo y vanguardista del sur, del Nueva York inamovible, del *establishment*, de las clases medias altas de siempre, de los apartamentos de alto nivel, de las tiendas convencionales.

Residir por debajo o por encima de la calle 42 significa muchas más cosas que la simple ubicación. Se puede tener mucho dinero y vivir en el sur o andar un poco ajustado y vivir en el centro o en el norte, pero es difícil no ser convencional y elegir como residencia las calles 50 o 60 (50th Street y 60th Street).

TRANSPORTES

Metro: Para ir al Garment District: líneas 1, 2, 3, y 9, estación Penn Station; líneas A, C y E, estación 34 Street-Eighth Avenue; N y R, estación 34 Street, y B, D, F, y Q, estación 33 Street.

Para ir a Times Square y Grand Central: líneas B, D, F, Q y 7, estación 42 Street- Avenue of the Americas; línea 7, estación 42 Street and Fifth Avenue; líneas 4, 5, 6, 7 y S, estación Grand Central Station-42 Street and Park Avenue.

VISITA

*Lo primero que hay que saber es que la calle 42 pasa por **Hell's Kitchen** (la "Cocina del Infierno"), al lado del río Hudson, en tiempos un barrio muy pobre de inmigración; continúa por el **Garment District**, el de los grandes almacenes; prosigue junto a **Times Square**, la mayor concentración de teatros de Manhattan; cuenta con la famosa **Biblioteca Pública de Nueva York**, en la Quinta Avenida; llega a la **Central Station**, la estación de trenes más espectacular de la ciudad; conduce a uno de los rascacielos más bellos, el **Chrysler**, y, antes de llegar*

*a la otra orilla del río East, finaliza
en la sede de **Naciones Unidas**. Y,
entre todo ello, tiendas, hoteles,
restaurantes y en sus aceras, quizá,
la mayor concentración de gente
de todo Manhattan.*

HELL'S KITCHEN (LA "COCINA DEL INFIERNO")

Es la zona que se extiende desde la **30th Street** a la **59th Street**
y desde la **Eighth Avenue** hasta el **río Hudson.**
Su nombre es suficientemente elocuente, aunque hoy ha perdido
su significado. Fue una de las zonas más deprimidas y violentas
de Manhattan y, probablemente, la más poblada hasta el final
del siglo XIX. Tradicionalmente, fue el lugar a donde llegaban los
inmigrantes más pobres, primero irlandeses y, después, griegos,
italianos e hispanos.
El hacinamiento y el descuido fueron sus características y, hasta
principios del siglo XX, fue un lugar dejado de la mano de Dios,
con piaras de cerdos por las calles, una altísima mortalidad infantil, bandas de delincuentes y enfermedades de todo tipo. Poco
a poco, desde 1900, las infraviviendas fueron siendo sustituidas, y en 1977 se construyeron, entre la 42nd Street y la 43rd
Street y entre Ninth Avenue y Tenth Avenue, lo que se llama **Manhattan Plaza,** unos bloques de viviendas de buena calidad, pero
que no atrajeron a los "bienpensantes".
Quienes se trasladaron los primeros a este lugar fueron los artistas de escaso éxito y los más bohemios, que consiguieron poco
a poco cambiar la fisonomía del barrio. Hoy en día sigue siendo
un lugar multiétnico, lleno de restaurantes baratos de
todas las nacionalidades, con vida cultural y nocturna y
del que ha ido desapareciendo poco a poco la peligrosidad. El nombre de "Cocina del Infierno" ha ido perdiendo
sentido y ha sido sustituido por otro: en la actualidad, se
llama **Clinton,** aunque todo el mundo en Manhattan sabe
que está en Hell's Kitchen.

UN PASEO DE OESTE A ESTE

Si se empieza el recorrido por el oeste, a la altura de
Tenth Avenue, y se sube un poco, en la 46th Street, se
halla el **Intrepid Sea-Air-Space Museum,** un viejo portaviones,
convertido en museo flotante, con el que se rescató a los tripu-
lantes del *Apolo XI,* y que no tiene mayor interés.
De regreso a la 42nd Street, el recorrido se adentra en lo que
se llama **Theater Row,** un tramo que llega hasta Ninth Avenue,
y que cuenta con teatros *Off-Broadway,* y más allá, a la altura de
Eighth Avenue, con la **Port Authority Bus Terminal,** la estación

de autobuses a donde llegan y de la que salen millones de viajeros cada año.

Entre Seventh Avenue y Eighth Avenue hay nueve teatros, algunos de ellos remodelados, y un poco más adelante, a la altura de la 46th Street, se entra en el corazón del **Theater District,** el distrito que tiene una mayor concentración de teatros en los que se estrenan los grandes musicales y las mejores producciones.

Al sur, entre Seventh, Eighth y Ninth Avenues, está situado el llamado **Garment District,** donde se encuentra buena parte de los grandes almacenes de la ciudad y el gran complejo, formado por el **Madison Square Garden Center,** el estadio más famoso de Nueva York, y la **Pennsylvania Station,** cuyo único interés es el número de viajeros que pasan por ella a diario. Esta inmensa estructura comprende desde la 31st Street a la 33rd Street y desde Seventh Avenue a Eighth Avenue.

Subiendo hacia el norte por Seventh Avenue, se llega a la famosa **Times Square,** la plaza por excelencia, la más fotografiada, la

COMPRAS

Éste es precisamente el lugar de las compras. El *Garment District*, que es la zona que atraviesa la Seventh Avenue, desde la 31st Street a la 41st Street, se conoce sobre todo por la gran cantidad de almacenes, pequeñas fábricas y tiendas que posee, hasta el punto de que Seventh Avenue se denomina "Avenida de la Moda". En ella se puede encontrar de todo y es un auténtico hormiguero de gente, camiones descargando mercancías, "acarreadores" de ropa a pie, puestos callejeros, etc.

Si a esta zona se une Times Square, otro gran centro comercial, y toda la 42nd Street, llena de tiendas, se puede decir que lo que no se encuentre aquí, no se encontrará en Nueva York.

Herald Square, que no es exactamente una plaza, sino la confluencia de la 34th Street con Broadway y la Sixth Avenue, es del dominio de **Macy's**, un almacén que se autoproclama el más grande del mundo, y es posible que lo sea. Tiene varios edificios y vende de todo. Es un gran almacén, agotador, de precios más bien caros, sobre todo en sus secciones de ropa de marca, pero con constantes rebajas.

Aquí también está **Toys "R" Us**, y en la 33rd Street con Sixth Avenue, el **Manhattan Mall**, un gran centro comercial, donde está **Food Locker**, la tienda de deportes, y **Radio**

que tiene más anuncios de neón y donde se encuentran las taquillas de descuento para sacar las entradas de los teatros, y el **Visitor Center,** la oficina de turismo de la isla.

Times Square no es exactamente una plaza, es un extraño espacio formado por dos triángulos: el que forman, al sur, la 42nd Street y la 43rd Street y las avenidas Broadway y Séptima (Seventh Avenue), y el que forman, un poco más arriba, las mismas avenidas y las calles 45, 46 y 47 (45th Street, 46th Street y 47th Street).

Debe su nombre al primer edificio que en 1904 albergó la sede del *New York Times,* y sigue siendo uno de los lugares más concurridos de Nueva York, aunque haya perdido, casi en su totalidad, su "pecaminoso" encanto. Los cabarets, la prostitución, los sex-shops y la droga han desaparecido casi totalmente de la zona y, con ellos, naturalmente, el peligro, pero también parte del ambiente nocturno.

Shack, entre muchas otras. En Seventh Avenue hay tal cantidad de tiendas de descuento que es difícil su enumeración. Hay que patear la calle y entrar en las que parezcan más atractivas.

Times Square tampoco está desprovista de tiendas. Están la **Disney** y la **Warner Bros**, la enorme tienda de discos **Virgin Megastore, GAP, Old Navy** y un largo etcétera.

La 47th Street, entre Fifth Avenue y Sixth Avenue, es lo que se llama el *Diamont District*, el distrito de los diamantes, porque se calcula que aquí se vende el 90 por ciento de todos los diamantes que se adquieren en Estados Unidos. Los propietarios de estas peculiares joyerías son judíos ortodoxos, que cierran relativamente pronto y no abren los fines de semana. También en este tramo de la calle hay una gran cantidad de tiendas de fotografía y de aparatos electrónicos en general. Hay que tener cuidado porque son comerciantes natos y, si se desconoce el producto, se

puede pagar más de lo que vale. Se puede regatear y sacar un buen precio, si previamente se ha comprobado lo que cuesta el artículo en otros lugares de precio fijo.

LA CALLE 42
Y SU ENTORNO

En el número 1.133 de Sixth Avenue, en la esquina con la 43rd Street, formando parte de la nueva fisonomía del barrio, se ha abierto recientemente el **Internacional Center of Photography** *(visita previo pago. Precio: 6$),* que cuenta con una colección permanente de 45.000 obras.

En esta misma calle, entre Fifth Avenue y Sixth Avenue, está el famoso **hotel Algonquin,** un clásico de 1902 que mantuvo en los años veinte la "Mesa Redonda Algonquin", en la que se sentaron escritores, críticos, actores, etc. Dorothy Parker formó parte de esta tertulia y vivió largas temporadas en el hotel.

Nuevamente en la 42nd Street, se llega a un pequeño parque, el **Bryant Park,** uno de los lugares más concurridos para tomar el *lunch* en sus bancos o hacer un pequeño descanso. En realidad, es una especie de patio de atrás de la conocida **New York Public Library** *(horario: de 10 h a 18 h. Se puede visitar gratis, con guía, todos los días, excepto domingos, de 11 h a 14 h),* que tiene su entrada por Fifth Avenue.

En mitad de la avenida dos inmensos leones dan paso a unas escalinatas, siempre llenas de gente sentada, que conducen al emblemático y de todos conocido edificio neoclásico de mármol blanco que aloja una de las bibliotecas públicas más importantes de Estados Unidos.

La biblioteca dispone de un fondo de 6 millones de libros, 12 millones de manuscritos, 2,8 millones de pinturas y una sala de lectura artesonada por la que han pasado millones de personas, algunas tan famosas como Trotsky. El catálogo de libros está entre los cinco mayores del mundo, pero su principal virtud es su maravillosa organización. Está tan bien informatizada que se pueden encontrar todos los libros en cuestión de segundos.

Cruzando Fifth Avenue y adentrándose en el lado este, se llega a la **Grand Central Terminal,** un verdadero mundo en sí misma, una inmensa estación del siglo XIX, que utilizan diariamente 500.000 personas y cuya principal belleza es su vestíbulo de 1.400 m de largo por 600 m de ancho, con una bóveda de cañón en la que están pintadas las constelaciones.

Grand Central es una ciudad dentro de la ciudad, con gran cantidad de pequeños restaurantes para tomar el *lunch,* tiendas, un mercado y una de las marisquerías más conocidas de Nueva York, el **Oyster Bar,** un gran espacio que, aunque parezca mentira, se llena a mediodía. Es un espacio apacible y grato, si se visita a mediodía, pero a las horas punta es un espectáculo único que puede llegar a intimidar por la acumulación de miles y miles de personas que abarrotan sus pasillos y su vestíbulo.

Un poco más abajo, en la esquina con Park Avenue, está el **Whitney of American Art at Philip Morris,** que alberga esculturas del siglo XX, y en la esquina con Lexington Avenue, uno de los rascacielos más bellos de Nueva York, el **Chrysler,** una verdadera obra maestra del *art dèco,* que no se puede visitar. Pero vale la pena entrar en su vestíbulo sólo para contemplar sus mármoles y sus maravillosos ascensores de madera. Al lado está también el **New York Building,** otro rascacielos de estilo *art dèco.*

Entre First Avenue y Second Avenue hay un conjunto de altos edificios que se conoce con el nombre de **Tudor City,** y que dan paso, tras cruzar First Avenue, al gran complejo que alberga la sede de las **Naciones Unidas,** justo al lado del río.

Naciones Unidas es un poco territorio de nadie, ya que su sede de Nueva York goza de *status* de territorialidad. Tampoco el inglés es el único idioma oficial que se utiliza en sus dependencias. En la ONU todo se traduce al árabe, al chino, al francés, al ruso, al español y, naturalmente, al inglés, que son sus lenguas oficiales. El complejo, cuyo terreno fue donado por John Rockefeller, ocupa lo que se denominó hasta entonces "Turtle Bay", y fue construido, entre 1947 y 1953, por un grupo de arquitectos bajo la dirección del norteamericano K. Harrison.

Comprende diversos edificios y dos entradas, una en la confluencia con la 42nd Street, donde se halla el edificio más alto. En éste está instalada una maravillosa biblioteca, la **Hammarskjöld Library,** donada por la Fundación Ford sólo para uso de los delegados, que dispone de 380.000 volúmenes; el acceso al edificio de la Asamblea General se realiza a través de lo que se llama la **Esplanade** *(visita: días laborables, de 9.15 h a 16.45 h),* enfrente de la 46th Street.

LA CALLE 42 Y SU ENTORNO

El interés de la visita, naturalmente, se centra en la gran sala de la Asamblea General, la **Assembly Hall,** con capacidad para 2.000 personas, y en otras salas, menos espectaculares, donde se reúne el Consejo de Seguridad o el Consejo Político Social. En este edificio se encuentran expuestas diversas donaciones de los países miembros, algunas de ellas auténticas obras de arte. Es de destacar *El péndulo de Foucault,* donado por Holanda, y una vidriera realizada por Marc Chagall en 1964. En los jardines de la entrada destacan diversas esculturas, como el

monumento a la Paz o una campana, que donó Japón, realizada mediante la fundición de 60 tipos de monedas de diferentes países.

LOS TEATROS EN MANHATTAN

Hablar de Broadway es hablar del teatro, probablemente del mayor centro mundial del teatro. Desde la 40th Street hasta la 57th Street y desde la Sexta Avenida, la de las Américas, hasta Tenth Avenue, hay 60 teatros y la mayor concentración se da entre Sixth Avenue y Eighth Avenue y desde la 52nd Street hasta la 50th Street. Pero no sólo hay teatros en los alrededores de Times Square. Todo Manhattan está salpicado de teatros –unos 250– más o menos grandes, en donde se representa de todo, desde una gran producción, un super-musical que, a veces, está más de 10 años en cartel, hasta las obras más experimentales, representadas incluso en almacenes.

Como se ha dicho anteriormente, los teatros en Nueva York se dividen en tres categorías, *Broadway, Off-Broadway y Off-Off-Broadway*. En este apartado nos vamos a referir a los llamados *Broadway*, a las grandes producciones –los musicales más espectaculares, y las comedias y los dramas interpretados por actores famosos–, y a algunos *Off-Broadway* de muy buena calidad, por la dificultad para conseguir entradas, en unos casos, o por su elevado precio en otros.

¿QUÉ HA SIDO DE BROADWAY?

Hay opiniones para todos los gustos. Algunos creen que la remodelación del barrio, la desaparición de los sex-shops, la prostitución y la droga era lo que necesitaba el corazón de Manhattan. Para muchos otros, Broadway ha perdido su carácter y se ha convertido en una especie de Disneylandia. A raíz de una ley muy controvertida del alcalde Giuliani, en la que se prohibía la pornografía cerca de una escuela o de una iglesia –que era tanto como decir que no podía haber pornografía en la apiñada Manhattan–, la sordidez se fue alejando del barrio, los edificios viejos se tiraron y aparecieron en su lugar nuevos rascacielos propiedad de importantes corporaciones. La 42nd Street es en la actualidad casi un parque temático, en el que se han instalado *Disney* y *Warner Brothers* y donde estará la sede del *New York Times*, el rascacielos de *Reuters* y el lujosísimo Hotel Westin.

Times Square apenas se reconoce y hoy parece más un plató de televisión, rodeado de centros comerciales. Aquí están la **ABC** y la **MTV**, el rascacielos **Conde Nast**, que está previsto que tenga la cafetería más lujosa de la ciudad, y el **Market Site Experience**, un show interactivo para enseñar a jugar a la Bolsa desde la más tierna infancia. El "pecado" ha sido sustituido por el dinero, y hoy los neoyorquinos empiezan ya a calificar a Times Square como "Money Square".

LA CALLE 42
Y SU ENTORNO

Lo primero que hay que saber es que una entrada para un buen musical puede costar entre 75 y 100$. Pero no hay que asustarse porque el precio puede bajar considerablemente si se acude a las taquillas **TKTS** *(horario: de 15 a 20 h, de lunes a sábado),* que se encuentran en Times Square. En ellas se compran a la mitad de precio, pero sólo para el mismo día, y tienen, al menos, dos entradas para cada espectáculo. Si la obra es muy conocida hay que madrugar y, siempre, hacer cola en la calle porque, a veces, si hay demasiada gente abren a las 10 h de la mañana. También se puede ir al **Times Square Visitor Center** *(horario: de 8 h a 20 h),* en el número 1.560 de Broadway, entre la 46th Street y la 47th Street, y pedir un

twofer discount coupon, que es un vale para dos localidades, muy rebajadas, y tiene la ventaja, además, de que se puede reservar con más antelación. El único problema es que a veces no hay entradas con descuento para obras recién estrenadas.

Si no se tienen problemas para pagar el precio completo, en las taquillas de los teatros se compran con o sin antelación y, naturalmente, en la mayoría de los hoteles o preguntando a la agencia con la que se haya contratado el viaje. Por teléfono se pueden encargar en *Tele-charge,* telf. (212) 239 62 00, o en *Ticketmaster,* telf. (212) 307 41 00. Suelen cobrar un recargo de entre 2,50 a 5,75$ por entrada, pero las envían donde se indique o las dejan en la taquilla del teatro.

Hay tal oferta que lo mejor es comprar el periódico o acudir al Visitor Center y solicitar información y el completo mapa gratuito que allí proporcionan con los nombres y la localización de todos los teatros que se encuentran en el Theater District.

DÓNDE DORMIR

Es posible que sea la zona de Nueva York donde más hoteles grandes se han construido en los últimos años, casi todos ellos pertenecientes a grandes cadenas y, por tanto, dentro de los circuitos de las grandes agencias. Todavía hay algunos en construcción en los alrededores de Times Square y es posible que en los próximos años sigan proliferando por la gran expansión que está experimentando toda el área. Por tanto, en la siguiente relación se obvian los más conocidos y *se refieren los más asequibles o algunos otros de especial interés histórico.*

THE ALGONQUIN (B3) **1**

59 de la 44th Street, entre Fifth Avenue y Sixth Avenue. Telf. (212) 840 68 00 y 800 555 80 00. Fax (212) 944 14 19. Precio: 250$ la habitación doble. No es barato, pero es uno de los "hoteles literarios" más clásicos. Su decoración, muy cuidada, está prácticamente igual que cuando Dorothy Parker o Bernard Shaw lo frecuentaban. Las habitaciones, naturalmente, están modernizadas. Tienen un cabaret y un bonito bar.

HOTEL METRO (C3) **2**

45 de la 35th Street, entre Fifth Avenue y Sixth Avenue. Telf. (212) 947 25 00 y 800 256 38 70. Fax (212) 279 13 10. Precio: 165-250$ la habitación doble. Dicen que es la mejor elección posible para alojarse en el centro de Manhattan. De estilo *art dèco*, con amplias y cuidadas habitaciones y una maravillosa vista del Empire State Building, es uno de los hoteles más solicitados.

HOTEL EDISON (B2) **3**

228 de la 47th Street, entre Eighth Avenue y Broadway. Telf. (212) 840 50 00 y 800 637 70 70. Fax (212) 596 68 50. Precio: 140$ la habitación doble; 155$ la triple y 170$ la cuádruple. Es uno de los mejores hoteles de la zona y, sin duda, con respecto a la relación calidad-precio, el mejor. Casi todas las habitaciones han sido remodeladas y tiene un bonito bar, el *Café Edison,* y una tabernita donde muchas noches hay espectáculos en vivo.

BELVEDERE HOTEL (B2) **4**

319 de la 48th Street, entre Eighth Avenue y Ninth Avenue. Telf. (212) 245 70 00 y 800/HOTEL58. Fax (212) 265 77 78. Es uno de los mejores, con una bonita decoración, habitaciones renovadas y bien amuebladas y todos los servicios. Está muy cerca de los teatros y rodeado de restaurantes de muy buen precio. Una habitación doble oscila entre 125 y 240$, dependiendo de la temporada, pero, en el peor de los casos tiene una buena relación calidad-precio.

RAMADA INN MILFORD PLAZA (B2) **5**

270 de la 45th Street, en la esquina con Eighth Avenue. Telf. (212) 869 36 00 y 800 221 26 90.

Fax (212) 398 69 19. Precio: 125-195$ la habitación doble. Lo más atractivo es su precio, que es barato para ser de la cadena Ramada. Es difícil encontrar habitación porque tiene contratos permanentes con grandes agencias y tripulaciones.

TRAVEL INN (C1) 6

515 de la 42nd Street, en la esquina con Tenth Avenue. Telf. (212) 695 71 71 y 800 869 46 30.
Fax (212) 265 77 78. Precio: 125-175$ la habitación doble. Tiene una de las cosas más difíciles de conseguir en Manhattan: aparcamiento gratuito. Por lo demás, es un hotel cómodo, limpio, de precios normales para su calidad e, incluso, un poco caro si se va en temporada alta. Tiene una buena localización.

HOTEL WOLCOTT (D3) 7

4 de la 31st Street, en la esquina con Fifth Avenue. Telf. (212) 268 29 00.
Fax (212) 563 00 96. Precio: 120$ la habitación doble. Fue uno de los grandes hoteles en los años veinte, aunque sólo el lobby conserva parte de la grandeza de lo que fue. Las habitaciones, sin embargo, son estándares, aunque con cuartos de baño más grandes de lo habitual. Lo más raro es que tiene lavadoras que funcionan con monedas.

BROADWAY INN (B2) 8

264 de la 46th Street, en la esquina con Eighth Avenue. Telf. (212) 997 92 00 y 800 826 63 00.
Fax (212) 768 28 07. Se ubica en el centro del Theater District, en una zona algo bulliciosa, pero las habitaciones están perfectamente insonorizadas. Es más pequeño que la media de esta zona y con más encanto. Las habitaciones son básicas, pero muy confortables, y los precios aceptables. El precio de una habitación doble oscila entre 115 y 170$ y hay suites por 195$, con microondas e incluso jacuzzi.

HERALD SQUARE HOTEL (D3) 9

19 de la 31st Street, entre Broadway y Fifth Avenue. Telf. (212) 727 18 88 y 800 643 92 08.
Fax (212) 643 92 08. Precio: 110-125$ la habitación doble. Es un poco antiguo y los cuartos de baño acusan algo el paso de los años. Las habitaciones son pequeñas y básicas, pero limpias. Lo mejor es su localización, al lago de los grandes almacenes y con vistas al Empire State Building.

PORTLAND SQUARE HOTEL (B2) 10

132 de la 47th Street, entre Sixth Avenue y Seventh Avenue. Telf. (212) 382 06 00 y 800 388 89 88.
Fax (212) 382 06 84. Precio: 110-120$ la habitación doble. Está al lado de los teatros y es de los estableci-

mientos antiguos, pero las zonas comunes han sido recientemente remodeladas y resultan muy agradables. Las habitaciones son pequeñas, pero cuentan con todos los servicios y los precios son aceptables.

Confort Inn Midtown (B2) **11**
129 de la 46th Street, entre Sixth Avenue y Broadway. Telf. (212) 221 26 00 y 800 567 77 20. Fax (212) 790 27 60. Precio: 109$ la habitación doble, aunque puede subir a más de 200$ en temporada alta. Ha sido remodelado en 1998 y todas las habitaciones son confortables. La situación es inmejorable, al lado de los teatros y del Rockefeller Center, y los precios, en temporada baja, son excelentes.

Quality Hotel & Suites Midtown (B3) **12**
59 de la 46th Street, entre Fifth Avenue y Sixth Avenue. Telf. (212) 719 23 00 y 800 567 77 20. Fax (212) 921 89 29. Situado entre el Rockefeller Center y Times Square,

este hotel, de 1902, está perfectamente remodelado y puede ser una buena elección. Las habitaciones son amplias y se puede pedir una cama supletoria, que no cobran, para menores de 19 años. Los precios oscilan mucho según la temporada, entre 109$ y 249$ por una habitación doble, pero se puede negociar si es para varios días.

Vanderbilt YMCA (B4) **13**
224 de la 47th Street, entre Second Avenue y Third Avenue. Telf. (212) 756 96 00. Fax (212) 752 02 10.
Es una de las residencias de la famosa organización YMCA y está situada en un sitio espléndido, al lado de la Estación Central, muy cerca de la Quinta Avenida, del edificio de las Naciones Unidas y todo lo que hay que ver en la zona. Los precios son buenos, pero hay que compartir cuarto de baño. Una habitación doble cuesta entre 75 y 85$, y hay suites, con baño dentro, a 125$.

DÓNDE COMER

Hay tantos locales donde comer o cenar, tantos delis y tantos establecimientos de comida rápida, que es imposible hacer una relación exhaustiva. Sólo dentro de la Grand Central hay más de una veintena y los alrededores de los teatros y de Times Square están llenos de restaurantes. Por tanto, a continuación se relacionan

los preferidos por los neoyorquinos, según la Guía Zagat, *y otros menos exclusivos, donde se come bien por un precio módico.*

Palm y Palm Too (B4) **1**
837 y 840 de Second Avenue, entre 44th Street y 45th

LA CALLE 42 Y SU ENTORNO

Street. Telf. (212) 687 29 53 y (212) 697 51 98. Palm Too *abre los domingos y no da cenas hasta tarde*. Palm *no abre los domingos y en el de 50th Street se puede cenar después del teatro*. Son dos restaurantes, uno al lado del otro, donde se come la mejor carne y la mejor langosta de todo Manhattan. Es, desde hace décadas, el preferido de los neoyorquinos a la hora de comer la mez-

cla del *steak* y la *lobster*. Sus dueños han abierto otro muy cerca de Theater District, en el número 250 de la 50th Street, entre Broadway y Eighth Avenue. Están siempre llenos. Una cena con solomillo y langosta cuesta unos 60$.

SPARKS STEAK HOUSE (B4) ❷
210 de la 46th Street, entre Second Avenue y Third Avenue. Telf. (212) 687 48 55. No abre los domingos y no sirve cenas tarde. Precio: 60$ la cena. La carne es exquisita, sobre todo el *sirloin*

LA NOCHE

Hay que distinguir en esta zona la animación nocturna del oeste de la animación nocturna del este. La primera tiene que ver con el ambiente de los teatros, con lo que queda, cada vez menos, de "pecaminoso", del cabaret y de los miles de turistas. En el tramo este, a la derecha de la Quinta Avenida, hay pocos sitios, y los que hay son frecuentados por los propios vecinos del barrio.

Birdland. *315 de la 44th Street, entre Eighth Avenue y Ninth Avenue. Telf. (212) 581 30 80. Horario: abre todos los días hasta las 3 h de la madrugada.* Es un buen club de jazz, en el que lo único que prima es la música. Su decoración es funcional, pero por él pasan los mejores grupos americanos y latinos. La primera copa cuesta 10$ y se pueden tomar más por 7$.

Bryant Park Grill. *25 de la 40th Street, entre Fifth Avenue y Sixth Avenue, detrás de la Biblioteca Pública de Nueva York. Telf. (212) 840 65 00. Horario: abre los domingos y cierra a las 24 h. Precio: 9$.* Lo mejor de este restaurante-bar es que en pleno centro de Manhattan se puede comer en un jardín, al que acuden profesionales y gente del mundo de la cultura. Se puede cenar por 40$.

Dit Kat Klub. *124 de la 43rd Street, entre Sixth Avenue y Broadway. Telf. (212) 819 03 77. Hora-*

y la carta de vinos extensa y de calidad. Es otro de los favoritos, aunque sus precios son elevados. Su clientela es bastante fija y hay que reservar.

FIREBIRD (B2) ❸

365 de la 46th Street, entre Eighth Avenue y Ninth Avenue. Telf. (212) 586 02 44. Abre los domingos y no sirve cenas tarde. Precio: 55$ la cena. Uno de los mejores rusos de la ciudad, con un ambiente encantador, buena cocina y estupendo vodka. El momento más animado es antes de la entrada de los

teatros. Es un verdadero lujo a un precio no barato, pero tampoco exagerado para su calidad.

OYSTER BAR (C3) ❹

En la estación Grand Central. Avenida Lexington, en la esquina con la 42nd Street.

rio: abre los fines de semana hasta las 4 h de la madrugada. Precio: 9$ la copa. Es un cabaret, estilo Broadway, pero tiene también un bar, en el piso de arriba, muy confortable. No todos los días hay actuaciones, pero la música es siempre animada y se llena de gente joven.

Don't Tell Mama. 243 de la 46th Street, entre Eighth Avenue y Ninth Avenue. Telf. (212) 757 07 88. Horario: abre todos los días hasta las 2 h de la madrugada y no acepta tarjetas de crédito. Precio: 7$ la copa. Es un cabaret, pero su vulgaridad es lo que define su atractivo. Ofrece actuaciones los siete días de la semana y son, a veces, los propios camareros los que actúan. No se cobra entrada.

Film Center Café. 635 Ninth Avenue, entre la 44th Street y la 45th Street. Telf. (212) 262 25 25. Horario: abre todos los días hasta las 4 h de la mañana y los domingos hasta las 2 h. Precio: 6$ la copa. Decorado al estilo de los años cincuenta, este bar-restaurante de la "Cocina del Infierno" es una especie de homenaje a Hollywood. Está siempre lleno y es buen lugar para ir en grupo porque tiene mesas grandes, cosa rara en Nueva York.

FireBird Café. 365 de la 46th Street, entre Eighth Avenue y Ninth Avenue. Telf. (212) 586 02 44. Horario: abre los domin-

gos y cierra a las *2 h de la madrugada. Precio: 9$ la copa.* Los propietarios, una baronesa rusa y su marido, han recreado el estilo de las mansiones de San Petersburgo antes de la Revolución para este restaurante-bar que se llena de gente a la salida del teatro. Hay actuaciones de piano, arpa y cabaret, y se puede tomar buen vodka y *blinis.*

La Nueva Escuelita. *301 de la 39th Street, en la esquina con Eighth Avenue. Telf. (212) 631 05 88. Horario: no abre los lunes y cierra a las 5 h de la madrugada. Precio: 7$ la copa.* Es un club, de ambiente gay, atrevido y un poco *underground.* Uno de sus atractivos son las *drag-queens* y la música latina. El ambiente es divertido y las señoras, de cualquier tendencia sexual, son bien recibidas.

Oak Room (Algonquin). *59 de la 44th Street, entre Fifth Avenue y Sixth Avenue. Telf. (212) 840 68 00.* Es el restaurante-cabaret de este histórico hotel, donde hace años se divertían William Faulkner o Dorothy Parker. Ofrece más de diez buenas marcas de whisky, y varios días a la semana tiene jazz en vivo y espectáculos de cabaret. Una copa cuesta 10$ y, a veces, se cobra una entrada de 35$.

Revolution. *611 Ninth Avenue, entre la 43rd Street y la 44th Street. Telf. (212) 489 84 51. Horario: abre todos los días hasta las 4 h de la madrugada. Precio: 6$ la copa.* Situado en el corazón de la "Cocina del Infierno", es un lugar al que acude habitualmente gente del mundo del espectáculo. Se puede bailar y la diversión está asegurada. Pero hay que llegar temprano porque es normal que haya cola.

44 (Royalton). *44 de la 44th Street, entre Fifth Avenue y Sixth Avenue. Telf. (212) 944 88 44. Horario: abre todos los días y cierra a las 24 h. Precio: 9$ la copa.* Es el bar-restaurante del hotel Royalton. Tiene un ambiente exclusivo y una moderna y cuidada decoración. Es más famoso por su excelente y cara

Telf. (212) 490 66 50. No abre los fines de semana y cierra a las 21.30 h. Precio: 45$. Es una verdadera institución en Nueva York y su visita es obligada, sobre todo para comer, aunque sólo sea por la gran variedad de sus ostras. El pescado es fresco y la langosta es excelente.

Tiene, además, una buena carta de vinos.

CARMINE'S (B2) ❺

200 de la 44th Street, entre Broadway y Eighth Avenue. Telf. (212) 221 38 00. No abre los domingos y da cenas hasta tarde. Precio: 30$ la cena. Es un italiano muy familiar, de exquisita cocina, con-

cocina, y por los martinis del "maestro" Philippe Starck.

Savoy Lounge. *355 de la 41st Street, en la esquina con Ninth Avenue. Telf. (212) 947 52 55. Horario: abre todos los días hasta las 4 h de la madrugada. Precio: 7$ la copa.* Habitualmente, hasta la hora de cierre tocan bandas de jazz y blues. El ambiente tiene el encanto del antiguo Broadway. Nada es sobrio en este establecimiento.

Supper Club. *240 de la 47th Street, entre Broadway y Eighth Avenue. Precio: 8$ la copa.* Es un clásico del distrito y sigue teniendo ese ambiente mágico de Broadway. La mayoría de la gente va a bailar, con el sonido directo de pequeñas orquestas, e incluso se dan clases a las 23 h.

Swing 46 Jazz Club. *349 de la 46th Street, entre Eighth Avenue y Ninth Avenue. Telf. (212) 262 95 54. Horario: abre todos los días hasta las 2 h de la madrugada.* Es otro clásico, en donde actúan grupos de jazz y de swing, y se puede bailar. Hay profesionales que dan clases y el ambiente es siempre animado. Se puede también comer, pero lo mejor son sus orquestas y sus bailarines.

Tje China Club. *268 de la 47th Street, entre Broadway y Eighth Avenue. Telf. (212) 398 38 00. Horario: no abre los domingos y cierra a las 4 h de la madrugada. Precio: 7$ la copa.* Es un club nocturno, que tiene dos pisos en los que se puede bailar. Acude a él gente de la industria del espectáculo y es un clásico de la zona, siempre lleno de gente. Hay que pagar una entrada de 20$.

siderado uno de los grandes, aunque de precio medio. Es difícil encontrar mesa y tiene el inconveniente de que no se admiten reservas para menos de seis personas.

HAMBURGUER HARRY'S (B2) ❻ *145 de la 45th Street, entre Sixth Avenue y Seventh Avenue. Telf. (212) 840 05 66.* *No abre los domingos y no sirve cenas tarde. Precio: 25$ la cena.* Aquí se come probablemente las mejores hamburguesas de la ciudad y, desde luego, de la zona de Times Square, y hay tacos mexicanos de calidad. Pero lo mejor es el precio.

LA CALLE 42 Y SU ENTORNO

MESKEREM (B1) ❼

468 de la 47th Street, entre Ninth Avenue y Tenth Avenue. Telf. (212) 664 05 20. Abre todos los días y cierra a medianoche. Precio: 22$ la cena. Es un etíope de precios asequibles. Está bien decorado y no tiene cubiertos; hay que comer con las manos, como mandan los cánones del país. Se puede pedir una combinación de platos de degustación.

LOS DOS RANCHEROS MEXICANOS (C2) ❽

507 Eighth Avenue, en la esquina con la 38th Street. Telf. (212) 868 77 80. Abre los domingos, no cierra tarde y no admite tarjetas de crédito. Precio: 20$ la cena. Es un mexicano auténtico, sin grandes pretensiones, pero con excelentes enchiladas, tacos y burritos. Todos los platos están muy bien preparados y los precios son muy asequibles.

JOHN'S PIZZERIA (B2) ❾

260 de la 44th Street, entre Broadway y Eighth Avenue. Telf. (212) 391 75 60. No abre los domingos para la cena y no cierra tarde. Precio: 20$ la cena. Hay otras tres pizzerías *John* en Manhattan, pero ésta tiene un especial encanto porque está instalada en una antigua iglesia *gospel*. Su gran éxito se debe a la excelencia de la pasta. Es un poco más cara que otras, pero vale la pena.

MANHATTAN CHILI CO (B2) ❿

1.500 Broadway, en la esquina con la 43rd Street. Telf. (212) 730 86 66. Abre los domingos y cierra sobre las 22.30 h. Precio: 20$ la cena. Está en el centro del Theater District y tiene una gran variedad de *"chilis"*. Es un tejano-mejicano típico, con *burritos*, hamburguesas, ensaladas, todo a precios muy asequibles.

SAPPORO (B2) ⓫

152 de la 49th Street, entre Sixth Avenue y Seventh Avenue. Telf. (212) 869 89 72. Abre los domingos y no acepta ni tarjetas de crédito ni reservas. Es un buen japonés, famoso por su excelente *gyoza,* un plato de cerdo. Pero tiene otros muchos platos, todos auténticos y de buena calidad a un precio más que moderado. Los platos principales no suben de 10$ y se puede cenar por 20$.

AVISO

El número y las letras que acompañan a los establecimientos aquí reseñados hacen referencia a su situación en los planos. Por ejemplo, **SAPPORO** (B2) ⓫, significa que dicho restaurante se encuentra situado en el plano de Midtown de día que aparece en las páginas 172-173, en la cuadrícula (B2), señalado con el número ⓫.

MIDTOWN, DEL ROCKEFELLER CENTER A LA CALLE 57

La posibilidad de que se edifique o se remodele en este barrio es escasa. Los establecimientos y las oficinas son las de siempre, por lo que parece que el Midtown es uno de esos lugares a los que el paso del tiempo no parece afectar.

Se puede estar diez años sin volver a Manhattan y encontrarse que todo ha cambiado, excepto este Midtown y el barrio que se extiende al norte, en los alrededores de Central Park.

Este hecho no quiere decir que sea un distrito sin interés, todo lo contrario: en él está el Museo de Arte Contemporáneo (MOMA), y en él, también, se halla el grupo más grande de rascacielos, los verdaderos monumentos de la Gran Manzana.

TRANSPORTES

Metro: para ir al Rockefeller Center, líneas B, D, F y Q, estación 50 Street-Sixth Avenue. Para ir a las avenidas Madison, Park y Lexington: líneas 4, 5 y 6, estación Lexington Avenue-42 Street o 53 Street.

VISITA

Pocos barrios en Nueva York son tan inamovibles, tan estables, tan de clase alta y media alta como éste. Del Rockefeller Center al río East y desde la 49th Street (calle 49) a la 57th Street (calle 57), el centro de la ciudad, las sorpresas son improbables.

UN PASEO ENTRE RASCACIELOS

Lo mejor es empezar el paseo por el **Rockefeller Center,** el conjunto de edificios, construidos por el hijo del magnate del petróleo John D. Rockefeller entre los años 1932 y 1940, que comprende el área que se extiende desde la 47th Street a la 52nd Street y de la Fifth Avenue (Quinta Avenida) a la Sixth Avenue (Sexta Avenida o de las Américas).

Se trata de un conjunto arquitectónico de 19 edificios, 12 de ellos rascacielos, con terrazas ajardinadas, centro comercial, lujosos vestíbulos subterráneos y una plaza, que representa el símbolo de la Navidad en Manhattan. Su inmenso árbol iluminado y, a sus pies, los neoyorquinos patinando en la pista de hielo, es quizá una de las imágenes que más se han recogido en el cine

y que sigue atrayendo a los curiosos de dentro y fuera de Nueva York.

Subiendo por Fifth Avenue, por la acera de la izquierda, lo primero que llama la atención, a la altura de la 49th Street, son los **Channel Gardens** (Jardines del Canal), que separan la **Maison Française** y el **British Empire Building.** Frente a ellos se extiende una plaza inferior, la **Lower Plaza,** donde se patina en invierno y se puede comer al aire libre en verano.

La Lower Plaza se extiende frente al edificio central, el **GE (General Electric) Building,** de 300 m de altura, con la famosa estatua dorada de *Prometeo.*

El edificio, decorado en su interior con obras de José María Sert, presenta también una decoración *Art Déco,* propia de los años treinta. En el vestíbulo se puede adquirir gratis una guía de todo el conjunto y, si el bolsillo lo permite, comer en el restaurante de la planta 65, el **Rainbow Room,** para contemplar la maravillosa vista de los rascacielos del Midtown.

La cadena de televisión NBC tiene aquí su sede y se puede visitar previo pago. Pero lo mejor es ver grabar un programa. Las

entradas, en este caso, son gratuitas, solicitándolas en el vestíbulo, pero hay que madrugar un poco porque los mejores espacios se graban antes de las 9.30 de la mañana.

De vuelta a Fifth Avenue, entre la 50th Street y la 51st Street, se halla otro de los rascacielos del complejo, el **Internacional Building.** Frente a él destaca la famosa estatua de *Atlas.*

Entrando por la 50th Street hacia la izquierda, es decir, hacia el oeste, nos encontramos con el **Radio City Music Hall** *(visita guiada cada media hora; entrada: 13,75$),* el teatro más grande de América. Se construyó en 1932, es de estilo *art dèco* y tiene 6.000 localidades. Se recomienda intentar ver alguno de sus espectáculos.

En Sixth Avenue, entre la 52nd Street y la 53rd Street, un rascacielos de color negro, la **Roca Negra,** indica que se está ante la sede de la CBS, otra de las grandes cadenas de televisión. En el edificio se halla instalado el **Museo de la Televisión y la Radio** *(visita previo pago; entrada: 6$).*

Por una galería comercial que hay en el propio edificio, se accede a la 53rd Street, donde, en el número 11, está situado el **Museo de Arte Moderno,** conocido popularmente como **MOMA** *(telf. 212/708 94 00. Visita: excepto miércoles, de sábado a martes, de 10.30 h a 18 h; jueves y viernes, de 10.30 h a 20 h. Entrada: adultos, 9,50$; estudiantes, 6,50$; los viernes de 16.30 h a 20 h se puede entrar gratis. Los menores de 16 años no pagan si van acompañados de un adulto. Para llegar al MoMA se pueden coger las líneas E y F hasta Fifth Avenue o las líneas B, D, F y Q hasta la 50th Street/Rockefeller Center).*

Este museo es uno de los más visitados de Nueva York y, casi con seguridad, se podría decir que se trata del único museo que ven quienes van a Nueva York escasos de tiempo. Por tanto, no hay que asustarse por la gran cantidad de gente que llena su vestíbulo. Hay que calcular, al menos, dos horas, si las colas no son muy grandes.

El museo se encuentra en período de remodelación y ampliación, pero no está cerrado ni se va a cerrar, aunque haya salas que no puedan verse. Lo primero que hay que hacer, por tanto, es entrar en el vestíbulo, donde está el restaurante, la tienda de regalos y la sala de vídeo o cine, y preguntar en los mostradores lo que no se puede ver.

En la *planta baja* está el fantástico **Abby Aldrich Rockefeller Sculpture Garden** (Jardín de la Esculturas), con obras de Picasso *(Cabra),* Rodin *(Monumento a Balzac),* Matisse, Calder y Moore, así como un mural de Miró. Tras subir la escalera mecánica, se accede a lo que, verdaderamente, es el museo.

En esta *primera planta* se expone una muestra maravillosa del postimpresionismo, Van Gogh, Gauguin, Cézanne, Rousseau, y de los cubistas, como Juan Gris, Braque y Picasso, que tiene aquí una buena muestra de toda su obra, en la que destaca *Las señoritas de Avignon* y dos preciosas esculturas: *Guitarra* y *Vaso de absenta.* Monet está representado con *Nenúfares.* Pero hay también piezas maestras de Chagall, los expresionistas alemanes, Mondrian, y una enorme sala dedicada a Matisse y sus bailarinas.

Se pueden admirar pinturas de Klee, Kandinsky, Chirico, Miró, Magritte y Dalí, antes de subir a la *segunda planta* para con-

MIDTOWN, DEL ROCKEFELLER CENTER A LA CALLE 57

templar las obras, expuestas cronológicamente, de los artistas norteamericanos: Andrew Kyeth, Edward Hopper, Pollock, De Kooning, expuestas con las obras tardías de Miró y Matisse. Hay también obras de Rothko, Motherwell *(Elegía a la República española),* y, por último, una muestra de *pop art,* representada por Jasper Johns, Robert Rauschenberg o Claes Oldenburg.

La **tercera planta** está dedicada a la arquitectura y el diseño. Hay maquetas de Frank Lloyd Wright, Le Corbusier y Mies van der Rohe. La zona dedicada al diseño es especialmente curiosa, con obras de Tiffany, muebles *art nouveau* y una gran cantidad de utensilios que se usan en la vida cotidiana pero que, en algún momento, fueron diseñados por artistas, empeñados en mejorar la belleza de nuestras casas.

No hay que olvidar, como en ningún museo de Nueva York, sus exposiciones monográficas y sus actividades de cine, vídeo y música. En general, los museos neoyorquinos son muy activos y la gente participa y los visita más allá de su carácter puramente expositivo. Se aconseja, por tanto, solicitar información al respecto y elegir el día y la hora, dependiendo del programa.

Cruzando Fifth Avenue y, ya en el este, en la misma 53rd Street hay un pequeñísimo **parque,** con una cascada, que los neoyorquinos utilizan para tomar el sandwich.

Una vez en Madison Avenue, tras subir dos manzanas, en la 55th Street está situado el **Sony Building,** también llamado AT&T Headquarters, modernista, pero con un remate de estilo Chippendale. Junto a él puede verse el **IBM Building,** y su patio cerrado rebosante de plantas.

Prosiguiendo se llega a **Park Avenue,** la más lujosa de Nueva York desde 1929. Las sociedades anónimas más importantes tienen su sede aquí y la mayoría de los edificios rezuman dinero. Es la única avenida con seto en medio, pero éste detalle no es su atractivo.

Lo que hace de Park Avenue una vía única es su impresionante vista hacia el sur, cerrada por el **New York Central Building,** un rascacielos con vestíbulo rococó y una divertida cúpula, que interrumpe la avenida.

En su día este edificio estuvo sólo, pero, a partir de 1963, se construyó detrás uno mucho más alto, el Pan Am, llamado en la actualidad **Met Life,** cuya mole hace que el New York parezca un "pequeño edificio".

Entre la 53rd Street y la 54th Street destaca el rascacielos **Lever House,** de 1952, y entre la 52nd Street y la 53rd Street, el **Seagram Building,** de 1958. En la 51st Street, como aprisionada por el grupo de rascacielos, está la **iglesia de St. Bartholomew,** de estilo neobizantino. Su escasa altura contrasta con los edificios que la rodean.

Siguiendo un poco hacia el sur, se llega hasta el hotel más conocido y, quizá, más lujoso, aunque no el más caro de Manhattan: el **Waldorf-Astoria.** Se trata de un inmenso edificio *art dèco,* que ocupa todo una manzana, desde la 50th Street a la 49th Street y desde Park Avenue a Lexington Avenue. Vale la pena entrar y tomar una copa en su elegante bar.

WALDORF-ASTORIA, UN LUJO ASEQUIBLE

No es sólo que el Waldorf-Astoria, con todo su *glamour,* sea un hotel relativamente asequible para mucha más gente que la mayoría de los hoteles de lujo de Manhattan, es que su bar, bellísimo, es un lugar de encuentro no sólo para los visitantes, sino para muchos neoyorquinos. El bar se llama **Waldorf-Astoria Cocktail Terrace** y se accede a él a través del *lobby* de Park Avenue, que también tiene su encanto.

Es un lugar refinado, con un servicio especialmente amable y un ambiente tranquilo y confortable, como para poder charlar. Los habituales de este elegante salón suelen ir por la tarde a tomar el té o, antes de la cena, para probar los maravillosos cócteles, elaborados por expertas manos de profesionales. Los martes y los sábados hay música a cargo del pianista Daryl Sherman y, cuyo repertorio, es a menudo la música de Cole Porter. Es difícil ver a alguien vestido de sport. Así que el día que os decidáis a ir vestíos discretos. No hace falta ir de fiesta, pero ese día uníos a los elegantes y disfrutad de la música y de las copas. No os arruinaréis. Lo sorprendente de este bar es que la consumición cuesta 2 o 3$ más que en el resto de los lugares de Nueva York. Entre 7 y 10$ la copa, todo un lujo asequible, si se tiene en cuenta que en el cualquier bar modesto no se sirve nada por menos de 5$.

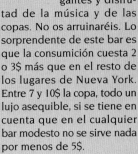

MIDTOWN, DEL ROCKEFELLER CENTER A LA CALLE 57

Si la visita a Park Avenue se realiza en horas punta, bien sea a la hora del *lunch* o a las cinco, cuando se sale de las oficinas, no hay que perderse este espectáculo; es sobrecogedor. Los ascensores de los rascacielos expulsan cientos, miles de personas que, precipitadamente, se dirigen a las estaciones de metro o a la cercana estación de tren **Grand Central.** En menos de una hora la avenida se despeja y se puede seguir paseando con tranquilidad, pero durante esa media hora los miles de personas que llenan sus aceras casi producen pavor.

Más al este está **Lexington Avenue,** donde, entre la 53rd Street y la 54th Street, destaca un bonito y moderno rasca-

cielos, el **CItIcorp Center,** de 1977, que tiene un gran patio con restaurantes, tiendas y, en ocasiones, música en vivo a la hora del *lunch.* Si no se ha visitado el Museo de Arte Moderno, quizá quede tiempo y ganas de volver a la Quinta Avenida para intentar comprar algo en sus exclusivas tiendas.

Enfrente del Rockefeller Center se encontrará el lujoso almacén **Saks Fifth Avenue,** entre la 49th Street y la 50th Street, y en la 51st Street, la **catedral de San Patricio,** una perfecta imitación del gótico, pero construida en 1888. La catedral resulta bastante espectacular, pero lo más impresionante es el reflejo de ésta en el edificio negro de cristal situado al otro lado de la 51st Street, donde se encuentran los lujosos apartamentos **Olympic Tower.**

A partir de aquí, las tiendas de lujo se suceden en la acera de la derecha: **Cartier** está en la esquina de la 52nd Street; **Rolex,** en la 53rd Street; **Fortunoff** y **Gucci,** entre la 53rd Street y la 54th Street; **Christian Dior,** en la 55th Street, y cruzando, la gran tienda de **Disney** y el **Coca-Cola Store. Tiffany & Co.,** la maravillosa joyería **[pág. xxx],** está en la esquina de la 57th Street, y en la acera de la izquierda, entre la 52nd Street y la 53rd Street, se halla **Ted Lapidus.**

Cruzando la calle, se encuentra la **iglesia** episcopal **de St. Thomas,** de 1911. Entre la 54th Street y la 55th Street se halla el **Takashimaya New York,** un elegantísimo almacén japonés, en el que merece la pena tomar un té.

La **Fifth Avenue Presbyterian Church,** un templo de 1875, está situado en la esquina de la 55th Street, y al lado se ha instalado **Henri Bendel,** el creador de ropa femenina, y **Harry Winston,** otra espectacular joyería. Y el lujo continúa hasta la 58th Street, en donde destaca la **Grand Army Plaza,** donde están aparcados los conocidos coches de caballos para dar una vuelta por Central Park. En este tramo se suceden **Chanel, Hermes, Burberry,** las boutiques **Bergdof Goodman,** la joyería **Van Cleef & Arpels,** la tienda de la **Warner Brothers** y un largo etcétera de establecimientos dedicados al consumo y al *glamour.*

Después de "embobarse" con los escaparates más espectaculares de la ciudad y de comprobar que casi nada se puede comprar, no hay que dejar de entrar en la 57th Street, para, si es posible, descansar un rato en el maravilloso **Russian Tea Room,** en el número 109, y llegar hasta Seventh Avenue para ver el **Carnegie Hall,** el que fue desde 1981 el templo de la música clásica y en el que todavía se celebran fantásticos conciertos. Hay visitas guiadas y, si no hay ensayo, se puede entrar por la 56th Street y echar un vistazo.

DÓNDE DORMIR

Seguramente, en el tramo que comprende de la 49th Street a la 59th Street se encuentra la mayor concentración de hoteles de todo Manhattan. Todas las grandes cadenas tienen instalados hoteles en él, y también aquí se encuentran algunos de los más lujosos.

A continuación, no se mencionan los que entran en los circuitos de las grandes agencias, pero sí se destacan el famoso Waldorf y los que, por su moderado precio, vale la pena tener en cuenta.

WALDORF-ASTORIA (B3) **14**
301 Park Avenue, en la esquina con la 50th Street. Telf. 1 800WALDORF y (212) 355 30 00. Fax (212) 872 72 72. Más que un hotel, es uno de los mejores monumentos art

dèco de la ciudad; además, lo que se llama el Waldorf Tower, es probablemente lo más exclusivo y donde se hospedan generalmente los jefes de Estado y algunas personalidades. Si no es posible hospedarse en él, hay que verlo. Tiene habitaciones carísimas, por encima de los 350$, pero también hay algunas que son más baratas que en otros hoteles de lujo sin tanto renombre: se puede conseguir una habitación por 250$.

MICHELANGELO (B2) **15**
152 de la 51st Street, entre Sixth Avenue y Seventh Avenue. Telf. (212) 765 05 05 y 800 237 09 09. Fax (212) 541 66 04. Precio: 300$ la habitación doble;

a veces, hay descuentos de fin de semana. Nada barato, pero es una preciosidad. Es un palacio en Broadway, con mármoles en el vestíbulo y enormes habitaciones, *suites* estilo *Art Déco,* otras de estilo francés. Si os podéis permitir sus precios es una buena elección.

WELLINGTON HOTEL (A2) **16**
871 Seventh Avenue, en la esquina con la 55th Street. Telf. (212) 247 39 00 y 800 652 12.
Fax (212) 581 17 19. Está todo renovado. Tiene 700 habitaciones, dos restaurantes y todo tipo de servicios, y la localización es perfecta. Está al lado del Carnegie, del MOMA, del Radio City..., y para su categoría tiene los mejores precios. Tiene diferentes tipos de habitaciones, todas con baño y todas a menos de 230$.

THE WYNDHAM (A3) **17**
42 de la 58th Street, entre Fifth Avenue y Sixth Avenue. Telf. (212) 753 35 00 y 800 257 11 11.
Fax (212) 754 46 38. Precio: 140-255$ la habitación doble, y 180-225$ una suite. Es una de las mejores elecciones del Midtown, en la Quinta Avenida y junto a Central Park. Las habitaciones son amplias y confortables y la decoración está cuidada. Además, el trato es especialmente amable. Lo mejor, sin embargo, son los precios.

PICKWICK ARMS HOTEL (B4) **18**
230 de la 51st Street, entre Second Avenue y Third Avenue. Telf. (212) 355 03 00. Fax (212) 755 50 29. Precio: 125-160$ la habitación doble.
Teniendo en cuenta lo caro que es el este de Midtown y, en especial, el tramo donde está situado este hotel, sus precios son los mejores. Las habitaciones son cómodas y los cuartos de baño están bien, aunque sólo tienen ducha.

HABITAT HOTEL (A3) **19**
130 de la 57th Street, en la esquina con Lexington Avenue. Telf. (212) 753 88 41 y 800 255 04 82.
Fax (212) 829 96 05. Precio: 110$ la habitación doble. Es nuevo y mucho más atractivo que la mayoría de hoteles de su categoría y la ubicación no puede ser mejor. Tiene un bonito comedor con cristaleras que dan a la calle. Las habitaciones dobles son muy amplias, con dos camas grandes.

PARK SAVOY HOTEL (A2) **20**
158 de la 58th Street, entre Sixth Avenue y Seventh Avenue. Telf. (212) 245 57 55. Fax (212) 765 06 68.
Precio: 85-155$ la habitación doble. Lo han renovado recientemente y las habitaciones y los cuartos de baño –sólo con ducha– son muy agradables. Lo mejor, desde luego, es su localización, a un bloque de Central Park y su precio.

DÓNDE COMER

Probablemente, sea esta zona la que tiene mayor número de restaurantes buenos, de alta cocina, de los mejor considerados por las guías gastronómicas. Pero quizá también sea el sector que tiene más establecimientos de todo tipo.

El alto nivel de su vecindario, la proximidad a las tiendas más lujosas y el elevado porcentaje de gente que trabaja en el Midtown hace de esta zona el lugar más fácil para comer o cenar, a precios altos, medianos y bajos. A continuación, se destacan los restaurantes verdaderamente buenos y caros y, después, los baratos de calidad.

LE BERNARDIN (B2) ⑫

364 de la 51st Street, entre Sixth Avenue y Seventh Avenue. Telf. (212) 489 15 15. Precio: 80$ la cena, pero se puede comer por 45$. Dicen que es el mejor restaurante de Nueva York par comer pescado y su chef Eric Riperts ha recibido numerosos galardones. Las guías especializadas hablan de él como del "templo francés del pescado".

LE CIRQUE 2000 (B3) ⑬

455 Madison Avenue, entre la 50th Street y la 51st Street, en el hotel Palace. Telf. (212) 303 77 88. Abre los domingos y no sirve cenas tarde. Precio: 80$, la cena. Es otro de los preferidos. Lujosísimo, decorado con brillantes colores, con clientela super-rexclusiva y excelente cocina francesa. Los neoyorquinos dicen que es un restaurante hecho a la medida de la glamurosa Nueva York. Hay un menú a mediodía que cuesta unos 25$.

LA CÔTE BASQUE (A3) ⑭

60 de la 55th Street, entre la Fifth Avenue y Sixth Avenue. Telf. (212) 688 65 25. Abre los domingos y no sirve cenas tarde. Precio: 75$ la cena. Es un magnífico restaurante francés, en el que todo es perfecto: cocina, servicio y decoración. Como corresponde a su gran categoría, su precio es alto, pero tiene un menú de mediodía que cuesta menos de 40$.

FOUR SEASONS (B3) ⑮

99 de la 52nd Street, entre Park Avenue y Lexington Avenue. Telf. (212) 754 94 94. No abre los domingos y no da cenas tarde. Precio: 75$ la cena, pero se puede comer por menos. Es uno de los restaurantes más notables de la ciudad no sólo por su

excelente cocina continental y su servicio, sino por su decoración, con murales de Picasso y esculturas de Richard Lippold.

FELICIA (A3) ⑯

243 de la 58th Street, entre Second Avenue y Third Avenue.Telf. (212) 758 14 79. No abre los domingos y no sirve cenas tarde. Precio: 65$ la cena. Famosísimo italiano con una decoración clásica, toda de madera, exquisita comida y una espectacular carta de vinos. Su propietaria, la italiana Lidia Bastianich, es una institución.

AQUAVIT (A3) ⑰

13 de la 54th Street, entre Fifth Avenue y Sixth Avenue. Telf. (212) 307 73 11. Abre los domingos y no sirve cenas tarde. Precio: 60$ la cena. Es un sofisticado escandinavo que sirve el mejor salmón de la ciudad. Tiene un servicio impecable, y el local es una belleza. Las raciones no son muy grandes y su precio es más bien alto.

MOLYVOS (A2) ⑱

871 Seventh Avenue, entre 55th Street y la 56th Street. Telf. (212) 582 75 00. Abre los domingos y sirve cenas tarde. Precio: 45-50$ la cena. Es una auténtica taberna griega, muy famosa, que prepara y sirve platos con exquisito gusto. Hay excelente *musaka* y, en general, está bien hecho todo. Es el griego preferido por los neoyorquinos.

LA BONNE SOUPE (A3) ⑲

48 de la 55th Street, entre Fifth Avenue y Sixth Avenue. Telf. (212) 586 76 05. Abre los domingos y sirve cenas tarde. Precio: 25$ la cena. Es un *bistró* francés que sirve buenas sopas y muy buenas *fondues*. Suele haber franceses cenando porque su relación calidad-precio es espléndida. Tiene postres recomendables y, naturalmente, vino.

SIAM INN TOO (B2) ⑳

854 Ninth Avenue, entre la 51st Street y la 52nd Street. Telf. (212) 757 40 06. Abre los domingos y sirve cenas hasta tarde. Precio: 25$ la cena. Tiene buena cocina *thai*, con platos verdaderamente deliciosos, como algunas sopas y el pollo *satay*. El local es muy agradable y el servicio muy amable. Es uno de los restaurantes tailandeses que hay que destacar, también, por su precio.

ISLAND BURGERS & SHAKES (B2) ㉑

766 Ninth Avenue, entre la 51st Street y la 52nd Street. Abre los domingos, no sirve cenas tarde y no acepta tarjetas de crédito. Precio: 15$. Tiene una selección de sándwiches, hamburguesas y ensaladas verdaderamente exquisitas y las mejores patatas fritas de la ciudad.

ESS-A-BAGEL (B4) ㉒

831 Third Avenue, en la esquina con la 51st Street.

Telf. (212) 980 10 10. Abre los domingos y no da cenas tarde. Precio: 10$. Es un típico *deli* que sirve un delicioso salmón ahumado con crema, a la manera *kosher*, y con un pan siempre recién hecho. Y tiene otras cosas para elegir, todo a la manera de los *"delis"*.

SOUP KITCHEN
INTERNATIONAL, AL'S (A2) ㉓
259 A de la 55th Street, on tre Broadway y Eighth Avenue. Telf. (212) 757 77 30. No abre los domingos, no sirve cenas tarde y no admite tarjetas de crédito. Este baratísimo restaurante figura en la *Guía Zagat* como uno de los preferidos de los neoyorquinos, a pesar de que hay que esperar cola y de que su propietario Al Yeganeh tiene siempre prisa y no te deja respirar. Pero es una institución y sus sopas son exquisitas. Hay que procurar llegar después de las 14 h para evitar estas prisas. Las sopas cuestan entre 6 y 16$.

COMPRAS

Hablar de compras en esta zona de la ciudad, de puro obvio, resulta difícil. En este tramo de la Quinta Avenida y de la Avenida Madison hay seguramente la mayor concentración de tiendas de lujo de todo Manhattan. No hay una sola marca francesa, italiana o americana, todas de elevados precios, que no tengan aquí su santuario. Las joyerías más grandes y más lujosas se suceden como si todo el mundo en el Quinta Avenida fuera millonario e, incluso, los niños, con los almacenes Disney y el de la Warner pueden convertirse en pequeños monstruos del consumo.

Si lo que se quiere es gastar dinero, entre la 48th Street y la 59th Street pueden dejarse los ahorros de todo una vida en menos de una hora. Seleccionar tiendas de precios asequibles es ya otra historia, y eso es lo que se pretende a continuación.

BLOOMINGDALE'S
1.000 de Third Avenue, en la esquina de la 59th Street. Es el no va más de los almacenes neoyorquinos. Sus secciones de ropa, de accesorios y de comida son de tal variedad y están decoradas con tanto gusto que son un espectáculo en sí mismas. Con una primera ojeada no parece que aquí se pueden encontrar cosas baratas, pero se

¡SED VALIENTES, COMPRAD EN TIFFANY'S!

Podéis hacer como Audrey Hepburn en *Desayuno con diamantes* y limitarse a clavar los ojos en el escaparate, pero también podéis entrar y, aunque parezca mentira, incluso comprar.

Mirar las vitrinas de la calle no es ninguna pérdida de tiempo, porque son verdaderamente curiosas, siempre con una sola joya en cada ventana y con una decoración, generalmente, firmada por el artista. Y, además, se cambian a menudo, brindando así un espectáculo nuevo.

Pero lo importante es entrar. No hay por qué intimidarse por la cantidad y la calidad de las piedras preciosas que hay en los mostradores de cristal, ni por la elegancia y la amabilidad de sus dependientes.

Sonreíd, cruzad el impresionante primer piso y subid por las escaleras del fondo, al segundo piso.

Allí hay objetos de plata, pequeños, diseño Tiffany's, y si os interesáis por ellos seréis tratados como si fuerais a comprar un diamante de varios millones.

Y otra cosa: las bolsas de la tienda, de color azul claro, son las mismas si os lleváis una pequeñez de plata que una joya, así que gastándose menos de 50$ se puede presumir igualmente por la calle.

encuentran. *Bloomingdale's* tiene siempre rebajas en todos sus departamentos y algunas son espectaculares: corbatas de Armani por 25$ y camisas por 55$, abrigos de Ann Klein de 400$ a 125$ y así en todos los departamentos. Si se busca es difícil salir sin comprar.

BROADWAY COMPUTER & VIDEO

1.623 Broadway, entre la 49th Street y la 50th Street. En esta tienda se encontrará, a muy buenos precios, todo tipo de equipamientos para ordenadores, vídeos, cámaras digitales, etc. Tiene una amplia oferta y unos precios absolutamente competitivos. Abre todos los días del año.

DAFFY'S

125 East 57th Street, cerca de Fifth Avenue. Es la tienda de descuento de la que se habló en la sección de Compras del Soho. En ella, como en la del Soho, todas las marcas –está especializada en diseño italiano– están rebajadísimas y es una tienda muy concurrida por los viajeros, sobre todos españoles.

LA NOCHE

Como lo lógico es hospedarse en el Midtown y, más concretamente en el sector oeste, sobre todo si se ha contratado viaje y hotel en una agencia, dar información de los locales nocturnos de esta zona es especialmente útil, porque se puede ir a todos andando. Hay muchos locales, pero es totalmente distinto el ambiente del oeste al del este. En el primero hay más música en vivo, más cabarets, más bullicio. Los locales del este, en algunas ocasiones, son fantásticos, disponen de restaurante, y tienen un ambiente mucho más sofisticado, pero también más tranquilo y más convencional. En algunos de ellos exigen chaqueta para entrar.

Au bar. *41 de la 58th Street, entre Park Avenue y Madison Avenue. Telf. (212) 308 94 55. Horario: abre todos los días y cierra a las 4 h de la madrugada. Precio: 8$ la copa.* Es uno de los mejores clubs de Nueva York. Tiene un ambiente refinado, con alfombras persas, cuadros en las paredes y una clientela sofisticada. Se puede bailar, siempre música melódica y también comer.

Le Bar Bat. *311 de la 57th Street, entre Eighth Avenue y Ninth Avenue. Telf. (212) 307 72 28. Horario: abre a diario hasta las 4 h de la madrugada. Precio: 7$ la copa.* Tiene tres niveles, cada uno de ellos con un ambiente diferente. Ha sido uno de los más famosos, aunque en la actualidad haya perdido parte de su éxito. En este local ha tocado, por ejemplo, el grupo que acompañaba a Rod Stewart.

Bill's Gay Nineties. *57 de la 54th Street, entre Park Avenue y Lexington Avenue. Telf. (212) 355 02 43. Horario: abre hasta la 1.30 h de la madrugada y cierra los domingos. Precio: 7$ la copa.* Inaugurado en 1890, fue un *"speakeasy"* y ha sido durante años una institución de la noche neoyorquina. Se puede comer y en el segundo piso hay *Dixieland jazz* los lunes y el resto de los días un espectáculo de cabaret.

Bistro Latino. *1.711 Broadway, en la esquina con la 54th Street. Telf. (212) 245 70 99. Horario: cierra a las 2 h de la madrugada, los fines de semana a las 4 h y no abre los domingos. Precio: 7$ la copa.* Se puede comer y bailar y los fines de semana tiene música en vivo e incluso lecciones de *cha, cha, cha* y otros sones del Caribe. Su clientela es fundamentalmente latinoamericana y se empieza a animar a las 10 de la noche.

Caroline's. *1.626 Broadway, entre la 49th Street y la 50th Street. Telf. (212) 956 01 01. El horario varía según los* días. *Precio: 7$.* Es uno de los más populares y prestigiosos locales de comedia y en él actúan personajes consagrados y nuevos valores. Las obras son siempre divertidas. Si no se cena hay que tomar, como mínimo, dos copas por persona y algo de picar.

Club 21. *21 de la 52nd Street, entre Fifth Avenue y Sixth Avenue. Telf. (212) 582 72 00. Horario: viernes y sábado cierra a las 2 h de la madrugada y el resto de la semana a las 0.30 h. No abre los domingos. Precio: 10$ la copa.* Fue un *speakeasy* (bar clandestino durante la prohibición), frecuentado nada menos que los escritores Steimbeck, Hemingway y Dorothy Parker, y los actores Cary Grant y Joan Crawford, entre otros. Actualmente, es un bar-restaurante, con sala de fumadores, comedores y sala de juegos. Es caro y no dejan entrar sin chaqueta y corbata.

Copacabana. *617 de la 57th Street, entre Eleventh Avenue y Twelfth Avenue. Telf. (212) 582 26 72. Horario: cierra todos los días a las 4 h de la madrugada y los domingos, a las 2 h. Precio: 7$ la copa.* Es un sitio del barrio y para el barrio al que se acude a bailar ritmos latinos como si se tratara de verdaderos profesionales. Se puede comer a altas horas de la madrugada, tiene una fantástica música en vivo y, sólo con mirar, la diversión está asegurada.

Divine Bar. *244 de la 51st Street, entre Second Avenue y Third Avenue. Telf. (212) 319 94 63. Horario: abre todos los días y cierra a las 4 h de la madrugada. Precio: 7$ la copa.* Ha sido instalado en una antigua sinagoga y su especialidad es el vino, que se puede pedir por vasos y por botella. Su carta de vinos es una maravilla. El ambiente es refinado: ejecutivos con alto nivel adquisitivo. Las tapas son estupendas.

Float. *240 de la 52nd Street, entre Broadway y Eighth Avenue. Telf. (212) 581 00 55. horario: de lunes a sábados está abierto hasta las 4 h de la madrugada. Cierra los domingos. Precio: 8$ la copa.* Es uno de los favoritos, hasta el punto de que ya se denomina el nuevo Club 54. Se viene a bailar y está lleno de "gente maravillosa". Es en estos momentos uno de los clubs más *"chic"* de la ciudad.

Flute. *205 de la 54th Street, entre Broadway y Seventh Avenue. Telf. (212) 265 51 69. Horario: viernes y sábados cierra a las 4 h de la madrugada y el resto de los días sobre la 1 h. Precio: 9$ la copa.* Fue un antiguo *"speakeasy"*, de estilo francés, lujoso e íntimo. Ofrece 100 marcas de champán y mantiene todo el encanto de los años veinte. Aquí se viene sólo a charlar.

Julie's. *204 de la 58th Street, entre Second Avenue y Third Avenue. Telf. (212) 688 12 97. Horario: abre todos los días hasta 4 h de la madrugada y no admite tarjetas de crédito. Precio: 6$ la copa.* Es un bar de lesbianas de mediana edad, de buena posición en su mayoría, aunque, naturalmente, pueden entrar hombres. Este bar y el de al lado, el *Townhouse*, de gays, son quizá los únicos de Midtown con una clientela fija de "ambiente".

King Kole Bar. *2 de la 55th Street, entre Fifth Avenue y Madison Avenue, en el hotel St. Regis. Telf. (212) 339 67 21. Horario: abre todos los días hasta las 2 h y los domingos hasta la 1 h de la madrugada. Precio: 11$ la copa.* Es otro de los más famosos, de los elegantes, y tiene un ambiente más clásico que *snob*. Es el lugar perfecto para tomar una copa antes de cenar, por sus espléndidos Bloody Mary. Para entrar exigen ir con chaqueta.

Monkey Bar. *60 de la 54th Street, entre Park Avenue y Madison Avenue, en el hotel Elysee. Telf. (212) 838 26 00. Horario: abre todos los días hasta las 4 h de la madrugada. Precio: 9$ la copa.* La decoración, muy sofisticada, incluye murales con monos. Es un lugar para ver y ser visto, lleno de "gente guapa". Los habituales suelen ir después de cenar, para charlar y escuchar el piano. Se puede comer, aunque es caro.

Penton Bar (Peninsula). *700 Fifth Avenue, en la esquina con la 55th Street, en el Hotel Peninsula. Telf. (212) 903 30 97. Horario: abre todos los días y cierra a las 24 h. Precio: 11$ la copa.* Está en la terraza, en el piso 23, y tiene una maravillosa vista de Nueva York. Es un lugar "chic". Los cócteles son muy buenos y el ambiente especialmente romántico. Pero es caro.

Townhouse Bar. *236 de la 58th Street, entre Second Avenue y Third Avenue. Telf. (212) 754 46 49. Horario: cierra todos los días a las 4 h de la madrugada y no admiten tarjetas de crédito. Precio: 6$ la copa.* Es un bar gay, muy cerca del *Julie's*, y está situado en una casita de dos pisos, típica de Nueva York. Su clientela es, en su mayoría, homosexuales bien instalados, bien vestidos y con buen nivel adquisitivo. Aquí no se verán nunca *drag-queens*.

Vintage. *753 Ninth Avenue, entre la 50th Street y la 51st Street. Telf. (212) 581 46 55. Horario: abre todos los días hasta las 4 h de la madrugada. Precio: 6$ la copa.* Es uno de los locales de moda. Tiene decoración *art dèco* y sirve originales cócteles, y los domingos y lunes, música de jazz en vivo. Por su localización, es un buen sitio para ir antes o después del teatro. Se puede comer.

UPTOWN

UPTOWN de día

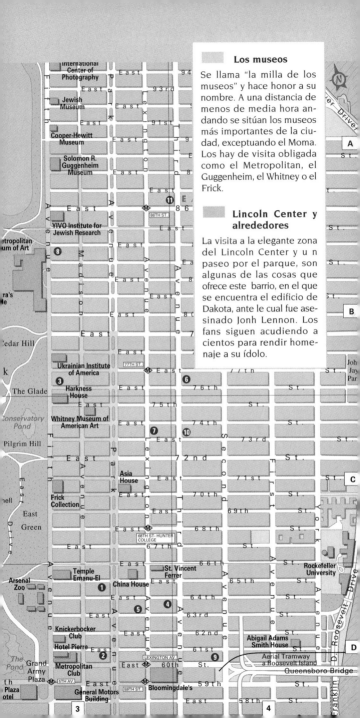

Los museos

Se llama "la milla de los museos" y hace honor a su nombre. A una distancia de menos de media hora andando se sitúan los museos más importantes de la ciudad, exceptuando el Moma. Los hay de visita obligada como el Metropolitan, el Guggenheim, el Whitney o el Frick.

Lincoln Center y alrededores

La visita a la elegante zona del Lincoln Center y un paseo por el parque, son algunas de las cosas que ofrece este barrio, en el que se encuentra el edificio de Dakota, ante le cual fue asesinado Jonh Lennon. Los fans siguen acudiendo a cientos para rendir homenaje a su ídolo.

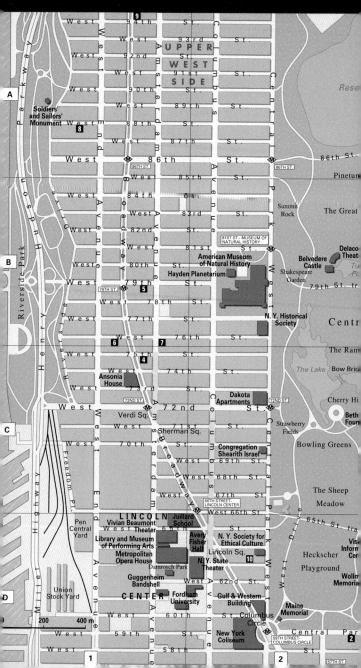

Todo por la música

Los amantes de la música clásica y los estudiantes de la Universidad de Columbia son los que dan vida nocturna a este barrio, salpicado de pequeños restaurantes y acogedores cafés. La oferta se completa con una copa en Columbus Circle y una maravillosa ópera en el Lincoln Center.

UPPER EAST SIDE

Es el símbolo de la elegancia por excelencia. Está situado en el noreste de la isla, antes de llegar a El barrio, el Harlem hispano, y es donde viven los ricos de siempre, la alta sociedad de Nueva York y quienes conservan los valores más tradicionales. Pero, como pasa casi siempre en Manhattan, el Upper no es homogéneo. Hay también vecinos algo más modestos. Es lo que se conoce como Yorkville, la que fue el área de los alemanes, situada más al noreste. La riqueza étnica en esta parte es mayor; hay una población joven que se mezcla con la antigua y existen tiendas y restaurantes más asequibles.

TRANSPORTES

Metro: Para ir al Metropolitan Museum y al Guggenheim, líneas 4, 5 y 6, estación 86 Street. Para ir al Whitney: línea 6, estación 77 Street. Para ir a Central Park: líneas 1 y 9, estación 59 Street-Columbus Circle; o línea N, estación 59 Street-Fifth Avenue-Grand Army Plaza.

VISITA

En el tramo que va de la Quinta Avenida (FIfth Avenue), bordeando Central Park, hasta Lexington Avenue y entre las calles 59 y 96 (59th Street y 96th Street) casi todo es de buena calidad: los edificios están bien construidos, las tiendas son elegantes y exclusivas, los niños visten uniforme –lo que demuestra que van a las carísimas escuelas privadas del barrio–, se ven más que en otro barrio niñeras –en su mayoría negras o latinas– empujando cochecitos en los que van blancos bebés, el porcentaje de limusinas es mayor, hay "paseantes" de perros de pura raza y porteros con librea en todos los bellos portales.

En la zona más elegante, localizada en la parte más meridional, está situada la llamada **"Museum Mile"**, la milla donde se concentran los museos más importantes: el Metropolitan, el Guggenheim, la Frick Collection, el Museo de la Ciudad de Nueva York, el Whitney Museum of

American Art y otros muchos, menos conocidos, pero de indudable calidad. Y aquí también está **Central Park,** el verdadero pulmón de Nueva York, algunos de los hoteles más lujosos, los clubs privados más exclusivos y muchas residencias de embajadores ante la ONU, entre los que se encuentra la del embajador español.

SUS PRINCIPALES CALLES

El paseo podría comenzar por la **Quinta Avenida,** en la esquina con la 59th Street y Central Park. Esta confluencia, llamada **Grand Army Plaza,** es un gran espacio ovalado, donde está el impresionante **Hotel Plaza,** a la izquierda, y el nada atractivo **General Motors Building,** a la derecha. La Quinta Avenida, a partir de aquí, se transforma de calle comercial en avenida residencial de lujo.

Cuando se inauguró Central Park, en 1876, algunas grandes familias neoyorquinas se trasladaron aquí y construyeron sus mansiones, la mayoría de estilo neoclásico, con vistas al parque. El suelo subió de forma vertiginosa y las mansiones fueron vendidas una y otra vez y, en ocasiones, demolidas, para hacer otras al gusto de los nuevos propietarios.

Toda esta zona se fue convirtiendo en lo que es hoy, un barrio carísimo, con casas y apartamentos de dimensiones enormes para Manhattan, que se extiende hasta Park Avenue y, más o menos, hasta la 80th Street.

En **Park Avenue** a la altura de la 59th Street, hay edificios residenciales espectaculares, pero lo que despierta mayor interés es sin duda mirar atrás, hacia el sur, como quedó dicho en el caso de Midtown. La vista, que cierra el rascacielos **Met Life,** es impresionante y muy significativo del Manhattan de los rascacielos. La avenida en sí es amplia y su seto, siempre cuidado, está lleno de flores. Seguramente, es la avenida más bonita de la ciudad, aunque no sea la más animada, por las características de su vecindario.

En el número 502 está la **Asia Society,** con una sala

de exposiciones de arte oriental, y un poco más arriba, en la esquina con la 60th Street se encuentra la **Christ United Methodist Church,** con un santuario de estilo neobizantino y mosaicos dorados.

Adentrándose en esta calle, hacia Madison Avenue, puede verse el esplendor del barrio, determinado también por sus clubs privados, los símbolos **Harmonie Club** del privilegio desde 1980. En esta manzana están el **Glolier Club,** de 1917, y el **Metropolitan Club,** de 1894. Este último fue fundado, con todo el lujo del mundo, por el magnate Morgan, despechado porque no le dejaban entrar en los exclusivos clubs del Midtown, debido a su condición de nuevo rico. En la actualidad, siguen funcionando, siguen siendo lugares exclusivos y el único que se puede visitar es el primero, cuando tiene exposiciones.

En la Quinta Avenida, con la 60th Street, está el **Hotel Pierre,** de 1930, una mansión en la que muchas de las habitaciones no se alquilan porque permanecen permanentemente ocupadas por clientes que han decidido vivir en este lujoso hotel.

Al lado de la 62nd Street hay otro club privado, el **Knickerbocker,** construido en 1915, y cruzando la calle, se halla la **Fifth Avenue Synagogue,** de 1959, seguida de un elegante bloque de casas, *townhouses* de alto nivel. Hay que fijarse, sobre todo, en la que está en el **número 11** de la 62nd Street, que tiene colum

nas corintias y una bonita reja. La esquina de la izquierda de la Quinta Avenida es Central Park y, a la altura de la 64th Street, se encuentra la entrada al **Zoo.**

CENTRAL PARK

Central Park se inauguró en 1876, después de una dura lucha entre quienes defendían que era necesario hacer un

gran parque público en Manhattan y las inmobiliarias, que ya empezaban a ver en esta zona del norte el lugar natural de expansión de la isla. Por fin, el Ayuntamiento dio el visto bueno y cedió unas 4.000 ha de terrenos pantanosos, ocupados únicamente por infraviviendas, para la construcción de un gran parque que permitiera a los neoyorquinos un cierto desahogo en su ajetreada vida urbana.

Se encargó el diseño a los arquitectos Frederick Law Olmsted y Calvert Vaux con la idea de que fuera un parque para todos, niños y mayores, y que fuera lo más semejante a un espacio agreste.

El éxito fue total y, desde entonces, Nueva York parece inimaginable sin Central Park, al que siguen acudiendo los neoyorquinos, masivamente, sobre todo los fines de semana, para correr, jugar a la pelota, remar, montar en bicicleta, patinar o, simplemente, pasear.

Todavía se mantiene esa sensación campestre, aunque en la actualidad haya zonas asfaltadas para campos de deporte y un mayor número de gente que en 1876. Si se pasa un fin de semana en Nueva York y se tiene algo de tiempo, lo mejor es explorarlo, pero si se dispone de poco tiempo, la recomendación es acudir al **Visitors Center,** que está en la Quinta Avenida, a la altura de la 65th Street *(horario, todos los días, de 11 h a 16 h, excepto lunes),* y solicitar un mapa del parque para ver lo que más interese.

Perderse es prácticamente imposible, no sólo porque desde casi todos los lados se pueden ver los edificios de la calle y hacerse una idea de donde se está, sino porque los dos primeros números de las farolas indican la calle más próxima.

Esta gran extensión verde empieza en el sur, en **Central Park South,** que, en realidad, es la continuación de la 59th Street, y termina en la **Central Park North,** que no es sino la 110th Street. Al este limita con la Quinta Avenida, y al oeste, con la Central Park West, que es la continuación de Eighth Avenue. La orilla sur del **Reservoir,** el gran lago, es la que marca la frontera entre el norte y el sur del parque.

El parque se puede recorrer andando, pero puede resultar agotador. Lo mejor es alquilar una bicicleta en *Metro Bicycle* (1.311 Lexington Avenue; precio: 6$ la hora) o dentro, al lado del lago, a la altura de la 74th Street, en *Loeb Boathouse,* la caseta de las barcas *(precio: 8$).* Por supuesto que es mucho más típico y romántico alquilar una calesa tirada por caballos, pero son bastante caras.

Lo mejor es entrar por la **Grand Army Plaza** y llegar al **Conservatory Pond,** un pequeño estanque. A la derecha, a la altura de la 64th Street, está el **Central Park Wildlife Center/Tish Children's Zoo,** dividido en tres partes, según las zonas climáticas: los polos, la zona templada y los trópicos. Muy cerca se halla **Dairy,** una antigua vaquería neogótica, convertida en el Centro

UPPER EAST SIDE

de Visitantes y, justo a la izquierda, el **Carousel,** un tiovivo muy típico *(entrada: 90 centavos).* Más a la izquierda, entre jardines, está el distinguido restaurante Tavern on the Green. Los domingos es muy difícil encontrar mesa, a la hora de comer, a pesar de sus elevados precios.

Siguiendo a la derecha, desde el Dairy, se recorre el llamado **Mall** hasta llegar a **Bandshell,** el quiosco de la música, y un poco más arriba, a la **fuente de Bethesda,** coronada por la estatua de *El ángel de las aguas.* Un poco a

la izquierda hay otra fuente, la **Cherry Hill** y, más a la izquierda, a la altura de la West 71st Street, se llega al **Strawberry Fields,** jardín en memoria de John Lennon, asesinado en 1980 muy cerca de aquí, en la puerta del edificio Dakota. En el gran mosaico *Imagine* siempre hay gente haciéndose fotografías.

The Lake, el lago, con sus recovecos, es uno de los mayores atractivos del parque. Se pueden alquilar barcas y tiene una serie de puentecillos, proyectados todos en 1859 y hechos célebres por el cine. El **Bow Bridge** es el más conocido. Un poco más arriba está el **Belvedere Castle,** donde habitualmente se celebran exposiciones, y a la izquierda, el **Shakespeare Garden,** donde pueden verse todas las especies mencionadas en las obras del gran escritor inglés.

Un poco más arriba, ya en el este, se llega al **Cleopatra's Needle,** un monolito que procede de Heliópolis, de 3.000 años de antigüedad, que fue donado a la ciudad de Nueva York en 1877. A su izquierda se halla ya el inmenso edificio del **Metropolitan Museum.**

El **Reservoir,** un embalse de 42 ha, separa el sur del norte y, en cierta medida, sirve de barrera entre el barrio blanco y el negro. En el norte, a la altura de la 105th Street, hay un bonito y cuidado jardín llamado **Conservatory Garden,** y más arriba todavía pueden verse el estanque **Harlem Meer,** otro pequeño lago; el **Loch** y una pequeña colina llamada **The Great Hill.**

MÁS ALLÁ DE LA 65TH STREET

En la esquina de la 65th Street se halla el templo **Emanuel,** una de las sinagogas más grandes del mundo. En esta misma calle, en el número 47 y 49, entre Park Avenue y Madison Avenue, hay dos *townhouses,* construidas por Sara Delano Roosevelt en 1908 como regalo de bodas para su hijo Franklin, cuando se casó con Eleanor. El número 142 perteneció a Richard Nixon.

Las calles de al lado también tienen hermosas casas, muy representativas de este barrio residencial. En la 65th Street hay otro club, el **Lotos,** fundado en 1870 por amantes del arte y la literatura.

Hay que callejear por esta zona hasta llegar a **Madison Avenue.** Aquí, entre la 59th Street y la 79th Street, las boutiques de lujo y las galerías de arte, algo más tradicionales, se multiplican y todo el ambiente tiene ese aire del lujo refinado.

Si se prosigue por la Quinta Avenida, en la esquina con la 70th Street, está el palacete-residencia de Henry Clay Frick, ahora convertido en museo y que alberga la maravillosa **Frick Collection** [pág. 224]. El **Whitney**, el Museo de Arte Contemporáneo norteamericano [pág. 225], está cerca, en la confluencia de Park Avenue con la 75th Street. Y el **Hotel Carlyle,** uno de los más elitistas de la ciudad, está en Madison con la 76th Street. El **Guggenheim,** el **Metropolitan** y el **Museo de la Ciudad de Nueva York** también están en los alrededores.

Para cambiar de aires, se puede proseguir hacia el este, hasta Lexington Avenue, donde, entre la 77th Street y la 96th Street, se extiende el **barrio germano-húngaro,** que devolverá al visitante a la normalidad. No es un barrio feo ni mucho menos. Tiene pre-

ciosas calles de *townhouses* de 1800 y está lleno de restaurantes y tiendas, donde se puede entrar sin tener la sensación de ser pobre de solemnidad.

El **mercado** de comida húngara, en el número 1.560 de Second Avenue, en la esquina con la 86th Street, o los *delis* alemanes, como **Schaller and Weber,** en el 1.654 de la misma avenida, o el **Café Geiger,** en el número 206 de la 86th Street, con sus maravillosas tartas, merecen también una visita.

Prosiguiendo por esta calle hasta el río, el recorrido se adentra en el **Henderson Place Historic District** para ver 24 casitas de 1800 que terminan en un parque, llamado **Carl Schurz Park,** el nombre de un inmigrante alemán que llegó a ser Ministro del Inte-

UPPER EAST SIDE

rior y director del semanario *Harper*. En sus bancos todavía se ven ancianos que hablan alemán, mezclados con los nuevos vecinos, en su mayoría jóvenes profesionales.

MUSEUM MILE

Es algo más de una milla, quizá la zona abarque unos 2 km, pero tiene tal concentración de museos y de tal importancia, que no hay más remedio que disponer de unas cuantas horas y, si se tiene tiempo, de algo más de un día, para disfrutar de su oferta. No es una coincidencia que todos los grandes museos estén aquí, entre la 70th Street y la 104th Street y entre la Quinta Avenida y Park Avenue. Se debe a que, durante un tiempo, la Quinta Avenida se llamó la "ruta de los millonarios" en referencia a los coleccionistas de arte que donaron muchas de las obras que en la actualidad se exponen.

Cuando se salga de los museos, es inútil intentar comer en las avenidas Quinta, Madison o Park. Hay pocos restaurantes y los que hay son carísimos. Es mejor dirigirse hacia el este, hacia las Lexington Avenue y Third Avenue, donde se encontrarán *delicatessen* y restaurantes asequibles.

METROPOLITAN MUSEUM OF ART

El Metropolitan Musem of Art (Museo de Arte Metropolitano. *Visita: martes, miércoles, jueves y domingo, de 9.30 a 17.15 h; viernes y sábados, de 9.30 a 20.45 h. El lunes está cerrado. Entrada: 10$, en ella se incluye la visita a los Cloisters, que dependen del Metropolitan, dedicados al arte medieval. Se llega en metro, estación 86 Street-Lexington Avenue de las líneas 4, 5 o 6, y en los autobuses 1, 2, 3 y 4)* se encuentra situado en la margen derecha de Central Park, concretamente en la confluencia de la Quinta Avenida con la East 82nd Street.

Antes de iniciar el recorrido hay que hacer dos consideraciones: en primer lugar, muchas de sus exposiciones son rotatorias, por lo que conviene informarse en cada momento de lo que se está exponiendo, y en segundo lugar, no todas las obras de arte están expuestas cronológicamente. En el siglo XIX algunos millonarios cedieron

sus colecciones y exigieron que se instalaran en salas distintas, identificadas con el nombre del benefactor. Por tanto, si se quiere ver un cuadro determinado, lo mejor es preguntar en el **Visitors Center** (Oficina de Información), pedir un plano actualizado e ir directamente a la sala.

Si se pretende ver todo el Metropolitan, hay que pertrecharse con zapatos cómodos porque tiene tres millones y medio de obras de arte –es el museo más importante de Estados Unidos– y su recorrido es agotador. Si se tiene tiempo, vale la pena pasar el día y disfrutar de este amplio muestrario del arte universal. Además se pueda comer dentro. Hay varios restaurantes, cafeterías y, por supuesto, tiendas de libros y de regalos. Si sólo se piensa dedicarle unas horas, conviene saber que hay cinco grandes colecciones: arte antiguo –griego y romano– y egipcio, arte primitivo, arte medieval, pintura americana y pintura europea, desde los primitivos hasta el siglo XIX. A estas cinco grandes colecciones, se unen las salas dedicadas a China, África, Extremo Oriente y el Islam.

Como la gran pinacoteca que es, en sus paredes se exponen cuadros de los renacentistas italianos más destacados, pero también están representados Velázquez, Murillo, El Greco y Zurbarán, y hay una sala dedicada a Goya. El arte impresionista ocupa también un lugar destacado en este museo: hay cuadros de Cézanne, Manet y Monet, y de los postimpresionistas Coubert y Degas, Gauguin, Toulouse-Lautrec, Van Gogh y Rousseau.

Es de destacar la colección de Robert Lehman, un banquero y coleccionista de arte, que donó al museo toda su obra en 1969. Para exponerla en 1975 se habilitó el **Pabellón Lehman,** que reproduce la casa del millonario, con los muebles y los cuadros tal y como estaban colocados. Se exponen fantásticos cuadros del Renacimiento italiano, de Botticelli y de Bellini, pero lo que resulta entrañable para nosotros es encontrar retratos pintados por El Greco y Velázquez.

SOLOMON R. GUGGENHEIM MUSEUM

El Guggenheim Museum *(visita: excepto martes, de 9 h a 18 h; viernes y sábados, de 9 h a 20 h. Entrada: 12$ los adultos y 7$ los niños de menos de 12 años. El metro más cercano es el mismo que el del Metropolitan Museum: líneas*

4, 5 o 6, estación 86 Street-Lexington Avenue) está situado en la acera de la derecha de la Quinta Avenida, en el número 1.071, esquina con la 88th Street.

Lo más sorprendente de este museo es el famoso y moderno edificio en el que está instalado. Construido por el gran arquitecto F. Lloyd Wright e inaugurado en 1959, tras 17 años de obras, su forma de caracol desató la polémica entre los que consideraban que rompía la simetría de la calle y los que apostaron

desde el primer momento por él como uno de los pocos edificios que se adaptaba perfectamente a su condición de albergar colecciones de arte.

Independientemente de su estética, hay que reconocer que es uno de los museos más cómodos y mejor planificados del mundo. Después de traspasar su magnífico vestíbulo, los ascensores conducen al último piso y, desde allí, una rampa en forma de caracol, a lo largo de la cual se muestran las exposiciones monográficas, conduce, sin ningún esfuerzo ni perdida, hasta la salida.

La colección permanente, que se expone en salas contiguas a la rampa, está compuesta por magníficas piezas de **Van Gogh**, **Chagall** y **Kandinsky,** y cuadros de la época azul, cubista y de la primera época de **Picasso**. Pero el Guggenheim está especializado en exposiciones monográficas, la mayoría modernas, y a veces, que se escapan un poco del concepto tradicional, como la exposición dedicada a **Georgio Armani.**

En una de las salas del primer piso hay una maqueta del Guggenheim de Bilbao y otra de la que será el nuevo museo de Nueva York, que, según está previsto, se levantará junto al río East. De igual modo que ocurrió en 1959, el nuevo edificio también es objeto de polémica. Sin embargo, se puede discutir todo sobre el Guggenheim, excepto que carezca de imaginación y osadía.

FRICK COLLECTION

En el número 1 de la East 70th Street, en la esquina con la Quinta Avenida, una mansión con jardín alberga la casa de Henry Clay Frick, y por tanto, la sede de su colección de pintura *(visita,* *excepto lunes, de 10 h a 18 h; domingos, de 13 h a 18 h. Entrada: 7$, los niños de menos de 10 años no pueden entrar; en el precio están incluidos los auriculares con las explicaciones de los cuadros. Se llega en metro, línea 6, 68 Street-Lexington Avenue).* Como se trata de la casa en la que vivió este magnate, con las habitaciones y muchos de los muebles que usó la familia, la sensación que se tiene en su interior es distinta a la que se experimenta en otros museos. Los cuadros no están por orden cronológico, sino como si se hubieran colocado atendiendo a un gusto particular.

El museo se abrió al público a mediados de los años treinta para dar a conocer la colección, verdaderos tesoros del arte europeo, que durante el siglo XIX había ido adquiriendo este multimillonario. Hay obras de maestros como Murillo, Rembrandt, Velázquez, Van Dyck, Turner, Goya, El Greco, Bellini, todas adquiridas, después de la Primera Guerra Mundial, a coleccionistas particulares europeos.

La visita se justifica sólo por estos nombres, pero hay otro motivo: es el único museo donde se puede ver representado el derroche de riqueza y la opulencia en las que vivían los primeros millonarios estadounidenses de la Quinta Avenida.

WHITNEY MUSEUM OF AMERICAN ART

Este museo *(visita, excepto lunes, de 11 h a 18 h; jueves, de 13 h a 20 h. Entrada: 12,50$. Se llega en metro, estación 77 Street de la línea 6)* se encuentra en el número 945 de Madison Avenue, en la esquina con la 75th Street.

No hay que perdérselo, porque tanto el edificio –por dentro más que por fuera– como su contenido, son una auténtica delicia. Seguramente, es la mejor muestra de arte norteamericano del siglo XX. Alberga maravillosas exposiciones monográficas y, cada dos años su Bienal muestra lo que está ocurriendo en el panorama del arte contemporáneo norteamericano. La exposición permanente está compuesta por más de 10.000 piezas de pintura, escultura y fotografía, e incluye artistas como Edward Hopper, Calder, Pollock, De Kooning, Warhol, Jasper John y un largo etcétera que, sin duda, proporcionan una perfecta idea del arte norteamericano del siglo XX.

UPPER EAST SIDE

DÓNDE DORMIR

Si no se es millonario más vale desistir de dormir en el Upper East Side. No hay muchos hoteles, pero los pocos que hay son antiguos, refinados, exclusivos, muchos de ellos con clientela habitual y ninguno a precios asequibles. De todas formas, si uno se lo puede permitir, y reserva con mucha antelación, no está mal quedarse en el Carlyle, el Mark o el Pierre, tres hoteles de gusto exquisito, por encima de los 400$ la noche, pero, eso sí, donde se encontrará todo el refinamiento europeo, unido a la opulencia norteamericana. Si estos precios parecen abusivos sólo queda una alternativa.

DE HISCH RESIDENCE AT THE 92 STREET YM-YWHA (A3) **1**
1.295 Lexington Avenue, en la esquina con la 92nd Street.

Telf. (212) 415 55 78 y 800 699 68 84. Fax (212) 415 55 78. Es una residencia insólita para este barrio. Aunque se pueden alquilar habitaciones para una noche, al precio de 90$ la doble, está pensado para largas estancias, de un mes o dos. Las habitaciones son básicas, pero cómodas y tienen estanterías y una mesa para trabajar. Hay que compartir cuarto de baño y la cocina y la lavandería son comunes. El sitio es fantástico, al lado de Central Park y de todos los museos. En las estancias largas no se admiten personas de más de 30 años, pero para unas cuantas noches no hay ningún problema. Vale la pena conseguir habitación.

DÓNDE COMER

Esto ya es más fácil, porque la oferta es mucho más amplia. Aunque en las avenidas Quinta, Madison y Park no sea fácil encontrar restaurantes baratos –aunque sí buenísimos, por otra parte–, a partir de Lexington Avenue se puede comer bien a los mismos precios que en cualquier otro barrio de la ciudad. A continuación, se relacionan los mejores, independientemente del precio, y los buenos cuya cuenta no produzca infartos.

DANIEL (D3) **1**
60 de la 65th Street, entre Madison Avenue y Park Avenue. Telf. (212) 288 00 33. No abre los domingos y no sirve cenas tarde. Precio: 85$ la cena. Es del mismo dueño que el Boulud, pero tiene mejor fama. Cenar es una exquisita experiencia, el servicio es modélico, la decoración espléndida y todo resulta perfecto y sumamente elegante.

226

AUREOLE (D3) ❷

34 de la 61st Street, entre Madison Avenue y Park Avenue. Telf. (212) 319 16 60. Cierra los domingos y no sirve cenas tarde. Precio: 70$ la cena. Está en un edificio de dos pisos, una *townhouse* decorada con elegancia. Es uno de los mejores, incluso hay quien dice que es el número 1, y uno de los preferidos por los neoyorquinos. Tiene excelentes postres, un servicio esmerado y una muy buena cocina.

CAFÉ BOULUD (B3) ❸

20 de la 76th Street, entre Fifth Avenue y Park Avenue, en el Hotel Surrey.
Telf. (212) 772 26 00. Abre los domingos y no sirve cenas tarde. Precio: 70$ la cena. Es un francés, elegante, con un servicio especialmente bueno del que se encarga su dueño, Daniel Boulud, un hombre conocido en los ambientes culinarios.

JO JO (D3) ❹

160 de la 64th Street, entre Lexington Avenue y Third Avenue. Telf. (212) 223 56 56. Cierra los domingos y no da cenas tarde. Precio: 60$ la cena. Es un bonito establecimiento, situado en una *townhouse,* con tres comedores diferentes. La cocina es francesa, de muy buena calidad, y el ambiente es encantador. Es un típico *bistró.*

PARK AVENUE CAFE (D3) ❺

100 de la 63rd Street, entre Park Avenue y Lexington Avenue. Telf. (212) 644 19 00.
Abre los domingos y no sirve cenas tarde. Precio: 60$. Es de nueva cocina americana, con excelentes postres, un maravilloso *brunch,* y un ambiente confortable y elegante. El servicio es impecable.

ATLANTIC GRILL (B4) ❻

1.341 Third Avenue, entre la 76th Street y la 77th Street. Telf. (212) 988 92 00. Abre los domingos y da cenas tarde. Precio: 50$ la cena. No es de los supercaros y, sin embargo, es un clásico de la zona. Sirve un magnífico pescado y marisco, incluido *sushi.* El problema es que es muy popular y suele estar siempre lleno de gente. Hay que esperar mucho tiempo y reservar con antelación.

PAYARD BISTRO (C3) ❼

1.032 Lexington Avenue, entre la 73rd Street y la 74th Street. Telf. (212) 717 52 52. Cierra los domingos y no sirve cenas tarde. Precio: 45$. Es otro restaurante del famoso chefs Daniel Boulud, a precios más asequibles. Su comida es buena, pero lo excepcional son sus postres. La mayoría de la gente viene aquí a merendar y desayunar, aunque las cenas también tienen éxito.

CAFFE GRAZIE (B3) ❽

26 de la 84th Street, entre Fifth Avenue y Madison Avenue. Telf. (212) 717 44 07. Abre los domingos y no sirve *cenas tarde. Precio: 40$ la cena.* Se trata de un restaurante italiano que tiene la ventaja de ser uno de los pocos lugares asequibles, cercan del Metropolitan Museum. Está en una bonita *townhouse* y el piso de arriba es especialmente agradable.

SERENDIPITY 3 (D4) ❾

225 de la 60th Street, entre Third Avenue y Second Avenue. Telf. (212) 838 35 31. Abre los domingos y sirve cenas tarde. Precio: 25$ la

cena. Es el paraíso de los niños porque lo maravilloso son sus postres. La cocina, americana, no es mala pero es el sólo un pretexto para tomar después los maravillosos helados y los dulces de chocolate.

EJ'A LUNCHEONETTE (C4) ❿

1.271 Third Avenue, en la esquina con la 73rd Street. Telf. (212) 472 06 00. Cierra los domingos, no da cenas tarde y no admite tarjetas de crédito. Precio: 20$.

LA NOCHE

Igual que los restaurantes, los locales nocturnos son distintos dependiendo de su ubicación. En las avenidas Quinta, Madison y Park lo normal es que sean locales donde se reúne la *crème de la crème*, se exige chaqueta y corbata, y donde se respira ese aire de elegancia y sofisticación propio del barrio más elegante de Nueva York. A Lexington Avenue y, sobre todo, a la Third Avenue y a la Second Avenue, se puede ir sin corbata y entrar en algún bar a tomar un vino o una copa, sin que el ambiente general intimide.

Auction House. *300 de la 89th Street, entre First Avenue y Second Avenue. Telf. (212) 427 44 58. Horario: abre todos los días hasta las 4 h de la madrugada. Precio: 6$ la copa.* Es un establecimiento tranquilo, romántico, con muebles antiguos y cuadros renacentistas, un verdadero refugio para Yorkville. Se parece más a los bares del sur de Nueva York por su aspecto y por sus precios.

Big Sur. *1.406 Third Avenue, en la esquina con la 80th Street. Telf. (212) 472 50 09. Horario: abre todos los días y cierra a las 4 h de la madrugada.* Es un bar donde también se puede comer. Está siempre lleno de gente del barrio que va a ver la televisión o a charlar tranquilamente con amigos. Tiene una buena selección de tequilas y whisky de malta.

Café Carlyle. *95 de la 76th Street, en la esquina con Madison Avenue, en el Hotel Carlyle. Telf. (212) 570 71 89. Horario: no abre los domingos y cierra a las 22.45 h. Precio: 10$ la copa.* Su atractivo, aparte de la elegancia del local, es que los lunes

Es un lugar popular y retro, totalmente neoyorquino, con un aire de clásico. Quizá no sea nada especial, pero es un lugar al que acuden algunos *yuppies,* sobre todo a tomar el *brunch,* porque la comida, sus hamburguesas, por ejemplo, son buenas y sus precios muy aceptables.

PAPAYA KING (A3-4) **⑪**
179 de la 86th Street, en la esquina con Third Avenue. Telf. (212) 369 06 48.

Abre los domingos, sirve cenas tarde y no admite tarjetas de crédito. Precio: a partir de 15$. Es toda una institución en la ciudad. Ofrece una excelente selección de sándwiches, perritos calientes, bollos, todos de excelente calidad, y se puede llevar comida a casa. Es una tradición ir a comprar la comida a este lugar y llevársela para comérsela en Central Park.

Woody Allen toca el clarinete con su grupo musical. Es un lugar íntimo, con pinturas francesas y precios altos. Se puede cenar.
Club Macanudo. *26 de la 63rd Street, entre Park Avenue y Madison Avenue. Telf. (212) 752 82 00. Horario: no abre los domingos y cierra a las 0.30 h, excepto los fines de semana que está hasta la 1.30 h de la madrugada. Precio: 10$ la copa.* Es un bar-restaurante, sofisticado, lleno de ejecutivos y señoras elegantes, donde fumar habanos es un símbolo de distinción. Hay humidores para guardar los puros de los clientes, entre ellos, los de Arnold Schwarzenegger. Se va para ver y ser visto.
The Cocktail Room. *334 de la 73rd Street, entre First Avenue y Second Avenue. Telf. (212) 988 61 00. Horario: hasta las 2 h de la madrugada. Los fines de semana hasta las 4 h. No abre los domingos. Precio: 8$ la copa.* Es un bar alegre y colorido, que sirve los cócteles más increíbles que se pueda imaginar. Aunque la impresión es que no es demasiado formal, no dejan entrar con vaqueros y deportivas.
Elaine's. *1.703 Second Avenue, entre la 88th Street y la 89th Street. Telf. (212) 534 81 14. Horario: abre todos los días hasta las 4 de la madrugada. Precio: 10$ la copa.* Es un bar-restaurante italiano que lleva 36 años abierto y se ha convertido en un clásico. Woody Allen es uno de sus clientes y, a menudo, pueden verse estrellas de la televisión. En realidad, es más bien un sitio para cenar. Una cena puede costar unos 50$.
Hi-Life Restaurante & Lounge. *1.340 First Avenue, en la esquina con la 72nd Street. Telf. (212) 249 36 00. Horario: abre todos*

los días hasta la 1.30 h y los fines de semana hasta las 3 h. **Precio: 6$ la copa.** Es otro bar-restaurante, con una decoración clásica de los años treinta. Sus cócteles son excelentes y el bar resulta muy confortable. Podría decirse que es un lugar de lujo a precios normales.

Martell's. *1.469 Third Avenue, en la esquina con la 83rd Street. Telf. (212) 879 17 17. Horario: abre todos los días hasta las 4 h de la madrugada. Precio: 6$ la copa.* También es un bar-restaurante de precios moderados, al que la gente del barrio va a charlar, tomar cerveza y comer auténtica cocina americana. El ambiente es sumamente agradable.

Merchants. *1.125 First Avenue, en la esquina con la 62nd Street. Telf (212) 832 15 51. Horario: abre todos los días hasta las 4 h de la madrugada. Precio: 7$ la copa.* Es el típico establecimiento del Upper East Side, sofisticado y con una exquisita decoración clásica. En el primer piso hay un restaurante y en el sótano un refinado bar que, a veces, tiene música en vivo, siempre melódica. Es uno de los preferidos de los neoyorquinos.

Session 73. *1.359 First Avenue, en la esquina con la 73rd Street. Telf. (212) 517 44 45. Horario: abre todos los días hasta las 2 h de la madrugada y los fines de semana hasta las 4 h.* Tiene música en vivo, fundamentalmente jazz y blues, y sirve tapas españolas y sangría, aunque se puede tomar todo tipo de bebidas. Es espacioso y tiene el encanto de los bares de jazz de otros barrios. Es una buena opción para el Upper East Side.

212. *133 de la 65th Street, entre Park Avenue y Lexington Avenue. Telf. (212) 249 65 65. Horario: abre todos los días y cierra a las 24 h. Precio: 10$ la copa.* Es un bar-restaurante caro, donde la especialidad es el vodka. Hay 65 marcas, rusas y de otros lugares del mundo. Son también muy buenos los cócteles de frutas.

COMPRAS

Madison Avenue, sobre todo a partir de la 60th Street y hasta la 72nd Street, está llena de tiendas, todas carísimas: antigüedades, galerías de arte, firmas internacionales. En este tramo están Donna Karant, Moschino, Kenzo, Prada, Hermes y un largo etcétera, para vestir a la elegante clientela del barrio. Pero, aún aquí, hay establecimientos con descuentos, aunque sea difícil encontrar nada que no tenga algún signo de distinción.

Boutique Resale

1.045 Madison Avenue, a la altura de la 80th Street. Instalado también en el segundo piso, es otro local a tener en cuenta. Tiene una gran variedad de modelos, de las mejores marcas, como *Dolce & Gabbana, Versace, Donna Karan, Kalvin Klein, Armani, Gucci y Chanel,* para mujer y hombre. Y hay también zapatos, bolsos y accesorios. Nada se puede comprar por poco dinero, porque todo es de lujo. No obstante, se puede encontrar, por ejemplo, un traje de Chanel, último modelo, por 600$ y algún otro traje por 350$. Es, naturalmente, una ganga... para los más ricos.

Encore

1.132 Madison Avenue, en la esquina con la 84th Street.

Instalada en el segundo piso, es un clásico. Abrió en 1954 y venda ropa de marca a precio de saldo. Trajes de cóctel de las mejores marcas por 200 o 300$ y suéteres de *Rodier* a 45$. También se puede encontrar ropa de caballero.

Orva

155 de la 86th Street, entre Lexington Avenue y Third Avenue. Es menos exclusivo que el primero. Tiene ropa, accesorios, zapatos, de buenas marcas, sin llegar a ser las primeras, a precios muy aceptables. Todo está rebajadísimo, al menos con un 30 por ciento. En general, se puede encontrar ropa para los más jóvenes.

UPPER WEST SIDE

Es un barrio totalmente distinto al Upper East Side. No es que sus habitantes no tengan dinero, que lo tienen, no es que no haya casas de lujo, que las hay (por ejemplo, el Dakota Building, uno de los edificios más caros de Nueva York), pero es un barrio menos selectivo, con menos ricos "de siempre", más difícil de definir. Al lado de los lujosos apartamentos que dan a Central Park, hay barriadas modestas, y en general, en él vive la clase media, profesionales de todo tipo relacionados, muchos de ellos, con el mundo del arte.

UPPER WEST SIDE

TRANSPORTES

Metro: Para ir al Lincoln Center, líneas 1 y 9, estación 66th Street. Para ir a Columbus Avenue, a la altura de la 70th Street: líneas B, C, 1, 2, 3 y 8, estación 72nd Street. Para ir a la altura de la 80th Street: Líneas 1 y 9, estación 79 Street.

VISITA

En general, es un barrio apacible, con árboles y vegetación –lo limitan Central Park y Riverside Park–, y con un evidente ambiente cultural, marcado fundamentalmente por el **Lincoln Center**, *el gran complejo dedicado a la música, y la* **Columbia University.**

UN PASEO POR EL UPPER WEST SIDE

El Upper West Side es la zona que se extiende desde la calle 59 (59th Street), al sur, hasta la Columbia University, al norte. Y desde la orilla izquierda de Central Park hasta el río Hudson.

Su arteria principal es la **avenida Broadway,** siempre llena de tiendas, y a diferencia del East Side, no es la proximidad a esta importante avenida lo que define un alto poder adquisitivo, sino el alejamiento de ella. Los mejores apartamentos o están al lado de Central Park, en Central Park West y en Central Park South, o al lado del río, a partir de la calle 72 (72nd Street), en la Riverside Drive.

Lo mejor es empezar a conocer el barrio por **Columbus Circle,** una plaza en cuyo centro destaca una **estatua de Cristóbal Colón.** Situada en la esquina suroeste de Central Park, en esta plaza confluyen la Eighth Avenue y Broadway, Central Park West y Central Park South. En uno de sus flancos se halla un moderno edificio, de 1965, que alberga el centro cultural del Ayuntamiento, donde está instalado el **NY Conventions and Visitor Boureau** y donde también proporcionan mapas y folletos de la ciudad.

Al lado, en la Broadway con la 61st Street, está la **American Bible Society Gallery and Library** (se puede visitar), en cuyo interior se expone la colección más importante de Biblias del mundo. Hay 50.000 ejemplares, escritos en 2.000 lenguas.

La **Central Park West,** la avenida que bordea Central Park, merece un paseo. No hay tiendas, pero desde la 62nd Street hasta la 96th Street se suceden edificios de los años treinta, de buena construcción y sumamente agradables.

Entrando por la 62nd Street, hacia la izquierda, se llega al Lincoln Center, un complejo de edificios que ocupa una gran manzana, desde la 62nd Street a la 66th Street, y desde Broadway Avenue hasta Amsterdam Avenue, que es, en realidad, la continuación de Tenth Avenue.

El **Lincoln Center for the Performing Arts** (*visita guiada cada hora, de 10 a 17 h. Entrada: 8,25$*) es un conjunto de edificios, construidos entre 1962 y 1968, en una barriada muy deteriorada, y que hoy constituye uno de los centros de arte más grandes del mundo.

En sus diferentes salas caben, simultáneamente, 18.000 espectadores, y es la sede del New York State Theater, de la Metropolitan Opera House, de la Filarmónica de Nueva York y de otras salas de menor importancia.

Se accede por una gran plaza, que preside el impresionante edificio del Palacio de la Ópera, el **Metropolitan Opera House,** en cuyo vestíbulo pueden verse murales de Chagall. A la izquierda está el **New York State Theater,** sede del New York City Ballet y la New York City Opera. Enfrente, en el flanco derecho de la plaza, se halla el **Avery Fisher Hall,** que es el "hogar" de la Orquesta Filarmónica de Nueva York. En el lado sur del edificio principal hay otros tres teatros, el **Guggenheim Bandshell,** donde se celebran conciertos al aire libre en verano, el **Vivian Beaumont Theater** y el **Mitzi E. Newhouse Theater.** El complejo se completa con un gran estanque, esculturas al aire libre de H. Moore y A. Calder, y la **Library and Museum of the Performing Arts** (*visita, lunes, martes y jueves, de 10 h a 20 h; miércoles y viernes, de 12 a 18 h; sábados, de 10 a 18 h*), especializada en música y teatro.

En el lado derecho de la Columbus Avenue, a la altura de la 66th Street, está el **American Museum of Folk Art,** de relativo interés, donde se expone artesanía y objetos desde el siglo XVIII a nuestros días. A su lado destaca el edificio de la cadena de televisión ABC.

EL LUJO A PARTIR DE LA 67TH STREET

Hasta este momento, la visita ha discurrido por un barrio, muy deteriorado en otros tiempos, y recuperado en la actualidad gracias al Lincoln Center. Pero a partir de aquí, a la altura de la 67th Street, entre Columbus Avenue y Central Park West, surge un

UPPER WEST SIDE

barrio rico desde finales del siglo XIX, cuyos principales símbolos son el Hotel des Artistes, el edificio Majestic y el Dakota Building.

El **Hotel des Artistes,** actualmente convertido en apartamentos, fue construido en 1918 y albergó celebridades de la categoría de Isadora Duncan, Rodolfo Valentino o Normal Rockwell, y mantiene todavía el famoso **Café des Artistes.**

El **Dakota Building** se construyó en 1884 en estilo renacentista alemán, con todo el lujo disponible en la época, con el objetivo de convencer a algunos ricos de que se podía vivir en una gran mansión compartida. La entrada, que está en la esquina de la 72nd Street y Central Park, tiene una garita en la que un portero con librea impide la entrada a los curiosos atraídos por sus famosos propietarios. No hay ninguna posibilidad de asomarse ni siquiera a lo que parece un lujoso patio de grandes dimensiones.

El Dakota fue siempre un edificio que atrajo a los famosos. En él vivieron Boris Karloff, Lauren Bacall, Rudolf Nureyev, José Ferrer y Leonard Berstein. Y aquí murió asesinado John Lennon la noche del 8 de diciembre de 1980.

Un perturbado, al parecer *fan* incondicional de Lennon, que merodeaba por la zona para pedirle un autógrafo, le descerrajó cinco tiros cuando el músico volvía de una grabación. Su esposa Yoko Ono, que todavía vive en el edificio, fue una de las promotoras –junto con los miles de seguidores de Lennon– de la creación del **Strawberry Fields,** un jardín en Central Park, justo enfrente del Dakota, donde está instalado el gran mosaico *Imagine.*

En está misma avenida está la **Spanish & Portuguese Synagogue, Shearith Israel,** un edificio neoclásico, construido en 1897, cuyo principal atractivo es que las vidrieras de sus ventanas son de Tiffany's, y la **New York Historial Society.**

Entre la 77th Street y la 81st Street, un inmenso edificio alberga el **American Museum of Natural History** (Museo Americano de Historia Natural. *Visita, excepto lunes, de 10 a 17.45 h; viernes* y sábado, de 10 a 20.45 h. Entrada: 9,50$), el mayor del mundo, con 34 millones de piezas, salas de dinosaurios, y la llamada **sala de los Meteoritos,** en la que se encuentra la famosa *Estrella de la India,* el mayor zafiro azul que se ha encontrado. Hay también un **planetarium,** y los viernes y sábados por la tarde hay espectáculos de rayos láser.

A partir de aquí hay que dirigirse a la Columbus Avenue y a Broadway, donde hay montones de tiendas y gran cantidad de establecimientos para comer como **Zabar's,** y si es domingo, no hay que perderse el **Flea Market** de la 77th Street con Columbus Avenue.

En Broadway, a la altura de la 73rd Street, hay otro hotel de los históricos. Convertido en casa de apartamentos, el **Ansonia House** fue construido en 1904 al estilo francés. Enrico Caruso, Igor Stravinsky y Arturo Toscanini fueron algunos de sus huéspedes.

Si se quiere visitar el otro parque de la zona, hay que dirigirse a la izquierda por la misma 73rd Street y llegar a Riverside Drive, una avenida que empieza en la 72nd Street y termina en la 116th Street, al lado de la **Columbia University,** y que es la frontera este del **Riverside Park,** un parque con vistas al río Hudson. Si hace buen tiempo el paseo es agradable y se puede tomar algo en el **Boar Basin Café.** Desde la orilla se ve New Jersey.

DÓNDE DORMIR

Había dos hoteles que formaban parte de la historia de la ciudad, el Ansonia House y el Hotel des Artistes, donde se hospedaron famosos del mundo de la música y la danza, y que hoy han sido convertidos en apartamentos. Quedan, sin embargo, algunos antiguos hoteles maravillosos, al lado de Central Park, y otros de gran calidad, construidos más recientemente al amparo del Lincoln Center y del prestigio creciente de esta zona. A continuación, se relacionan los mejores y los de precios más aceptables, incluido un YMCA de buena calidad.

ESSEX HOUSE, A WESTIN
   HOTEL (D2) **2**
   160 Central Park South, entre Sixth Avenue y Seventh Avenue. Telf. (212) 247 03 00 y 800 645 56 87.

Fax (212) 315 18 39. Precio: 400$, a veces hay rebajas de fin de semana. Tiene un maravilloso *lobby* de estilo *art dèco*, recientemente restaurado, y habitaciones decoradas con reproducción del estilo Chippendale inglés y Luis XIV. Los cuartos de baños son todos de mármol y la mayoría de las habitaciones tienen espectaculares vistas al parque. El servicio es perfecto. Es un hotel para celebrar algo especial, pero no es tan exclusivo ni tan intimidatorio como algunos del este.

HOTEL PLAZA (D3) **3**
768 Fifth Avenue, en la esquina con Central Park South. Telf. (212) 759 30 00 y 800 759 30 00.
Fax (212) 546 53 24. Precio: 400$; hay habitaciones de 15.000$. Es la quintaesencia de la elegancia. El edificio es una especie de "chauteau" francés, situado en un lugar privilegiado en un extremo de Central Park. Seguramente, es uno de los hoteles que más veces ha aparecido en el cine, porque,

además, junto a él es donde se toman las calesas para pasear por Central Park. Todo es de superlujo y por tanto carísimo.

HOTEL BEACON (C1) **4**
2.130 Broadway, en la esquina con la 75th Street. Telf. (212) 787 11 00 y 800 572 49 69.
Fax (212) 724 08 39. Precio: 170-185$ la habitación doble. Está muy cerca del Lincoln Center y es un hotel perfecto para familias. Las habitaciones son amplias, con cocina y todas las comodidades. Tienen dos camas grandes y un segundo cuarto de baño: son perfectas, de las mejores ofertas de la ciudad.

THE LUCERNE (B1) **5**
201 de la 79th Street, en la esquina con Amsterdam Avenue. Telf. (212) 875 10 00 y 800 492 81 22.
Fax (212) 579 24 08. Precio: 150-230$ la habitación doble. Es una casa de 1903, totalmente restaurada, con una bonita entrada barroca, un *lobby* de mármol y confortables y amplias habitaciones. Su ubicación es fantástica y el servicio muy bueno. Es una suerte encontrar habitación aquí.

THE MILBURN (B1) **6**
242 de la 76th Street, entre Broadway y West End Avenue. Telf. (212) 362 10 06 y 800 833 96 22.
Fax (212) 721 54 76. Precio: 119 y 175$, un estudio, y una *suite*, 140-175$. Sus habitaciones tienen una

pequeña cocina, y hay estudios perfectamente equipados. La decoración no es nada especial, pero la estancia puede ser de lo más agradable por la amabilidad de sus empleados. Tiene microondas, nevera, cafetera y café, siempre gratis. ∎

AMSTERDAM INN (B1) **7**

240 Amsterdam Avenue, en la esquina con la 76th Street. Telf. (212) 597 75 00.
Fax (212) 579 61 27. Precio: 115-125$ la habitación doble. Está renovado y es un hotel básico, con habitaciones más bien pequeñas y cuartos de baños nuevos, pero sencillos. No es nada especial.

HOTEL RIVERSIDE (A1) **8**

350 de la 88th Street, entre West End Avenue (la continuación de la 11) y Riverside Drive. Telf. (212) 724 61 00 y 800HOTEL58.
Fax (212) 873 58 08. Precio: 100-140$ la habitación doble. Es una buena elección. Está al lado del Riverside Park, en un barrio residencial tranquilo y agradable. Algunas habitaciones tienen vistas al río Hudson y todas son cómodas. Los lugares comunes son espaciosos.

HOTEL NEWTON (A1) **9**

2.528 Broadway, entre la 94th Street y la 95th Street. Telf. (212) 678 65 00 y 800HOTEL58.
Fax (212) 678 67 58 (7). Precio: 99-135$ la habitación doble, y las suites, 150$. Es un hotel muy agradable, con un bonito *lobby* y un servicio

amable y profesional. Las habitaciones son grandes y, en algunos casos, con dos enormes camas, por lo que se puede quedar una familia. El sitio es inmejorable y el precio, en relación a la calidad, uno de los mejores. ∎

WEST SIDE YMCA (D2) **10**

5 de la 63rd Street, entre Broadway y Central Park West Avenue. Telf. (212) 875 13 34 y 800 875 41 00.
Fax (212) 875 13 34, Precio: 75$ la habitación doble, y con baño, 110$. Es otra de las residencias de esta famosa organización. Ha sido totalmente remodelada y todo está impecable. Las habitaciones son básicas y casi todas con baño compartido. La única ventaja de esta residencia, que no resulta mucho más barata que algunos hoteles, son sus instalaciones. Tiene dos piscinas, gimnasio, incluso clases de gimnasia para jóvenes y gente mayor.

MALIBÚ HOTEL (f. p.)

2.688 Broadway, en la esquina con la 103rd Street. Telf. (212) 222 29 54 y 800 647 22 27.
Fax (212) 678 68 42. Lo mejor es su precio asequible. Las habitaciones son pequeñas, pero tienen todo lo necesario. La mayoría de sus clientes son jóvenes y la ubicación es excelente. Un barrio tranquilo, cerca de la Columbia University, lleno de restaurantes baratos.

DÓNDE COMER

Quizá en el lado oeste haya menos restaurantes exclusivos y elegantes que en el este, pero los hay muy buenos y, desde luego, de precios más asequibles. El hecho de que esté aquí el Lincoln Center es otro gran aliciente para que, en sus alrededores, se haya instalado una buena cantidad de establecimientos donde comer y cenar antes o después de asistir a un concierto, una ópera o un ballet.

JEAN GEORGE (D2) ⑫

1 Central Park West, entre la 60th y la 61st Street, en el Hotel Trump International. Telf. (212) 299 39 00. Abre los domingos y no sirve cenas tarde. Precio: 85$ la cena.

Es un lugar muy especial por la fama de su restaurador, Jean George Vongerichten. La cocina es sublime, sofisticada, imaginativa, y el ambiente elegante y con un servicio esmerado. En verano, en la terraza, se puede tomar el lunch por el increíble precio de 20$.

PICHOLINE (D2) ⑬

35 de la 64th Street, entre Broadway y Central Park West. Telf. (212) 724 85 85. Abre domingos y no sirve cenas tarde. Precio: 75$ la cena. Ofrece nueva cocina mediterránea y es uno de los mejores de los alrededores del Lincoln. Decora-

ZABAR'S Y OTRAS MARAVILLAS CULINARIAS

Es más que una tienda de *delicatessen*. Para muchos neoyorquinos es el mejor lugar para comprar comida de una calidad extraordinaria. Ofrece la mayor selección de quesos de todas partes del mundo, legumbres, chocolates, ahumados, caviar y cualquier cosa que pueda apetecer a un exigente gourmet. Pero el recorrido gastronómico no termina aquí, en el número 2.245 de Broadway, entre la 80th Street y la 81st Street. Al amparo de esta maravillosa tienda, en ese tramo de la avenida, hay otros establecimientos para comer, como **H & H Bagels**, donde venden las famosas rosquillas de pan rellenas de fiambre o salmón, de una calidad excepcional; **Fairway Market**, en la esquina con la 74th Street, con todo tipo de productos, y **Citarella**, en la esquina con la 75th Street, con su gran variedad de mariscos.

Si se tiene la suerte de pasear por el barrio a la hora de comer, no hay que dudarlo, se debe elegir uno de estos lugares para un sencillo y espléndido almuerzo.

ción elegante. Los fines de semana es más barato.

CAFÉ DES ARTISTES (C2) ⓮
1 de la 67th Street, entre Columbus Avenue y Central Park West.
Telf. (212) 877 35 00. Abre todos los días y da cenas hasta tarde. Precio: 60$ la cena. Es un maravilloso restaurante francés, al lado del lincoln Center. Tiene un menú refinado y clásico, y su decoración es una delicia, haciendo de él uno de los comedores más románticos de Nueva York. Es más barato a mediodía.

TAVERN ON THE GREEN (C2) ⓯
Central Park, entre la 66th Street y la 67th Street, muy cerca de Central Park West. Telf. (212) 873 32 00. Abre

los domingos y no sirve cenas tarde. Precio: 60$ la cena. Es un precioso lugar, en Central Park, con un bonito jardín y unos comedores elegantísimos, sobre todo el llamado Comedor de cristal. Es una institución y el lugar donde

los neoyorquinos van a celebran eventos especiales.

RUBY FOOD'S (B1) ⓰
2.182 Broadway, esquina con la 77th Street. Telf. (212) 724 67 00. Abre los domingos y da cenas hasta tarde. Precio: 40$ la cena. Es un restaurante asiático (chino, japonés, tailandés) de muy buena calidad y con una decoración muy divertida. Está siempre lleno y su clientela es más bien joven, quizá porque sus precios son asequibles.

HARU (B1) ⓱
433 Amsterdam Avenue, entre la 80th Street y la 81st Street. Telf. (212) 579 56 55. Abre domingos y sirve cenas hasta tarde. Precio: 35$ la cena. Pequeño restaurante japonés, decorado con muy buen gusto. Sirve *sushi* de excelente calidad y *tempura* de todo tipo de verduras. Normalmente tiene gente esperando y lo mejor es cenar temprano.

SARABETH'S KITCHEN (B1) ⓲
423 Amsterdam Avenue, entre la 80th Street y la 81st Street. Telf. (212) 496 62 80. Abre los domingos y no sirve cenas tarde. Precio: 35$. Es otro de los de gran tradición por sus desayunos y *brunchs*. Los dueños, una familia judía, son conocidos en la ciudad desde hace generaciones por su buen hacer. Tienen otros dos restaurantes en Nueva York, todos con el mismo éxito.

GABRIELA'S

685 Amsterdam Avenue (A1, ⑲), *esquina con la 93rd Street, y el 311 de la misma avenida* (C1, ⑳), *en la esquina con la 75th Street.*
Telf. (212) 961 05 74 y (212) 875 85 32. Abre los domingos y no sirve cenas tarde. Precio: 25$ la cena. Es un mexicano de gran éxito por su excelente y auténtica cocina. El servicio es muy amable y el comedor amplio, luminoso y bonito. Su guacamole es espléndido y tiene cerveza y vino a precios muy asequibles.

LA CARIDAD 78 (B1) ㉑

2.197-2.199 Broadway, en la esquina con la 78th Street. Telf. (212) 874 27 28. Abre los domingos, sirve cenas hasta tarde y no admite tarjetas de crédito. Precio: 15$ la cena. Es el restaurante más popular del barrio. Su cocina es chino-cubana y tiene los mejores precios de Nueva York. El lugar no es nada del otro mundo, pero la comida es buena. No sirven alcohol.

POPOVER CAFÉ (A1) ㉒

551 Amsterdam Avenue, entre la 86th y la 87th Street. Telf. (212) 595 85 55. Abre los domingos y no sirve cenas tarde. Precio: 15$ la comida y 25$ la cena. Es mucho más famoso por sus desayunos y sus *brunchs*, que son verdaderamente exquisitos. También se puede cenar, pero con una calidad más normal.

BIG NICK BURGER JOINT (B1) ㉓

2.175 Broadway, en la esquina con la 77th Street. Telf. (212) 362 92 38. Abre todos los días, las 24 horas. Precio: 14$ la cena. Es un buen lugar para tomar una hamburguesa, pizzas, sándwiches, todo de buena calidad y en abundancia. No es nada especial, pero sus precios son más que razonables.

COMPRAS

Aunque no puede decirse que sea el barrio de las compras, la avenida Broadway, sobre todo, está llena de tiendas y las posibilidades de encontrar artículos a buenos precios son mejores que las del East Side.

ALLAN & SUZI

Amsterdam Avenue, en la esquina con la 80th Street. Ropa de diseño muy rebajada. No es que todo sea una ganga, pero, por ejemplo, un vestido de diseño de 3.600$, puede costar 1.000$, y hay buenos trajes de la temporada anterior, rebajados un 70 por ciento. Se pueden encontrar prendas más baratas, de 80$.

FOWAD TRADING COMPANY

2.554 Broadway, en la esquina con la 96th Street. Está especializada en prendas de buena calidad, con algún pequeño defecto. Chaquetas de caballero de las mejores marcas, camisas, suéteres, etc.

GRYPHON BOOKS & RECORDS

2.246 Broadway, entre la 80th y la 81st Street. Horario: de 10 h a 12 h de la mañana. En esta tienda, que parece sacada del siglo XIX, se amontonan interesantes libros, casi todos de segunda mano. Hay una gran selección de escritores afroamericanos, de guías y también de discos y cintas, sobre todo rock, jazz y clásica. Los precios, tirados.

N.Y.C.D

426 Amsterdam Avenue, entre la 81st y la 82nd Streets. Horario: de 10 h a 23 h; viernes y sábado, de 10 h a 12 h de la mañana, y domingos, de 11 h a 22 h. Hay compacts por 2$ y todas las gangas imaginables. Lo mejor es ir a buscar porque seguro que se encuentran cosas curiosas.

LA NOCHE

La proximidad de la Universidad y del Lincoln Center es lo que da vida a este barrio, mitad de clase alta, en los alrededores del parque, y mitad de gente joven. En los últimos años ha habido un crecimiento espectacular de bares, pequeños restaurantes y cafés y, cada vez más, la noche aquí puede ser una buena opción.

Cleopatra's Needle. *2.485 Broadway, entre la 92nd Street y la 93rd Street. Telf. (212) 769 69 69. Abre todos los días hasta las 4 h. Precio: 6$ la copa.* Es un local de jazz, que no cobra entrada y al que van los aficionados del barrio. La calidad de la música está garantizada y se escucha con auténtica veneración. Se puede comer.

Cream. *246 Columbus Avenue, esquina con la 72nd Street. Telf. (212) 712 16 66. Cierra todos los días a las 4 h. Precio: 8$ la copa.* Es un club de los modernos, lleno de jóvenes, con salas de diferentes ambientes. Algunas muy enloquecidas, otras donde se puede charlar, otras donde se baila y otras algo oscuras para momentos íntimos.

Evelyn Lounge. *380 Columbus Avenue, en la esquina con la 78th Street. Telf. (212) 724 23 63. Horario: cierra todos los días a las 4 h. Precio: 7$ la copa.* Es uno de los preferidos, lleno de trabajadores de la zona, con buena decoración y ambiente agradable. Sus sofás son muy cómodos, tiene chimenea y buena música de jazz y blues.

Exile. *117 de la 70th Street, entre Columbus Avenue y Broadway. Telf. (212) 496 32 72. Martes, miércoles y jueves cierra a la 1 h de la madrugada, y viernes y sábado, a las 4 h. Precio: 7$ la copa.* Es un bar montado por exiliados del este de Europa, con una rara decoración: altos techos con columnas de mármol y máscaras africanas. Pero tiene mucho éxito y, sobre todo, los fines de semana está animadísimo.

Iridium Jazz Club. *48 de la 63rd Street, entre Columbus Avenue y Broadway, en el Hotel Empire. Telf. (212) 582 21 21. Abre hasta la 1 h y los fines de semana hasta las 2 h. Precio: 8$ la copa.* Es uno de los clubs de jazz más populares de Nueva York. En la parte de arriba se toman copas (hay una excelente carta de vinos) y abajo tocan grupos de jazz, todos excelentes. Su decoración parece diseñada por Dalí. Se cobra una entrada de entre 20 y 30$. No permiten fumar.

Moonlighting. *411 Amsterdam Avenue, entre la 84th y la 85th Street. Telf. (212) 799 46 43. Cierra a las 4 h. Precio: 6$ la copa.* Es un club con tres bares y un salón de baile. La música es muy buena, una mezcla de latina, soul, funk y techno. Está siempre lleno y la gente es bulliciosa y está dispuesta a divertirse. Se cobra una entrada de 10$.

Peter's. *182 Columbus Avenue, entre la 68th Street y la 69th Street. Telf. (212) 877 47 47. Todos los días hasta las 4 h. Precio: 6$ la copa.* Es un bar-restaurante frecuentado, después de las horas de oficina, por los empleados de la cadena ABC y por los que van al Lincoln.

Prohibition. *503 Columbus Avenue, entre la 84th Street y la 85th Street. Telf. (212) 570 31 00. Abre todos los días hasta las 4 h. Precio: 6$ la copa.* Se va a tomar copas y a escuchar música, siempre en vivo, en un ambiente entre sofisticado y popular. Son muy divertidas algunas inscripciones de sus paredes. Tiene buenos aperitivos.

Shark Bar. *307 Amsterdam Avenue, entre la 74th Street y la 75th Street. Telf. (212) 874 85 00. Todos los días hasta las 24 h y los fines de semana hasta la 1.30 h. Precio: 6$ la copa.* Va mucha gente joven, deportistas conocidos y actores, sobre todo a cenar. Su decoración azul y amarilla es muy agradable y las copas no demasiado caras. El bar es un poco pequeño.

Venue. *505 Columbus Avenue, entre la 84th Street y la 85th Street. Telf. (212) 579 94 63. Todos los días hasta las 4 h. Precio: 7$ la copa.* Es como un bar de dos pisos, el primero más tradicional, con jóvenes de chaqueta y corbata, y el segundo más psicodélico, con música disco.

Vermouth. *355 Amsterdam Avenue, en la esquina con la 77th Street. Telf. (212) 724 36 00. Abre todos los días hasta las 2 h y los fines de semana hasta las 4 h. Precio: 7$ la copa.* Es un sofisticado bar, de moda, con una carta con más de 50 cócteles y cocina mediterránea. No es barato y, a pesar de eso, está siempre lleno.

HARLEM
y otros distritos del norte

HARLEM Y EL NORTE

El oeste

La Universidad de Columbia y el ambiente estudiantil que la rodea bien merecen un paseo. También se puede llegar hasta el teatro Apolo, la cuna de la cultura negra.

El Barrio

Para los latinos es obligado visitar el Barrio, el Harlem hispano, en el que sólo se oye hablar español. El mercado de la Marqueta y el Museo del Barrio son dos de sus zonas más interesantes.

HARLEM Y OTROS DISTRITOS DEL NORTE

Harlem es el corazón de la comunidad afro-americana de Nueva York y el punto de referencia de todo lo que ha sido la cultura negra. Desde el *ragtime* al *rap,* pasando por el jazz, toda la música ha tenido que ver con momentos de gran ebullición de Harlem. Pero, aunque tenga un denominador común, por su gran extensión, no es un barrio uniforme.

TRANSPORTES

Metro: Para ir a Morningside Heights y la Universidad de Columbia, líneas 1 y 9, estaciones 110th Street y 116th Street. Para ir al centro de Harlem: líneas 2, 3, B, C y D, estación 25th Street. Para ir a El Barrio, el Harlem Hispano: línea 6, estación 116th Street o 125th Street. Para ir a Washington Heights: **autobús** M4 o **tren** A hasta la 109th Street.

VISITA

*Al suroeste, **Morningside Heights,** con la famosa **Universidad de Columbia,** es una "isla blanca", llena de universitarios y profesores y con un evidente ambiente académico, que no se sabe muy bien si forma parte de Harlem o del Upper West Side. Al sureste, **El Barrio,** es un verdadero distrito latino, lleno de puertorriqueños, dominicanos y mexicanos.*

***Harlem** tiene también zonas casi de lujo, aunque algo deterioradas, donde en tiempos vivieron blancos ricos y después negros ricos. Y, al norte, en **Washington Heights,** está el **City College,** una universidad con bellos edificios neogóticos, al que van fundamentalmente negros y latinos, y los famosos **Cloisters,** que forman parte del Metropolitan Museum.*

MORNINGSIDE HEIGHTS

Lo que ha determinado que Morningside Heights, la pequeña área que comprende desde las calles 111 a la 125 (111st Street a 125th Street) y desde la Columbus Avenue hasta Riverside Park, no sea Harlem, y no haya tenido un proceso de deterioro, ha sido precisamente el campus de la famosa Universidad de Columbia, y los centros religiosos que se construyeron al amparo de ella a mediados del siglo XIX.

Por la proximidad con él, es un barrio multiétnico, en el que conviven vecinos de Harlem y estudiantes, pero el ambiente es totalmente universitario, con pequeños restaurantes y cafés baratos, con más vida nocturna y con mucha más seguridad.

Si se empieza el recorrido por la avenida Broadway, a la altura de la 112nd Street, se puede ver la gran **Cathedral Church of St. John the Divine,** de estilo neogótico.

Su construcción se inició en 1892 y en 1939 se interrumpieron las obras por falta de fondos. Hoy permanece inacabada, sólo están construidas las dos terceras partes de lo que será la catedral más grande del mundo, en la que, según los norteamericanos, cabrán dos campos de fútbol. El edificio estaba pensado como recinto religioso y como elemento integrador del barrio, y cuenta con un albergue, un comedor de beneficencia y un taller de escultura y artes gráficas –donde trabajan algunos vecinos de Harlem, precisamente en su construcción– y está previsto un anfiteatro donde se celebrarán conciertos.

CUANDO REZAR SE CONVIERTE EN ARTE

Si se tiene la suerte de pasar un domingo en Manhattan, no hay que perderse una misa *gospel.* Sobre las 10 h de la mañana las solitarias calles de Harlem empiezan a llenarse de gente "de punta en blanco" –las señoras con sombrero, los señores con traje y los niños de fiesta– que se dirige a una de las muchas iglesias baptistas para celebrar una ceremonia que empieza a las once y dura hasta primeras horas de la tarde. Son las misas *gospel,* donde se escuchan los mejores coros de espirituales y los mejores solistas. Se puede contratar un tour, pero, además de que son caros, hay que abandonar el templo cuando se empieza a animar el ambiente.

Por tanto, lo mejor es ir por cuenta propia y llegar temprano, no más tarde de las 10.45 h porque los sitios para los de fuera no son muchos. El mejor *gospel* está en la **Abyssinian Baptist Church**, en el número 132 West 138th Street, pero son también buenísimos los de **la Metropolitan Baptist Church**, en el 151 West 128th Street; la **Mount Moria**, en el 2.050 de Fifth Avenue; la **Memorial Baptist Church**, en el 141 West115th Street, o la **Canaan Baptist Church of Christ**, en el 132 West 116th Street.

Hay que tener presente que no se va a una fiesta, sino a una ceremonia religiosa y que hay que guardar la compostura e ir correctamente vestido. A ser posible, con traje los hombres y las mujeres con un vestido. Serán mejor recibidos.

HARLEM Y OTROS DISTRITOS DEL NORTE

Desde aquí hay que dirigirse al este, hasta Morningside Drive, para ver, a la altura de la 113rd Street, el **Hospital St. Luke,** iniciado en 1896 y al que se han incorporado en la actualidad algunos edificios nuevos. A la altura de la 114th Street destaca la **Church of Notre Dame,** una iglesia católica neoclásica, cuyo principal atractivo es la diversidad de su feligresía. Hay hispanos, filipinos, afroamericanos, alemanes, italianos e irlandeses.

Y, por fin, de vuelta hacia el oeste, en la confluencia de Amsterdam Avenue con la 116th Street se halla el inmenso campus de la **Universidad de Columbia,** que ocupa siete manzanas, desde la 114th Street a la 120th Street, entre Amsterdam Avenue y Broadway.

Esta prestigiosa Universidad, fundada en 1754 y similar a la de la Ivy League de Boston, está formada por un conjunto de edificios neoclásicos, el principal de los cuales, el **Low Memorial Library,** ocupa la parte central, encima de una amplia escalinata que sirvió de tribuna de oradores durante las protestas contra la guerra de Vietnam. La estatua *Alma Mater,* situada enfrente, era el lugar de encuentro de las manifestaciones de 1968.

Hay visitas guiadas, que salen del **Visitors Center,** en la 16th Street con Broadway, e incluso se puede comer en el **Butler Hall** –no confundir con el Butler Library–, en el restaurante **Terrace,** situado en el último piso.

Merece especial mención la **Escuela de Periodismo,** fundada por Joseph Pulitzer, que la vincula al famoso premio. Enfrente, al otro lado de la avenida Broadway, está el **Barnard College,** una universidad que se creó en 1889 para las mujeres que querían obtener un título universitario. Hoy sigue siendo un *college* femenino, aunque sus alumnas pueden estudiar en la Columbia.

El recorrido se dirige ahora a Riverside Drive, donde, a la altura de la 120th Street, se encuentra la **Riverside Church,** una copia de la cate-

COMPRAS

Morningside Heights no es un lugar de compras. En los alrededores de la Universidad de Columbia hay librerías, algunas de viejo, pero no son nada especial. No puede compararse con Strand, la reseñada al lado de Union Square. En Harlem tampoco hay nada especial y en El Barrio, el único sitio curioso es la **Marqueta**, el mercado de alimentación latino y las tiendecitas donde se venden cosas tan insólitas como exvotos, imágenes, etc., todo de consumo muy local.

dral de Chartres. Se puede subir en ascensor 20 pisos y un tramo de escaleras hasta el carillón para contemplar Manhattan desde el norte.

Cruzando el parque se llega a la **Grant's Tomb,** una inmenso mausoleo, siempre lleno de *graffitis,* donde está enterrado el general Grant, héroe de la guerra de Secesión.

HARLEM

Sigue siendo un barrio que los visitantes y muchos neoyorquinos ven con cierto recelo, no sin razón porque, durante años, desde 1930 a 1960, fue un lugar con permanentes conflictos raciales, y de 1970 a 1980, ya muy deteriorado, sus altos niveles de delincuencia desaconsejaban la visita. Pero Harlem no es sólo un barrio negro conflictivo. Es también un centro de cultura afroamericana que no puede ignorarse.

La historia de *Nieuw Haarlem,* que así se llamaba porque fueron granjeros holandeses los primeros que se establecieron aquí a principios del siglo XIX, es la historia de sus sucesivos pobladores. A finales del XIX, fueron los judíos del Lower East Side los que se fueron trasladando –el escritor judío Henry Roth vivió aquí de adolescente– y en 1900 empezaron a llegar negros de clase media de Nueva York, atraídos por la gran cantidad de apartamento vacíos y *townhouses* de buena calidad.

Las inmobiliarias habían invertido mucho dinero, debido a la llegada del ferrocarril, pero los blancos no estaban dispuestos a ir tan al norte. Un agente negro fue el que movilizó a su gente para que viviera aquí, y en 1929 Harlem ya era la comunidad negra más importante de Estados Unidos. Harlem pasó de tener 83.000 afroamericanos a 204.000, con una densidad de población que doblaba a la del resto de la isla.

Fue, sin duda, su época de esplendor, con famosos escritores, actores, músicos, teatros, clubs de jazz –a los que acudían a divertirse los blancos–, pero también el inicio de los problemas porque los que vivían bien eran una minoría.

La Gran Depresión agudizó la pobreza. Las casas, abandonadas por las clases medias, se fueron deteriorando, y el paro y la delincuencia aumentaron. Harlem se convirtió en un gueto, abandonado por las autoridades, aunque mantuviera una estructura urbana de calidad. En los años sesenta estallaron los disturbios raciales y la consecuencia fue el total aislamiento.

En la actualidad, parece que Harlem empieza a recuperarse. Se han reabierto algunos clubs de jazz, como el famoso **Cotton Club**, y durante el día hay zonas que ya se pueden recorrer sin peligro. La noche, sin embargo, sigue siendo dura y es recomendable ir en taxi. Aunque la mayoría de los visitantes contratan visitas guia-

UNA CIUDAD EN LA CIUDAD

Harlem tiene de todo y su visita es obligada, pero es verdad que todavía hay cierto peligro y que la Oficina de Turismo de Nueva York recomienda ir en grupo o contratar *tours*. Aventurarse uno solo, incluso una pareja, entraña ciertos riesgos que más vale no correr. Si se tiene una idea clara de adónde se quiere ir, lo mejor es coger un taxi y evitar en todo momento perderse.

Los *tours* tienen el inconveniente de que son caros y que sólo llevan al viajero a los sitios "recomendables", sin que haya posibilidad de conocer el verdadero espíritu de esta comunidad negra. Sin embargo, esta opción, que se vende en todos los hoteles y todas las oficinas de turismo, es la que elige la mayoría. Hay muchas modalidades: Un domingo en Harlem, que incluye un paseo a unas horas en las que apenas hay gente, y la entrada a una iglesia bap-

tista para escuchar gospel, cuesta unos 35$. Si se incluye el *brunch*, en un restaurante típico de cocina criolla y música en vivo, sale por unos 65$. Hay también la posibilidad de ir entre semana, dar una vuelta y escuchar gospel *a capella* por 35$ o presenciar un ensayo del coro y visitar Harlem por la noche por 35$. Lo más caro es una excursión nocturna, que incluye una cena en un club de jazz y las bebidas, y que cuesta 85$, o por el mismo precio, asistir a una representación en el Teatro Apollo e ir a cenar después. Entre las agencias que realizan estos *tours* están: *Harlem Spirituals, Gospel & Jazz*¡ (telf. (212) 391 09 00), cuyas excursiones salen todas del número 690 de Eighth Avenue, entre la 43rd Street y la 44th Street. *Discovery Tours* (telf. (212) 665 83 63), con salida desde el *Victor's Sportworld*, en la Quinta Avenida, entre la 41st Street y la 42nd Street. Hay más agencias y lo mejor es comparar precios y asegurarse de su seriedad.

das para ir a Harlem, hemos señalado algunos de sus lugares más emblemáticos para un paseo a pie.

Lo primero que hay que saber es que en Harlem los números de algunas avenidas han sido sustituidos por los nombres de algunos de los héroes de las luchas raciales. La Sexta Avenida es la avenida Lenox o el boulevard Malcom X, la Séptima es Adam Clayton Powell Jr., la Octava se llama boulevard Frederick Douglass y la 125th Street, la principal, ha sido bautizada como boulevard Martin Luther King.

En la 115th Street a la altura del boulevard Adam Clayton Power está la **Memorial Baptist Church,** y a la misma altura, en la 116th Street, la **Canaan Baptist Church of Christ,** dos iglesias en las que se puede ir a escuchar *gospel* los domingos por la mañana y donde los visitantes son bienvenidos a partir de las 10.45 h. Siguiendo hacia el este, en la esquina con el boulevard Malcom X, se encuentra la **Malcom Shabazz Mosque,** un antiguo casino convertido en mezquita en los años sesenta.

Prosiguiendo por este boulevard (en realidad, la Sexta Avenida) se llega al **Marcus Garvey Park,** un parque que interrumpe la Quinta Avenida y va de la 120th Street a la 124th Street y que cambió su nombre –se llamaba Mount Morris Park– en memoria del famoso dirigente negro.

Y por, fin se llega a la calle más importante de Harlem, la 125, el **boulevard Marthin Luther King,** el centro de la vida cultural y económica, que poco a poco va recuperándose y donde ya pueden verse algunos locales con el cartel de "Se alquila", algo insólito hace tal sólo diez años. Aquí, en la esquina con la Quinta está el **National Black Theatre,** donde se estrenan obras de escritores contemporáneos negros.

Entre los bulevares Malcom X y Adam Clayton Powell, en la misma 125th Street, se encuentra el **Studio Museum in Harlem,** un pequeño museo de artistas negros que se puede visitar y, un poco más al este, el **Hotel Theresa,** hoy convertido en apartamentos.

La tradición del Hotel Theresa, se remonta a 1910, año en que fue construido, pero se le recuerda más porque en 1960, cuando

HARLEM Y OTROS DISTRITOS DEL NORTE

Fidel Castro fue a la ONU, abandonó el lujoso hotel que le habían reservado en Midtown y se trasladó a Harlem, a este hotel, en solidaridad con la población negra.

En la misma 125th Street, entre los bulevares Adam Clayton Powell y Frederick Douglass, se halla el famosísimo **Apollo Theater**, el teatro de 1913, donde actuaron Duke Ellington, Ella Fitzgerald, Billie Holiday, Aretha Franklin y todas las grandes figuras del jazz y del blues hasta los años sesenta. A principios de los setenta se cerró y, en 1983, después de una remodelación, ha sido reabierto y hoy actúan en él compañías de aficionados. El ex presidente Bill Clinton piensa instalar aquí su oficina, en una edificio de 14 pisos con bonitas vistas a Central Park que cuenta, en su vestíbulo, con un mural alegórico sobre la raza negra.

De nuevo en el boulevard Malcom X, en la esquina con la 135th Street, está otro de los albergues YMCA y el **Schomburg Center for Research in Black Culture,** un departamento de la Biblioteca de Nueva York que funciona como centro cultural del barrio.

Tres bloques al norte, en la 138th Street, se encuentra la **Abissinyan Baptist Church,** la iglesia más famosa de Harlem, en donde fue ministro el reverendo Clayton Powell, quien fue además el primer congresista negro. Su maravilloso coro de *gospel* es otro de sus atractivos, así como su púlpito, que fue un regalo de Haile Selassie, el emperador de Etiopía.

El paseo podría terminar en el boulevard Adam Clayton Powell hasta llegar a las calles 138 y 139, donde está el grupo de casas más bonitas de Manhattan. Desde 1919, profesionales negros, abogados, médicos, etc., han venido ocupando estas bellas casas que forman un conjunto llamado **St. Nicholas Historic District.** Al este, a la altura de la 138th Street y la Convert Avenue, se halla lo que se llama **Hamilton Heights,** un grupo de casas bien cuidadas, que se extienden hasta la 155th Street. Al lado está el **City College,** un campus universitario fundado en 1905, con edificios neogóticos, en el que todavía se imparten clases. Hasta los años setenta esta Universidad era totalmente gratuita, para los más pobres. En la actualidad, se cobran las clases pero sus alumnos, en un 75 por ciento, pertenecen a minorías étnicas.

EL BARRIO

Es el Harlem hispano y se extiende, en el este, desde la Quinta Avenida hasta el río East y desde la calle 96 (96th Street) hasta la calle 140 (140th Street).

No tiene nada especial: feos bloques de viviendas de mala calidad. Pero sus habitantes son puertorriqueños y la cultura latina le da una animación especial.

En un principio era un barrio italiano pero, a partir de los años cincuenta, amparados por las tolerantes leyes de emigración, empezaron a llegar puertorriqueños, que desplazaron totalmente a los italianos. Hasta hace muy poco era, incluso, más peligroso que el Harlem negro y, desde luego, mucho más sórdido.

En la actualidad, todavía hay que tener cuidado a partir de la 110th Street, pero se puede ir con tranquilidad a su mercado de comida, la **Marqueta,** que ocupa Park Avenue, desde la 111st Street a la 116th Street.

El mercado es un lugar bullicioso, totalmente latino, donde sólo se oye hablar español. Las tiendecitas que lo rodean son absolutamente hispanas, con productos de los diferentes países que ocupan el barrio, ahora también con dominicanos y mexicanos.

El **Museo del Barrio,** en la Quinta Avenida con la 105th Street, también se puede visitar para conocer la evolución del barrio y la cultura de los que lo habitan.

WASHINGTON HEIGHTS, THE CLOISTERS

Sólo tiene sentido la visita a Washington Heights para ver los **Cloisters** *(visita, de 9.30 h a 17.15 h; los meses de noviembre a febrero, de 9.30 a 16.45 h; algunos días hay visitas guiadas gratis. Entrada incluida en la del Metropolitan),* un museo con la disposición de un antiguo monasterio, que contiene en su interior colecciones de arte medieval. En el caso de los españoles y de los franceses tiene un significado especial porque la mayoría del arte románico y gótico que se muestra procede de estos dos países europeos.

Los Cloisters, que forman parte del Metropolitan, están situados en el **Ford Tryon Park,** en el extremo noroeste de la isla, donde están también las ruinas de lo que fue el fuerte Tryon de 1776. Es una especie de colina con bellas vistas a ambos ríos y una zona boscosa al norte. Y ahí, en este bello lugar, se construyó entre 1934 y 1938 un edificio destinado a albergar las colecciones medievales que donaron George Grey Barnard y John Rockefeller.

HARLEM Y OTROS DISTRITOS DEL NORTE

En los Cloisters pueden verse parte de cinco claustros franceses del siglo XII y una capilla románica, también del XII, procedente de Burdeos, todo ello traído piedra a piedra desde Europa. **Fuentidueña Chapel** es la reconstrucción de un ábside románico español de 1160, con frescos de la Virgen y el Niño, los Reyes Magos y los arcángeles San Miguel y San Gabriel. Son de destacar también los seis magníficos *tapices del Unicornio,* realiza-

dos en 1499 probablemente en Bruselas, y un frontal de altar del siglo XV, procedente de Cataluña.

Aprovechando la visita a los Cloisters, vale la pena acercarse hasta la **Hispanic Society of America** *(visita, excepto lunes, de 10 h a 16.30 h y los domingos de 13 h a 16 h. Entrada gratis. 3.753 de Broadway, entre la 155th Street y la 156th Street).*

Situado en este mismo barrio, en el Audubon Terrace, también tiene interés para los españoles este museo, que constituye una joya en cuyo interior se expone pintura española de Goya, El Greco, Velázquez, Ribera, Zurbarán y un impresionante mural de Sorolla y Bastida.

El museo tiene mas de 3.000 cuadros, no sólo de artistas españoles, 6.000 objetos de arte y 200.000 libros, entre los que hay que destacar 16.000 anteriores al siglo XVIII. Es, sin duda, el mayor centro para la investigación del arte, la literatura y la historia de España y Portugal de todo Estados Unidos.

DÓNDE DORMIR

Es raro que un visitante de Nueva York elija este barrio para dormir. La oferta es escasa y, desde luego, está totalmente fuera de los circuitos turísticos y de las grandes agencias. Sin embargo, hay opciones muy baratas, algunas de ellas con el encanto de poder vivir un auténtico ambiente universitario o el verdadero carácter de Harlem.

URBAN JEM GUEST HOUSE (A3) **1**
2.005 Fifth Avenue, entre la 124th Street y 125th Street. Telf. (212) 831 60 20. Fax (212) 831 69 40. Precio: 120$ la habitación doble. Es el mejor sitio para hospedarse en Harlem. En una casa de 1878 del Distrito Histórico, totalmente remodelada, y amueblada con mucho gusto. El vecindario es totalmente afroamericano, pero está al lado de los mejores sitios de jazz y gospel y, en metro, a media hora del centro.

COLUMBIA UNIVERSITY (A1) **2**
1.230 Amsterdam Avenue, en la esquina con la 120th Street. Telf. (212) 678 32 35.

Fax (212) 678 32 22. Precio: 45$ la individual con baño; 75$, una doble con cocina. Son 10 habitaciones dentro de la Universidad de Columbia. Son básicas, pero limpias y ofrecen la oportunidad de vivir dentro del recinto universitario. No es el barrio más seguro, pero el campus garantiza cierto buen ambiente nocturno. La residencia, además, tiene portero 24 horas. Hay que reservar en marzo para los meses de mayo a agosto, y en julio para los de septiembre a octubre.

DÓNDE COMER

Para comer la oferta es mucho más amplia. Los alrededores de la Universidad están llenos de restaurantes baratos, donde se puede comer a cualquier hora, y en Harlem también hay diversas opciones, casi todas a precios moderados.

TERRACE IN THE SKY (A1) ❶
400 de la 119th Street, entre Amsterdam Avenue y Morningside Drive.
Telf. (212) 666 94 90. No abre los domingos y no sirve cenas tarde. Precio: 60$ la cena. Es un restaurante precioso de cocina francesa en la zona de la Universidad. Está situado en una terraza, con una vista increíble, y es el típico sitio romántico para celebrar algo especial.

RAO'S (B4) ❷
445 East 114th Street, en la esquina con Pleasant Avenue. Telf. (212) 722 67 09. No abre los domingos, no sirve cenas tarde y no admite tarjetas de crédito. Precio: 55$ la cena. Es un italiano que abrió cuando a este barrio todavía no habían llegado los puertorriqueños. Se come estupendamente y no es fácil encontrar mesa, porque es conocido por todo el mundo. No es barato, pero vale la pena.

BAYOU (A3) ❸
308 Malcom X Boulevard, entre la 125th Street y la 126th Street.
Telf. (212) 426 18 18. Abre los domingos y no sirve cenas tarde. Precio: 35$ la cena. Cocina criolla, con un toque de Nueva Orleáns. Es una buena oportunidad para probar esta cocina que se cuenta entre las mejores de Estados Unidos. El ambiente del restaurante es agradable y los precios más bien altos.

LONDEL'S SUPPER CLUB (f. p.)
2.620 Frederick Douglass Boulevard, entre la 139th Street y la 140th Street.
Telf. (212) 234 61 14. Abre los domingos y no sirve cenas tarde. Precio: 30$ la cena. Es un restaurante relativamente nuevo con una cocina sureña sencilla, pero muy buena. Los dueños son encantadores y hay buena música en vivo los fines de semana. Lo mejor es el *brunch* del domingo.

SYLVIA'S (A3) ❹
328 Lenox Avenue, entre la 126th Street y la 127th Street.

Telf. (212) 996 06 60. Abre los domingos y no sirve cenas tarde. Precio: 30$ la cena. Es, sin duda, el restaurante más conocido de Harlem. Su propietaria, Sylvia, de 72 años, llegó a Harlem desde Carolina del Norte y abrió el restaurante en 1962. Desde entonces, es una institución. Sus platos son buenos y abundantes, en especial sus costillas a la barbacoa, pero además hay jazz los sábados y gospel los domingos a la hora del brunch. Es toda una experiencia que no hay que perderse.

EMILY'S (B3) ❺

1.325 Fifth Avenue, entre la 111st Street y la 112nd Street. Telf. (212) 996 12 12. Abre los domingos y da cenas hasta tarde. Precio: 25$ la cena. Es de cocina sureña, pero en el Harlem Este, y tiene un gran éxito por sus precios y sus excelentes platos. Hay que pedir la barbacoa AICE, que es su especialidad.

MISS MAUDE'S (f.p.)

547 Lenox Avenue, entre la 137th Street y la 138th Street. Telf. (212) 690 31 00. Abre los domingos y no sirve cenas tarde. Precio: 20$ la cena. Otro restaurante fantástico, con cocina de Carolina del Norte. Son muy buenas las costillas y el pollo frito. Los platos son muy abundantes.

V&T (B1) ❻

1.024 Amsterdam Avenue, entre la 110th Street y la 111st Street. Telf. (212) 666 80 51. Abre los domingos y sirve cenas hasta tarde. Precio: 20$ la cena. Es un italiano que ha dado de comer a generaciones de estudiantes. Buenas pizzas y pastas.

LE BAOBAB (B2) ❼

120 de la 116th Street, entre Lenox Avenue y Seventh Avenue. Telf. (212) 864 47 00. Abre los domingos, sirve cenas tarde y no admite tarjetas de crédito. Precio: 15$ la cena. Es un senegalés, especializado en yassa, una carne o pescado marinado que se sirve con arroz. El servicio es muy amable y el precio también.

PAPAYA KING (A2) ❽

121 de la 125th Street, entre Lenox Avenue y Seventh Avenue. Telf. (212) 369 06 48. Abre los domingos, sirve cenas tarde y no admite tarjetas de crédito. Precio: 15$ la cena. El éxito de este restaurante, con otras dos sucursales más en Manhattan, es que se pueden comer unos excelentes hot dogs y unos maravillosos zumos de frutas naturales por un precio ridículo. Es un sitio de comida rápida, siempre lleno.

COPELAND'S (f.p.)

547 de la 145th Street, entre Amsterdam Avenue y Broadway. Telf. (212) 234 23 57. Abre los domingos y no sirve cenas tarde. Lo mejor es que se escucha música de jazz en vivo mientras se come. La comida es abundante y bien hecha, y es frecuentado por los quienes van a tomar el brunch el domingo, después de escuchar gospel.

LA NOCHE

No hay muchos visitantes extranjeros que se aventuren por la noche en Harlem y alrededores. No obstante, quien se atreva encontrará que los estudiantes son trasnochadores y los vecinos de Harlem, amantes de la música, sobre todo del jazz y el blues. A continuación, se relacionan, por tanto, los bares nocturnos a los que van los universitarios y algún club que atrae a blancos del resto de Manhattan, en busca de buena música negra.

Abbey Pub. *237 de la 105th Street, en la esquina con Broadway. Telf. (212) 222 87. Horario: abre todos los días hasta las 2 h y los fines de semana hasta las 4 h. Precio: 5$ la copa.* Es el típico pub, con ambiente del barrio, al que van los estudiantes después del cierre de la biblioteca, a tomar una copa. Está siempre lleno.

Cannon's Pub. *2.794 Broadway, entre la 107th Street y la 108th Street. Telf. (212) 678 97 38. Horario: abre todos los días hasta las 2 h y los fines se semana hasta las 4 h. Precio: 5$ la copa.* Es otro típico pub irlandés, lleno de estudiantes, aunque ha ido creciendo el número de profesionales jóvenes. Lo mejor es el precio.

Cotton Club. *656 de la 125th Street, en la esquina con Twelfth Avenue. Telf. (212) 663 79 80. Horario: abre todos los días hasta las 4 h. Precio: 8$ la copa.* Ha sido reabierto donde estuvo el legendario *Cotton Club,* el club más famoso de Nueva York, pero todavía no ha conseguido cuajar. Tiene, sin embargo, buena música de jazz en vivo, blues y *swing,* y los domingos, a la hora del *brunch,* gospel. Se irá consolidando y, de todos formas, merece la pena ir a lo que fue una pieza fundamental de la cultura negra.

Heights Bar & Grill. *2.867 Broadway, en el segundo piso, entre la 111st Street y la 112nd Street. Telf. (212) 866 70 35. Horario: abre todos los días y los fines de semana está hasta las 4 h. Precio: 6$ la copa.* Lo mejor es ir en verano porque tiene una bonita terraza con un vista de todo el Upper West. Está en el corazón de Morningside Heights. Se puede comer.

Lenox Lounge. *288 Lenox Avenue, en la esquina con la 125th Street. Telf. (212) 427 02 53. Horario: abre todos los días hasta las 4 h de la madrugada. Precio: 7$ la copa.* Es otro de la época dorada de Harlem, que se abrió en 1939. El bar tiene decoración *Art Déco* y su música en vivo es espléndida: jazz y blues. Ha tenido recientemente un auténtico renacimiento.

Nacho Mama's Kitchen & Bar. *2.893 Broadway, entre la 112nd Street y la 113rd Street. Telf. (212) 665 28 00. Horario: abre* todos los días hasta las 2 h de la madrugada y los fines de semana hasta más tarde. *Precio: 6$ la copa.* Es otro de los lugares de reunión de los estudiantes de la Columbia. Se puede comer *tex-mex* y son muy buenas sus margaritas. Es un lugar tranquilo para charlar.

Night Café. *938 Amsterdam Avenue, en la esquina con la 106th Street. Telf. (212) 864 88 89. Horario: cierra todos los días a las 4 h de la madrugada y no admite tarjetas de crédito. Precio: 4$ la copa.* Es otro de los que siempre está lleno de jóvenes de la Universidad porque su cerveza es muy barata y el ambiente amigable. Hay juegos de mesa para pasarse las horas.

SoHa. *988 Amsterdam Avenue, entre la 108th Street y la 109th Street. Telf. (212) 678 00 98. Horario: cierra todos los días a las 4 h de la madrugada. Precio: 5$ la copa.* También muy del barrio, muy de los estudiantes, este local tiene la ventaja de tener música de jazz en vivo y bebidas baratas. Tiene sillones cómodos y las horas pasan volando.

St. Nick's Pub. *773 Nicholas Avenue, en la esquina con la 149th Street. Telf. (212) 283 97 28. Horario: cierra todos los días a las 4 h de la madrugada. Precio: 4-7$ la copa.* Durante el día es un pub normal y por la noche se convierte en un local de jazz en vivo fantástico. Los lunes, sobre todo, actúa un cuarteto maravilloso. Se viene a escuchar y a tomar cerveza, que es lo más barato.

1.020. *1.020 Amsterdam Avenue, en la esquina con la 110th Street. Telf. (212) 961 92 24. Horario: cierra todos los días a las 4 h de la madrugada. Precio: 5$ la copa.* Dicen que es el mejor bar de la zona de la Universidad. Está siempre lleno de estudiantes fumando y bebiendo, y es barato.

Underground Lounge. *955 West End Avenue, en la esquina con la 107th Street. Telf. (212) 531 47 59. Horario: abre todos los días hasta las 4 h de la madrugada y no admite tarjetas de crédito. Precio: 4$ la copa.* Está de moda y a él acuden grupos de estudiantes atraídos por sus bajos precios y por su ambiente un tanto *"chic"*. Hay noches que hay karaoke. Lo normal es que no se pueda entrar.

West End. *2.911 Broadway, entre la 113rd Street y la 114th Street. Telf. (212) 662 88 30. Horario: abre todos los días hasta las 4 h de la madrugada. Precio: 5$ la copa.* Más que un bar es una leyenda. Aquí, la generación *"beat"* (Jack Kerouac, Allen Ginsberg...) se emborrachó noche tras noche. Tiene lámparas *Tiffany* y un ambiente especial, aunque el karaoke haya desvirtuado parte del encanto. Sigue estando lleno de estudiantes.

LOS OTROS BARRIOS

LOS OTROS BARRIOS

Outer Borought *es como se llama a lo que está fuera de Manhattan y donde viven la mayor parte de los naoyorquinos. Más que barrios son casi ciudades con zonas muy diferenciadas y con habitantes de muy diverso origen y clase social. Algo peyorativamente, los privilegiados de Manhattan se refieren a ellos como los B.B.Q. (los barbacoas, en español), haciendo alusión a las siglas de Brooklyn, Bronx y Queen, y olvidando al más pequeño Staten Island. Pero esta generalización no es justa porque estos tres grandes barrios tienen características especiales, peculiaridades propias y, en algunas zonas, mucho dinero.*

BROOKLYN

Hablar de Brooklyn, con sus 2.300.000 habitantes, como si fuera un solo barrio –Manhattan tiene 1.500.000– es un poco exagerado. Bien es verdad que no tiene la fama de la isla, ni sus maravilloso museos, ni su infinita diversión, pero Brooklyn no puede compararse con las otras zonas periféricas que constituyen la ciudad de Nueva York. Tiene elegantes barrios, un marcado carácter propio, una gran riqueza étnica y cultural y en él han nacido y vivido famosos que no ocultan sus orígenes, como Woody Allen o Barbra Streisand. Vivir en algunas zonas de Brooklyn, desde principios del siglo XIX hasta hoy, puede ser casi tan "chic" como tener piso en Manhattan.

TRANSPORTES

Metro: Para ir a Brooklyn Heights, líneas N, R, 2, 3 o 4, estación Court Street/Borough Hall. Para ir a Carroll Gardens y Cobble Hill: líneas F y G, estaciones Carroll Street o Bergen Street. Para ir a Williamsburg: línea L, estación Bedford Avenue. Para ir a Park Slope y Prospect Park: línea F, estación Seventh Avenue/Park Slope y líneas 2 y 3 a Grand Army Plaza. Para ir a Coney Island: líneas B, D, F y N, estación Stillwell Avenue.

VISITA

Brooklyn ocupa un área de unos 200 km² y es el distrito más poblado de Nueva York. Al norte limita con Queens, al sur con Long Island y por el oeste está unido a Manhattan por el famoso puente de Brooklyn y el de Manhattan. Su origen se remonta a 1930, con la llegada de colonos daneses que fueron los que le dieron el nombre de "Breukelen", que después derivó en el actual Brooklyn. Fue independiente hasta 1898 y durante todo el siglo XIX su única comunicación con la isla fue por ferry. En 1883 se inauguró el primer puente, el Brooklyn, y en 1909 el segundo, el Manhattan, y esto favoreció la construcción de nuevos barrios residenciales y un aumento considerable de la población.

BROOKLYN HEIGHTS

Todo paseo por este gran barrio, en realidad una ciudad y no de pequeño tamaño, debe empezar por Brooklyn Heights, la zona más cercana al **puente de Brooklyn,** el puente con mejores vistas de Manhattan que es obligado cruzar andando.
Este barrio, que tuvo su época de esplendor en el siglo XIX, cuando los banqueros decidieron construir aquí sus mansiones, lejos del ruido de Manhattan pero cerca de Wall Street, conserva parte de su elegancia, gracias a que está incluido en el plan de conservación de los distritos históricos de Nueva York.
A orillas del río East, discurre su atractivo paseo marítimo, el **Promenade,** que fue construido en 1951, y desde el que se contemplan unas maravillosas vistas del sur del Manhattan con su bosque de rascacielos. El paseo ocupa el
lugar donde atracaban los barcos que iban a Manhattan.

Todo el barrio tiene bellas casas del siglo XIX, y además en él destaca una iglesia de 1850, la **Plymouth Church of the Pilgrims,** con vidrieras de Tiffany. Debe su fama a que sirvió de refugio a muchos esclavos antes de la Guerra Civil.
Un poco más al sur, en el número 128 de Pierrepont Street, está la **Brooklyn Historical Society,**
instalada en un gran edificio con ornamentaciones de terracota. En su interior se halla la sede del **Brooklyn's History Museum,** cuyos fondos comprenden una colección de documentos y manuscritos que documentan la historia del barrio.
Las calles Montague y Smith son las más comerciales y donde están las mejores tiendas y restaurantes, y en la Atlantic Avenue, más al sur, entre Court Street y Clinton Street, es donde vive la comunidad árabe de Nueva York. Aquí se pueden encontrar restaurantes del Oriente Medio a buen precio, tomar un buen café turco y probar un delicioso pan árabe en el **Damascus Bread & Pastry,** en el 125 de la Atlantic Avenue.

BROOKLYN

Carrol Gardens y Cobble Hill

Es el sur de Brooklyn y tiene un interés relativo. Se llega a estas barriadas cruzando la Atlantic Avenue, y lo más interesante, sobre todo en **Cobble Hill,** es ver algunas de las mansiones que quedan todavía, confundidas con las casas de clase media más modernas y una pequeña zona de casitas para obreros construidas en el siglo XIX.

Carrol Gardens tiene la peculiaridad de ser otra zona exclusivamente italiana. A principios del siglo XX, se instalaron aquí muchos emigrantes que venían a trabajar al puerto, y hoy tiene una importante clase media, de origen italiano, que viven y consumen en el barrio. La Court Street está llena de restaurantes, pizzerías y todo tipo de tiendas italianas. No se parece nada a Little Italy. Aquí no hay turistas, sino vecinos que hablan italiano y mantienen sus costumbres.

Williamsburg

A tres estaciones de metro, desde Unión Square se llega a Williamsburg, un pequeño barrio al lado del río que los neoyorquinos llaman el "Pequeño Soho". Está unido a Lower East Side por el **puente de Williamsburg** y, durante años, fue la zona en la que vivían los judíos ortodoxos, los de la levita negra y el *payess* (el rizo) asomando bajo el sombrero.

Luego llegaron los puertorriqueños, que, con más o menos problemas, convivieron con la comunidad judía ortodoxa. Y ahora han llegado los jóvenes blancos, muchos de ellos artistas, cuya economía todavía no les permite vivir en Manhattan. El barrio, por tanto, es una mezcla de judíos, con sus *delicatessen kosher,* hispanos y jóvenes más o menos bohemios, que ya han empezado a arreglar las casas y a instalar sus estudios cerca del río.

La **Bedford Avenue** es la calle principal y, desde aquí, hasta la orilla del río East, puede verse ya el cambio de fisonomía. Muchos de los almacenes se han convertido en *lofts,* se han abierto pequeñas galerías de arte y hay cafetines, restaurantes y boutiques por todas partes. Esta calle y sus aledaños están siempre animados y los jóvenes abarrotan los bares que empiezan a tener un ambiente similar al del Soho. El maratón, que se celebra en Bedford, el último domingo de octubre, además de ser divertido, es la prueba fehaciente del gran número de "rubios", mezclados con latinos y judíos, que ocupan este barrio, cada vez más de moda.

PARK SLOPE Y PROSPECT PARK

Park Slope es un barrio de 1800 que sigue siendo uno de los mejores lugares para vivir en Brooklyn. Su renta per cápita es alta, tiene las casas mejor conservadas del barrio y está al lado del Prospect Park, un espacioso y bello parque, auténtico pulmón de Brooklyn.

Su principal arteria es la **Séptima Avenida** (Seventh Avenue), en la que se pueden encontrar restaurantes, tiendas y cafés, decorados con especial gusto.

Vale la pena ir al número 25 de la Octava Avenida (Eighth Avenue) para ver el edificio más bonito del barrio, el **Montauk Club,** un palacete de estilo veneciano de 1891, que fue un exclusivo club.

La **Grand Army Plaza,** de 1870, hecha a imitación de la plaza l'Étoile de París, es otro de sus atractivos. En el centro está la **Mary Louise Bailey Fountain,** de 1932, y el **Memorial Arch,** un arco de triunfo levantado en 1932, similar al de París, por el que se accede a **Prospect Park**, el gran parque de Brooklyn, que comprende un Zoo, un Jardín Botánico y el Brooklyn Museum.

Prospect Park se inauguró en 1866, junto al meandro del lago Prospect, para dotar a Brooklyn de una zona verde, no desprovista de belleza. En sus paseos hay estatuas y monumentos dedicados a políticos y compositores famosos y cuenta con un **Zoo** (no tan importante como el del Bronx), un **Jardín Botánico** –con más de 13.000 especies distribuidas en 13 zonas y con un cuidado jardín japonés– y un **museo.** En el centro del parte el **Visitors Center** informa sobre las visitas guiadas.

Mención especial merece el **Brooklyn Museum of Art** *(visita, excepto lunes, de 10 a 17 h; sábados y domingos, de 11 h a 18 h. Entrada: 4$).* Está instalado en un gran edificio de finales del siglo XIX, y en sus cinco plantas se expone arte primitivo africano, arte americano, esculturas polinesias, arte amerindio y una buena colección de arte indio, japonés y chino.

Lo más destacado son las **colecciones egipcias,** con objetos de la época de Akhenaton, Nefertiti y Cleopatra VII. Per hay también arte asirio babilonio, arte griego y romano y arte copto.

Europa está representada con una importante colección de pintura y escultura, que va desde los primitivos hasta los postimpresionistas: Pissarro, Cézanne, Monet, Renoir, Degas, Rodin, entre otros, y hay también una sección de arte decorativo americano, de los siglos XVII-XX, con muebles *art dèco*.

Hay tantos museos en Manhattan que casi nadie planea una visita a éste de Brooklyn, pero en cambio vale la pena hacerlo. No es un museo de barrio. Es una colección de la que se sentirían orgullosas muchas grandes ciudades.

BROOKLYN

CONEY ISLAND

Es el extremo meridional de Brooklyn, ya en el Atlántico, y tiene playa y un largo paseo marítimo llamado **Riegelmann Boardwalk,** donde se encuentra el **Acuario** de Nueva York, con 10.000 especies de peces.

Los que visitan la ciudad, casi siempre con el tiempo justo, no caen en la cuenta de ir a **Coney Island,** pero para los neoyorquinos, sobre todo si hace buen tiempo, pasear al lado del mar sigue teniendo su encanto y, sobre todo los fines de semana, este paseo está lleno de familias.

Como también tiene su encanto el punto que une esta zona con Manhattan, el **Verrazano-Narrows Bridge,** uno de los puentes colgantes más largos del mundo, con 1.300 m de longitud.

Al norte, se encuentra **Bensonhurst,** otra barriada italiana, con las típicas tiendas, cafés y restaurantes. Su calle principal, la 86, tiene todo el sabor a Italia.

DÓNDE COMER

Nadie va a dormir a Brooklyn, a menos que tenga familia o amigos, pero sí es bastante corriente ir a comer o cenar porque algunos de sus restaurantes, tres para ser más exactos, figuran entre los preferidos de los neoyorquinos y su fama es un acicate para cruzar los puentes y salir de Manhattan.

RIVER CAFÉ (5)

1 Water Street, al lado del puente de Brooklyn.
Telf. (718) 522 52 00. Abre los domingos y sirve cenas hasta tarde. Es otra de las instituciones que forma parte no de Brooklyn, sino de Manhattan. No hay ningún restaurante que se puede comparar por sus maravillosas vistas. Es el sitio al que van los neoyorquinos para celebrar aniversarios y fechas claves. El ambiente es romántico y los precios altísimos. No hay manera de cenar por menos de 70$ –siempre es más– y a pesar de eso y de que la comida no es maravillosa, hay que reservar porque está siempre lleno.

PETER LUGER STEAK HOUSE (4)

178 Broadway, en la esquina con Driggs Avenue.
Telf. (718) 287 74 00. Abre los domingos, no sirve cenas tarde y no admite tarjetas de crédito. Precio: 60$.
Es otro restaurante fuera de serie, situado en Williamsburg. Su carne se considera una de las mejores de Estados Unidos y lo debe ser porque, con todos los buenos restaurantes que hay en Manhattan, figura en el puesto número 6 de la *Guía Zagat.* Está decorado como una cervecería alemana y no es barato. A pesar de no acep-

tar tarjetas de crédito, está siempre lleno.

GARDEN CAFÉ (1)

620 Vanderbilt Avenue, en la confluencia con Prospect Place. Telf. (718) 857 88 63. No abre los domingos y no sirve cenas tarde. Precio: 40$. Está situado en un *townhouse,* en Prospect Heights, al lado del museo. Su cocina, nueva cocina americana, es un lujo. Cualquier plato es una delicia y el servicio es impecable. Dada su gran calidad, puede decirse que tiene una de las mejores relaciones calidad-precio de Nueva York.

THE GROCERY (3)

288 Smith Street, entre Sackett Street y Union Street. Telf. (718) 596 33 35. No abre los domingos y no sirve cenas tarde. Precio: 40$ la cena. Situado en Carrol Garden es otro de los restaurantes de nueva cocina americana, absolutamente exquisito. Los platos están hechos con imaginación y una materia primera de gran calidad.

GRIMANDI'S (2)

19 Old Fulton Street, entre Front Street y Water Street. Telf. (718) 858 43 00. Abre los domingos, sirve cenas hasta las 24 h y no admite tarjetas de crédito. Precio: 25$ la cena con vino o cerveza.

Las mejores pizzas de la ciudad con diferencia se comen aquí. Está situado en Brooklyn Heights, justo debajo del puente y tiene unas vistas maravillosas, pero lo mejor es su comida, que es fuera de serie. Tiene una *jurebox* de los años cuarenta con canciones de Sinatra, y un público fiel que mantiene siempre lleno el local.

EL BRONX

Pocos visitantes llegan a Manhattan con la idea de conocer el Bronx porque sus casi treinta años de deterioro urbano, drogas, bandas callejeras y, en definitiva, total inseguridad, han hecho de él un barrio "intocable", al que muchos taxistas se negaban a entrar y donde incluso los tours apenas se asomaban para que los visitantes vieran los *graffitis* y los edificios quemados, a unas horas de la mañana en la que las bandas estaban dormidas.

A pesar de que así es el sur del Bronx –en la actualidad con un modesto principio de recuperación–, en el norte ha habido siempre zonas seguras, como Belmont, a la que llaman Little Italy, el maravilloso Zoo o el Jardín Botánico. Sin olvidar el Yankee Stadium, donde juega el equipo de béisbol de Nueva York.

EL BRONX

Metro: Para ir al Zoo, líneas 2, y 5, estación E. Tremont Avenue-West Farms Square. Para ir al Jardín Botánico: líneas D o 4, estación Bedford Park Boulevard. Para ir al Yankee Stadium: líneas 4, C o D, estación 161 Street.

Autobús: Para ir al Zoo, Express BxM 11, que se coge en Madison Avenue y llega a la entrada del Zoo.

Tren: Para ir al Jardín Botánico: línea North Harlem, que se coge en la Grand Central Station.

VISITA

El Bronx es el barrio que se encuentra en el noroeste de Manhattan. Limita al norte con los ríos Harlem y Hudson, y al sur con el río East. Cuenta con 1.200.000 habitantes y está unido a la isla por 12 puentes y 6 túneles de metro.

Su nombre se debe a Jonás Bronck, el primer propietario de la tierra en 1641, y hasta finales del siglo pasado fue una zona casi rural, llena de granjas y población dispersa. En 1894 se unió a Nueva York, cuando su población aumentó por la llegada de emigrantes italianos, alemanes e irlandeses.

Su deterioro se inició después de la Segunda Guerra Mundial. Con la llegada masiva de población negra y puertorriqueña su empobrecimiento fue creciendo hasta convertirse, sobre todo en el sur, en un barrio "imposible".

Sólo el **Yankee Stadium** permanece en la frontera de la zona más deteriorada, el sur, a la que casi nadie va a menos que se quiera ver un partido. Generalmente, los neoyorquinos, si van al Bronx, es para visitar el **Zoo,** el **Jardín Botánico** o **Belmont,** la

llamada "Little Italy", por la gran concentración de italianos que siguen viviendo aquí y por sus cafeterías y restaurantes.

En el **Jardín Botánico,** uno de los más grandes de Estados Unidos, se puede pasar el día. Fue fundado en 1889 y uno de sus atractivos es el **Peggy Rockefeller Rose Garden,** que tiene 2.700 rosales con 230 variedades distintas, y el **Everett Children's Adventure Garden,** con un pequeño tren para el disfrute de los pequeños. Cuesta 3$ y se puede conseguir una guía en la tienda del **Museum Building.**

El **Zoo** (visita, de 10 h a 17.30 h, y entre los meses de noviembre a marzo, hasta las 16.30 h. Entrada: 7,75$; los miércoles es gratis. Los niños, menores de 17 años, sólo pueden entrar si van acompañados de un adulto) es, sin duda, el gran atractivo del Bronx, sobre todo si se viaja con niños.

Abierto todo el año, es el mayor de Estados Unidos, y cuenta con más de 6.000 animales, todos ellos en su hábitat natural simulado y, además, en 1999 se habilitó una zona, recreando un bosque africano, donde hay dos gorilas procedentes del Congo y 400 animales más de esta región de África. Sólo en verano se puede ver la totalidad de las especies.

Es especialmente interesante la sección denominada **Wild Asia**, en la que viven prácticamente en libertad tigres, elefantes y otros animales asiáticos, y el **World of Darkness,** una zona que recrea la noche para que se puedan ver las especies nocturnas. Pandas gigantes, leopardos de las nieves y todo tipo de animales, algunos en peligro de extinción, son los que justifican este viaje al Bronx, que puede durar todo el día. Hay un tren y un autobús para poder recorrerlo con mayor comodidad y se puede comer dentro del Zoo.

EL BARRIO ITALIANO

Si sólo se ha ocupado la mañana, quizá sea interesante dar una vuelta por **Belmont,** el barrio italiano.

Saliendo del Zoo por el Southern Boulevard, a dos bloques está la 187th Street, que es el corazón del Little Italy y donde está la iglesia católica **Our Lady of St. Carmel,** que es a la que van los italianos del barrio.

Vale la pena pasear por el barrio, entrar a comer en algunos de sus buenos restaurantes, tomar buen café expresso y ver las tiendas de comestibles, totalmente italianas. La verdadera Little Italy está representada más por este barrio que por el turístico de Manhattan.

DÓNDE COMER

Nadie va a dormir al Bronx y tampoco es recomendable quedarse por la noche para tener luego que volver a Manhattan. Las excursiones se hacen generalmente por la mañana y lo único que vale la pena es comer en Belmont. A continuación, se recomiendan algunos restaurantes de auténtica comida italiana, con la seguridad de que aquí no se va a ver un solo turista.

MARIO'S

2.342 Arthur Avenue, entre la 184th Street y la 186th Street. Telf. (718) 584 11 88. Abre los domingos y sirve cenas

EL BRONX

hasta tarde. Precio: 35$. Queda muy cerca del Jardín Botánico y es otro de los restaurantes maravillosos. Su fama se remonta a 1919 y no ha perdido el gusto por la cocina italiana al viejo estilo. Es un poquito más caro.

ROBERTO'S

632 de la 187th Street, en la esquina con Belmont Avenue, Telf. (718) 733 05 03. Abre los domingos y no sirve cenas tarde. Precio: 35$. Otro restaurante excelente, siempre lleno de gente. Roberto Pasciullo cocina como los ángeles. El servicio, además, es muy agradable y el restaurante ha sido recientemente renovado.

ENZO'S

124 Road Willimsbridge, en la esquina con Neill Avenue. Telf. (718) 409 38 38. Abre los domingos y no sirve cenas tarde. Precio: 30$. Otro excelente por su comida y por su servicio. Su propietario, Enzo, es un prodigio de amabilidad y de talento para la cocina. Es difícil comer a este precio y tan bien dentro de Manhattan.

DOMINICK'S

2.335 Arthur Avenue, en la esquina con la 187th Street. Telf. (718) 733 28 07. Abre los domingos, no sirve cenas tarde y no admite tarjetas de crédito. Precio: 25-30$. No hay carta, pero se comen los mejores espaguetis de toda la ciudad. Esta familia italiana ha estado cocinando para el barrio desde 1940 y sirviendo las mejores comidas en sus mesas de manteles a cuadros. Es sencillamente exquisito.

QUEENS

Es un barrio muy populoso, pero de escaso interés. Sus dos millones de habitantes, que ocupan una superficie de unos 300 km², –es mucho más grande que Brooklyn o el Bronx–, pertenecen a todas las minorías étnicas que hay en Nueva York, pero apenas posee zonas con entidad propia, ni tiene edificios históricos que le aporten algún atractivo.

TRANSPORTES

Es un barrio demasiado grande como para enumerar sus estaciones de metro y sus paradas de autobús o de tren.

Lo mejor, si se quiere ir a un lugar concreto, es pedir un mapa en la Oficina de Turismo y preguntar por sus transportes públicos.

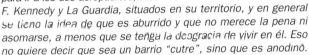

VISITA

Nadie va a Queens, excepto para ir a los dos aeropuertos, el John F. Kennedy y La Guardia, situados en su territorio, y en general se tiene la idea de que es aburrido y que no merece la pena ni asomarse, a menos que se tenga la desgracia de vivir en él. Eso no quiere decir que sea un barrio "cutre", sino que es anodino.

La mayoría de sus habitantes, más bien de clase media, ocupan las interminables hileras de casas adosadas que forman sus calles, unas casas nada especiales, pero que no están mal, sobre todo si se las compara con algunos de los bloques del Bronx e incluso de Manhattan.

VISITA A FOREST HILLS Y ASTORIA

Queens, llamado así en recuerdo de la esposa de Carlos II, rey de Inglaterra, se unió a Nueva York en 1898 y pasó de ser una  zona agrícola a una zona urbana. Paulatinamente, se instalaron en ella estudios cinematográficos, como la *Paramunt*, que permanecieron abiertos hasta los años treinta, cuando la industria cinematográfica decidió trasladarse a Hollywood, y se empezaron a construir viviendas para acoger a las diferentes emigraciones.

En la actualidad, es un conglomerado de italianos, rumanos, turcos, indios, caribeños, que se mezclaron con los primeros pobladores, fundamentalmente alemanes e irlandeses.

Tímidamente, va recuperando algo de lo que fue en el cine. Algunas de las películas que se ruedan en Nueva York se han hecho aquí, en los estudios recuperados.

Pero lo que más destaca, sin duda, es su barrio griego, que es el que tiene mayor entidad, el único con carácter y una zona rica, donde viven algunos *yuppies*, sobre todo judíos, que se conoce como **Forest Hills.**

El **Queensboro Bridge** es el único puente que une este barrio con Manhattan, a la altura de la 60th Street, en la orilla este, y cruza por encima de la **isla Roosevelt.** Un poco más al sur, bajo el río East, discurre el **Queens-Midtown Tunnel,** construido en 1940. Es el que habitualmente se toma para ir y venir al aeropuerto.

QUEENS

Cerca del puente, ya en Queens, se extiende lo que se llama **Long Island City,** una zona industrial sin interés, pero que da paso a **Astoria,** la comunidad griega más numerosa del mundo, exceptuando Grecia.

Los primeros griegos, que procedían fundamentalmente del sur del Bronx y de la "Cocina del Infierno", empezaron a instalarse aquí en el año 1929 y construyeron en la 31st Street **St. Demetrios,** la primera iglesia ortodoxa de estilo bizantino. En la actualidad, este barrio, denominado la Pequeña Atenas, tiene unos 80.000 habitantes, hay diez iglesias ortodoxas más y un buen número de restaurantes, tabernas, locales nocturnos y tiendas, todos ellos totalmente griegos.

Al este de Astoria se encuentra la zona de **Steinway,** done está el aeropuerto de La Guardia, dedicado casi exclusivamente a vuelos nacionales, y al lado, **Jackson Heights,** un inmenso barrio latinos con más de 150.000 colombianos y un buen número de salvadoreños y argentinos. En la Roosevelt Avenue y en la 37th Street se puede comer carne argentina de calidad y comida latina, sobre todo colombiana.

Quizá valga la pena señalar el **Meadows Park,** situado al sureste del aeropuerto, porque en sus 30 pistas se celebra todos los años el Open de Tenis.

Al otro lado del parque hay una especie de pueblo estilo Tudor llamado **Forest Hill Garden,** que es donde viven los ricos, sobre todo judíos, rodeados de jardines. Hay un club de tenis bastante prestigioso y una calle, la Austin, llena de restaurantes de lujo y tiendas caras.

Las grandes instalaciones del aeropuerto **John F. Kennedy** están al sur del Queens, cerca de la bahía Jamaica, un lugar protegido por la cantidad de aves que recalan en ella. Más al sur, en una angosta franja de tierra que cierra la bahía, están probablemente las playas mejores cercanas a Nueva York, la **Rockaways,** 15 km costeros de arena para disfrutar del mar.

DÓNDE COMER

La verdad es que sólo se justifica ir a Queens para comer en Astoria, que, por otra parte, es el barrio más cercano a Manhattan. Si se quiere comer cocina griega en un ambiente totalmente genuino, éste es el lugar apropiado. A continuación, se relacionan los restaurantes más conocidos.

CHRISTOS HASSAPO-TAVERNA
41-08 de la 23rd Avenue, en la esquina con la 41st Street. Telf. (718) 726 51 95. Abre los domingos y da cenas tarde. Precio: 35$. Es uno

de los mejores griegos de Nueva York y con mejores precios que los restaurantes buenos de Manhattan. La comida es excelente y el trato encantador.

KARYATIS

36-03 Broadway, entre la 35th Street y la 36th Street. Telf. (718) 204 06 66. Abre los domingos y sirve cenas hasta tarde. Precio: 35$. Tiene unos aperitivos fabulosos, con los que se puede comer sin pedir segundo plato, pero el problema es que también los segundos son buenísimos, sobre todo los de cordero.

TAVERNA VRAKA

23-15 de la 31st Street, entre las avenidas 33 y 35. Telf. (718) 721 30 07. Abre los domingos y no cierra tarde. Precio: 35$. Tiene música en vivo, piano, de miércoles a domingo, una comida excelente y un ambiente divertido y muy del barrio.

ELIAS CORNER

24-02 de la 31st Street, en la esquina con la Avenida 24. Telf. (718) 932 15 10.

Abre los domingos, sirve cenas tarde y no admite tarjetas de crédito. Precio: 30$. Es tan auténtico que parece que se esté en Grecia. Su especialidad son los mariscos y los pescados. Hay mucha gente que va a Queens sólo para comer aquí.

UNCLE GEORGE'S

33-19 Broadway, en la esquina con la 34th Street. Telf. (718) 626 05 93. Abre los domingos, sirve cenas hasta tarde y no admite tarjetas de crédito. Precio: 20$. Este local tiene auténticos forofos. Hay algunos que dicen que merece la pena vivir en Astoria sólo por estar cerca de este restaurante tan genuinamente griego. Y, además, es barato. Un lugar recomendable.

AVISO

La selección de los establecimientos incluidos en esta guía se ha hecho siguiendo, exclusivamente, el criterio independiente de los autores. Ninguno de los hoteles, restaurantes, comercios, etc. aquí contenidos ha desembolsado la más mínima cantidad para aparecer en la guía.

STATEN ISLAND

Es la gran olvidada. Staten Island prácticamente no existe para los neoyorquinos. Lo único que existe es su ferry, que tiene las vistas más maravillosas de Manhattan. El paseo en ferry en los días claros es un práctica habitual pero, generalmente, ni se sale del barco. Sirve sólo para contemplar los rascacielos del Financial District.

TRANSPORTES

Ferry: desde South Ferry o, a través de Brooklyn, cruzando el puente Verrazano-Narrows. El ferry es gratis y sale cada 20 minutos a diario y cada media hora los fines de semana.

VISITA

*Hasta 1964 Staten Island estuvo especialmente aislada porque la única forma de llegar a ella era por barco. En 1964 se inauguró el puente **Verrazano-Narrows,** que unió la isla a Brooklyn, y la población aumentó considerablemente porque los precios de la vivienda eran más baratos.*

En la actualidad, tiene 400.000 habitantes, pero sigue siendo una gran desconocida. El 90 por ciento de la gente que coge el ferry es para ver gratis la entrada de Manhattan y no para visitar este barrio, aunque tenga algunas cosas de relativo interés.

Si se dispone de tiempo, se puede visitar el **Richmondtown Restoration Village** *(visita, de miércoles a domingo, de 10 a 17 h, y los meses de invierno, sólo los fines de semana. Entrada: 4$),* un museo donde se cuenta la historia y la cultura de State Island de los últimos tres siglos y en el que se han reproducido o trasladado de sus emplazamientos primitivos edificios y casas de los siglos XVII a XIX. Hay una escuela, una iglesia, el almacén típico de los poblados norteamericanos y algunas casas, todas ellas, por supuesto, deshabitadas.

También puede visitarse el **Museo de Arte Tibetano Jacques Marchais** *(visita previo pago, de mayo a septiembre, de 13 h a 17 h, excepto lunes y martes; en abril, octubre y noviembre, sólo fines de semana. Entrada: 3$. Autobús S74 en la estación del ferry),* porque seguramente es una de las colecciones más grandes del mundo de arte tibetano. En la ladera de un monte se ha reproducido un templo budista y los jardines reproducen el ambiente de estos lugares. En octubre hay una fiesta en la que se venden productos del Tíbet.

DENINO'S PIZZERIA/TAVERN

524 Port Richmond Avenue, entre Hooker y Walker Streets. Telf. (718) 442 94 01. Precio: 20$ la cena. Es una institución porque tiene unas pizzas muy buenas y unos calamares fritos inmejorables. Siempre está lleno y normalmente hay que esperar para comer.

EL CONTEXTO

HISTORIA

Unos 18 €, la décima parte de lo que cuesta diariamente una habitación modesta, fue lo que pagaron los holandeses a los indios, en 1626, por la isla de Manhattan. Claro que ninguno de sus 300 habitantes, ni el gobernador Peter Minuit, que fue el que la compró, hubiera sospechado entonces que lo que ellos bautizaron como Nuevo Amsterdam, se convertiría en la capital del mundo.

La isla, habitada por los indios algonquinos, fue descubierta por los europeos mucho antes. En 1524 un mercader florentino, llamado Giovanni de Verrazano, que trabajaba para el rey Francisco I de Francia, pasó por ella y se quedó impresionado por su belleza, pero no llegó a desembarcar. Fue en 1609 cuando Hendrick Hudson, de la Compañía Holandesa de las Indias Occidentales, navegó por el río que, después, llevaría su nombre y desembarcó en lo que hoy es Manhattan. Pero no pudo disfrutar, sin embargo, de las delicias de la isla ni del descubrimiento. Un motín a bordo acabó con su poder y él y su hijo fueron arrojados del barco y murieron, al parecer, en un bote a la deriva como consecuencia de las bajas temperaturas.

Por fin, en 1624, treinta familias holandesas se establecieron en la zona. Primero en la pequeña isla de al lado, la que hoy se denomina Governor's Island, y después en la que los indios llamaban Manhattan y que los colonos holandeses bautizaron con el nombre de Nueva Amsterdam. Dos años después, el gobernador Peter Minuit se la compró a los algonquinos por 60 florines, unos 24 dólares, y la colonia holandesa vivió en paz unos 40 años, hasta que, en 1664, los ingleses decidieron apoderarse de ella. Para ello enviaron al coronel Richolls con el encargo de reclamar, si era necesario por la fuerza, las tierras que estaban a las orillas del río Houston.

Carlos II, el rey de Inglaterra, había concedido estas tierras a su hermano, el duque de York, y, para conquistarlas, había enviado una flota que bloqueó el puerto y puso en estado de sitio a sus habitantes. Los colonos holandeses, hartos de pagar impuestos a la Compañía Holandesa, se negaron a defender la isla y los ingleses se apoderaron de New Amsterdam y la cambiaron el nombre por el de Nueva York.

HACIA LA INDEPENDENCIA

En 1750, la ciudad contaba ya con 16.000 habitantes y el germen de la independencia empezaba a fructificar en todo el territorio norteamericano. Pasaron 20 años y en 1770 la muerte de un colono, a manos del ejército, provocó una revuelta que no cesó hasta que los ingleses, en 1776, se vieron obligados a enviar 200 barcos para intentar parar el avance de los independentistas, que peleaban bajo el mando del general George Washington. Se había declarado ya la Independencia de Estados Unidos y sólo quedaba Nueva York bajo dominio inglés.

Siete años aguantaron los ingleses la ofensiva independentista hasta que, en 1783, se produjo la rendición y el fin de la guerra. Ese mismo año, el general Washington desfiló por Canal Street, unas de las calles más antiguas de Manhattan, y se despidió de sus oficiales en la Taberna Fraunces, hoy convertida en museo y en la que todavía se puede comer. Su intención era retirarse, pero su popularidad era tal que, cuando se elaboró la Constitución y fue necesario nombrar un presidente, por unanimidad se decidió que el candidato tenía que ser George Washington. En 1789 juró el cargo en el Federal Hall National Memoria de Wall Street, que todavía no era el gran símbolo del poder económico. Nueva York tenía ya 30.000 habitantes

CUADRICULAR NUEVA YORK

En 1811 se aprobó el primer plan urbanístico que, básicamente, sigue rigiendo hoy en día. Hasta ese momento, la isla había crecido de una forma desordenada; la basura y la elegancia compartían las calles y el único criterio era el geográfico, por puro sentido común: las industrias, lógicamente, se iban instalando en las orillas de los ríos y las viviendas en las zonas altas del centro, lo que ahora sería la Quinta Avenida. Una Comisión aprobó el trazado y, aunque hubo algunas protestas de los que consideraban que interfería el derecho individual, se empezó a realizar la perfecta cuadrícula. Para ello se nivelaron colinas, se talaron bos-

ques e, incluso, se alteraron parte de las orillas. Manhattan quedó perfectamente ordenada en avenidas, que llevaban del sur al norte, y en calles, que cruzaban la isla de este a oeste.

En 1814, se inauguró el primer transbordador que enlazaba Manhattan con Brooklyn y que contribuyó de manera decisiva a la expansión del comercio. Una década más tarde, en 1825, la construcción del canal de Erie, que conectaba Nueva York con los estados agrícolas del Medio Oeste, fue el espaldarazo definitivo al desarrollo de la ciudad y de su puerto.

Hacia la mitad del siglo XIX la emigración de alemanes e irlandeses creció de manera espectacular a consecuencia de dos

acontecimientos: la revolución alemana de 1948, que provocó la expulsión de un buen número de liberales e intelectuales, y la hambruna, debida a la crisis de la patata, que asoló toda Europa. A pesar de que Nueva York era incapaz de absorber en condiciones higiénicas mínimas la gran cantidad de emigrantes que llegaban a sus puertos, las emigraciones no paraban y el goteo se volvió a convertir en avalancha en 1880, año en que se produjo otra gran oleada, esta vez de italianos del sur y de judíos procedentes del este de Europa.

Lo que hoy es el Lower East Side se llenó de italianos y judíos y se convirtió en uno de los barrios más pobres de la ciudad. Pero, al margen de la pobreza, Nueva York seguía prosperando y una burguesía cada vez más rica contribuía al engrandecimiento de la ciudad. Se construyeron ferrocarriles elevados para comunicar Manhattan con los barrios del otro lado del río y se levantó el puente de Brooklyn. En 1884 empezaron a llegar, de forma masiva, orientales, que fueron instalándose también en el sur, en lo que hoy es Chinatown. Dos años más tarde se instaló, a modo de faro simbólico, la famosa Estatua de la Libertad

FUNDACIÓN DE NUEVA YORK

Cuando en 1898 se fundó, como tal, la ciudad de Nueva York, que unió bajo la misma administración Manhattan, Brooklyn, el Bronx, Queens y Staten Island, la isla y el área metropolitana contaban ya con 3,8 millones de habitantes y era la segunda ciudad del mundo. Los emigrantes seguían llegando a la isla de Ellis, procedentes de todos los países europeos, en un número cada vez más elevado: 2.000 personas cada día, que tenían que pasar su cuarentena antes de obtener el permiso para entrar en la "tierra prometida".

Al final del siglo XIX la mitad de la población de Nueva York había nacido fuera de América y el sur de la isla presentaba la densidad de población más alta del mundo. En 1904 se inauguró la primera línea de metro y empezaron a surgir los primeros rascacielos: el Flatiron Building en la Quinta Avenida y, unos años más tarde, en 1913, el Woolworth, más al sur, en la avenida Broadway. Ese mismo año se inauguró también la elegante Grand Central Station.

A mediados del siglo XIX la próspera ciudad empezó a necesitar espacio para almacenar las mercancías que llegaban a sus puertos y los productos que salían de sus industrias y los arquitectos empezaron a construir los famosos edificios de estructura de hierro fundido, una mezcla de estética, modernidad y técnicas avanzadas. Estas estructuras permitía mayores espacios interiores y un ahorro de dinero, pero también podía ser bellos, auténticos palacios mercantiles, de fachadas con columnas de estilo clásico. Estos edificios se construyeron en una zona del sur, relativamente cerca de río, que empezó a llenarse de industrias. Es lo que hoy se conoce por el SoHo, convertido ahora en una barrio residencial y comercial, con los almacenes transformados en modernos *lofts*.

Las fortunas de algunas familias, como la de los Rockefeller o la de los Vanderbilt, eran tan espectaculares que les permitieron convertirse en mecenas y patrocinar los mejores acontecimientos culturales. La ciudad, además de rica, empezó a ser culta, con importantes exposiciones pictóricas y numerosas manifestaciones artísticas. Los emigrantes, procedentes de Europa, seguían llegando y, entre todos ellos, destacaban por su elevado número los judíos: una tercera parte de todos los judíos europeos se fueron a América y un millón y medio se quedó en Nueva York. El hacinamiento en los barrios pobres era cada vez mayor y las condiciones de vida de los trabajadores recién llegados, empeoraba de día en día.

LOS FELICES AÑOS VEINTE Y EL CRACK DEL 29

En 1911, por fin, se aprobaron una serie de leyes para mejorar la situación de los trabajadores en las fábricas y empezaron a funcionar los sindicatos. Tres años después se declaró la Primera Guerra Mundial y la participación de Estados Unidos, en

1917, no empeoró la situación económica de la ciudad, sino que la mejoró. Hubo que esperar al "crack" de 1929 con la espectacular caída de la Bolsa de Wall Street, para que Nueva York sufriera el revés más fuerte de su historia. Uno de cada cuatro neoyorquino se quedó en paro y las barriadas de chabolas se multiplicaron.

Atrás quedaban los felices años veinte que, aunque con la Ley Seca, impuesta para intentar acabar con el alcoholismo, fue una de las épocas de mayor riqueza y disipación, pero también de mayor creatividad musical –el jazz tuvo en estos años sus mejores intérpretes– y literaria, con personajes como Scott Fitzgerald o Ernest Hemingway, a los que se unían un buen número de intelectuales europeos, atraídos por la fama de Nueva York. Los garitos clandestinos, "speakeasy", se multiplicaron y los neoyorquinos presumían de ser los más trasnochadores del mundo.

A pesar de la caída de la Bolsa y de la terrible miseria que trajo consigo, Nueva York no perdió del todo su actividad. En 1930 se inauguró uno de los rascacielos *art dèco* más bellos de la ciudad, el Chrysler. Un año después, se terminó la construcción del que fue, durante años, el edificio más alto del mundo, el Empire State Building y, en 1932, nada menos que el Rockefeller Center, que cambió totalmente el panorama del centro de Manhattan.

Un año más tarde fue elegido uno de los alcaldes más populares que ha tenido Nueva York, Fiorello La Guardia, que consiguió sacar a la ciudad de la depresión y acabar con la Ley Seca. Fue elegido tres veces consecutivas y, durante su mandato, tuvo lugar la intervención de Estados Unidos en la Segunda Guerra Mundial, en 1941. Pero tampoco en esta ocasión la ciudad se vio afectada por la guerra. Lejos de eso, la llegada de intelectuales de toda Europa, que huía de la barbarie nazi, hizo que Nueva York viviera otra etapa de intensa actividad intelectual y artística.

En 1947 empezó la construcción del edificio de la ONU, en unos terrenos del centro de la isla al lado del al río East, cedidos por el magnate Rockefeller. Esta construcción fue otro espaldarazo a la expansión de esta zona de Manhattan, en ese momento todavía no demasiado cotizada. Los rascacielos, al amparo de la ONU se sucedieron y Park Avenue se convirtió de zona residencial en zona comercial de lujo, en donde se instalaron las principales empresas.

PROBLEMAS RACIALES Y SOCIALES

Pero, al mismo tiempo que los blancos creaban riqueza, se iban formando bolsas de pobreza de la población negra que habitaba en Harlem. Los disturbios y los brotes de violencia empezaron en 1943 y, con mayor o menos intensidad, no pararon durante las dos décadas siguientes. La lucha por los derechos civiles era el caballo de batalla y, en 1964, el año de la Exposición Universal, Harlem se sublevó y, durante seis días, se entabló una auténtica batalla con la policía.

Las manifestaciones se sucedieron. Ya no eran sólo las reivindicaciones de los negros, sino la de los jóvenes, en general, en contra de la Guerra de Vietnam y el famoso "Stonewell Riot", la batalla de los homosexuales contra la policía en el bar Stonewell, de Greenwich Village, que dio inicio a la lucha por los derechos de los gays. Nueva York inició un proceso de deterioro que, evidentemente, sólo se notó en los barrios más deprimidos y en la inseguridad ciudadana. Harlem se empobreció cada vez más, Chelsea no existía para los turistas, al Lower East Side no se podía ir y la Manhattan "segura" se quedó reducida a la mitad.

En 1973, en un intento de devolver la confianza a la ciudad, se construyó en el sur, el World Trade Center, las llamadas Torres Gemelas, que superaron en altura al Empire State Building y se convirtieron en los rascacielos más altos del mundo y en el símbololo del poder económico norteamericano. Tal vez, por eso, por su simbolismo, su destrucción el 11 de septiembre del 2001 por el brutal ataque terrorista de fanáticos islámicos ha dejado en Estados Unidos una sensación de miedo y de vulnerabilidad que tardará muchos años en desaparecer.

Pero el Ayuntamiento era incapaz de afrontar los gastos y la ciudad estaba en bancarrota. En 1975, por fin, se consiguió un crédito federal que mejoró algo la situación, pero no logró sacar a los neoyorquinos pobres de su precaria situación, con unos servicios sociales ínfimos.

La década de los ochenta fue, sin duda, de expansión urbanística, debida a la exención de impuestos aprobada por el alcalde Kosch, pero la situación social de la ciudad siguió igual. Ed Kosch fue sustituido, en 1990, por David Dinkins, el primer alcalde negro que tuvo Nueva York, que tampoco logró acabar

con los serios problemas de la ciudad: un elevado número de *homelessness* (gente que vivía en la calle), un alto nivel de criminalidad, motivado fundamentalmente por las drogas, una creciente delincuencia juvenil, que alcanzó a la escuela secundaria, y numerosos problemas raciales y sociales.

LA VUELTA DEL ESPLENDOR

En 1993, el republicano Rudolph Giuliani ganó las elecciones municipales y dos años después, en 1995, Nueva York vivió, en opinión del *New York Times,* uno de los mejores años de su historia. Guliani, un alcalde controvertido, con el mismo número de entusiastas que de detractores, ha conseguido hacer de Nueva York una ciudad tranquila y próspera, aunque muchos neoyorquinos crean que ha vendido Manhattan y la ha convertido en una especie de Disneyworld.

Hoy puede decirse que Nueva York es tan segura como cualquier ciudad grande europea y no hay barrios, con la excepción quizá de Harlem, a los que no se pueda ir por la noche. Vivir en Manhattan, de norte a sur y de este a oeste, se ha convertido en un lujo por el elevado precio de los alquileres y los bares y restaurante nocturnos se cuentan por miles y están siempre abarrotados. Nadie sabe a dónde han ido a parar los vagabundos ni los drogadictos. Quizá una explicación pueda estar en la frase de un habitante del SoHo: "El Mayor Giuliani tiene mano dura y gatillo fácil y ha limpiado Nueva York". La otra tiene que ver con la economía. En períodos de prosperidad hay menos pobres o se ven menos porque hay más servicios sociales, pero cuando llega la depresión vuelven a ocupar las calles.

Estos cambios que en Nueva York se dan con más frecuencia o más rápidamente que en otras ciudades del mundo los explica Eduardo Mendoza así: "Llegué a Nueva York con un montón de tópicos por bagaje. Si hubiera emprendido el viaje unos años más tarde, estos tópicos, sin dejar de serlo, habrían tenido un signo radicalmente distinto. En los años que siguieron a mi llegada Nueva York superó la crisis y pasó de ser la escoria de las ciudades a ser la ciudad por antonomasia, la ciudad de moda. Yo tuve la oportunidad de ser testigo de esta metamorfosis pero quien espere encontrar una explicación coherente del fenómeno se verá defraudado de plano: ni se qué pasó ni sé por qué las cosas tomaron ese sesgo y no otro". Lo que es cierto es que "cuando llegué a Nueva York había barrios en los que sólo habitaban las ratas. Hoy las celebridades de todo el mundo pagan fortunas por adquirir un apartamento en ese mismo sector".

El nombre de la ciudad volvió a resonar en todo el mundo cuando un grupo terrorista atentó contra las Torres Gemelas el 11 de septiembre de 2001. Las enormes consecuencias de este brutal golpe al corazón financiero del mundo aún están por ver.

VIDA Y CULTURA

NUEVA YORK EN LA MEMORIA COLECTIVA

La primera vez que uno visita Nueva York tiene sentimientos encontrados: por un lado todo es familiar, "ya visto" y, por otro, todo impresiona, todo sorprende. Y es que Nueva York es la ciudad más descrita en las novelas, más retratada en el cine y más mencionada en los informativos. Es la ciudad por excelencia, como en otros tiempos lo fuera Jerusalén y en otros, mucho más recientes, París.

En el caso de Nueva York, además, la realidad supera a la ficción: tiene más luz de lo que uno supone antes de conocerla. Es más abarcable de lo que uno pensaba. El espectáculo de las calles es todavía más multiétnico y colorista. Y es más ruidosa y tiene las aceras y el asfalto más roto. En Nueva York, los gordos son más gordos que en ninguna otra parte del mundo. Y la elegancia es más evidente y la sordidez más apabullante. Y el clima, más agresivo. Cuando sopla el viento, tan sólo a 1 ºC bajo cero, uno cree morir, y cuando los termómetros marcan 38 ºC, se tiene la sensación de estar en el infierno. Y con todo esto es, probablemente, la ciudad más divertida del mundo, la que menos duerme y donde cualquier posibilidad está al alcance de la mano y a cualquier hora.

El escritor cubano Guillermo Cabrera Infante, enamorado del cine y de Nueva York, expresa perfectamente esta sensación: "Visité Nueva York muchas veces en la visión y otras tantas en la imaginación (para demostrar que no le temo a la prosa rimada, como tampoco a la rima prosaica, puedo repetir con el García Lorca de *Poeta en Nueva York:* Asesinado por el cielo / entre las formas que van hacia la sierpe / y las formas que buscan el cristal...) y

la vi viva en el cine. Ya en la escuela nocturna y gratuita en la que con nocturnidad y alevosía asesinaba el inglés al aprenderlo, me había ganado una guía (ilustrada) de Nueva York... Solía recorrer las ilustraciones y conocía de nombre a Staten Island y sabía que la estatua de Libertad se erguía en Bedloe Island y que Ellis Island era sitio de la cuarentena de inmigrantes... Que el Parque Central no sólo tenía un lago en el centro sino que atesoraba la aguja de Cleopatra, un obelisco egipcio, y que los *cloisters* eran no claustros sino secciones de varios monasterios europeos importados por una manía que no estaba alejada del indiscriminado coleccionista Charles Foster Cane de El Ciudadano".

NUEVA YORK ES EL CINE

Cabrera Infante confiesa paladinamente que Nueva York ha sido su "metrópolis, su meta, no para vivir, sino para visitar, ver y volver" y afirma que esta ciudad fue en los años treinta y cuarenta escenario de todo cuanto pasaba en el cine. "Las historias que pasaban en una ciudad americana moderna sucedían en un sitio turbulento y apasionado, la Nueva York del cine y aun el patético King Kong venía a morir en su centro arquitectónico: el Empire State".

Así es. Todos nosotros hemos amado, sufrido, paseado e, incluso, muerto (un poco) en las calles de Nueva York. Además del gran cine de los años treinta y cuarenta, que menciona Cabrera Infante,

Manhattan ha sido escenario de: *Manhattan,* probablemente la película que mejor ha retratado a Nueva York en blanco y negro, a los compases de la música de Gershwig. Por algo su autor, el judío Woody Allen, además de nacer en Brooklyn, tiene un amor casi enfermizo por Nueva York y lo saca una y otra vez en sus largometrajes. El apartamento de Annie Hall, por ejemplo, estaba en la calle 70, entre las avenidas Lexington y Park. *Broadway Danny Rose, Hannah y sus hermanas, Balas sobre Broadway, Coge el dinero y corre* y, en general, toda su obra ha sido rodada en Manhattan y Nueva York es tan protagonista como Diane Keaton ó Mía Farrow.

Es imposible olvidar la Quinta Avenida que Blake Edwards retrató en *Desayuno con Diamantes,* ni a Haudrey Hepburn en la puerta de la gran joyería Tiffany's. Otro gran director, Francis Ford Coppola, utilizó Nueva York como escenario en películas como *El Padrino I, II* y *III* o *Cotton Club,* el legendario palacio del jazz, abierto de nuevo a los amantes del jazz en Harlem, hace poco tiempo.

French Connection, en su famosa persecución, nos mostraba de un modo espectacular el ferrocarril elevado de Bensonhurst y nuestro español Fernando Colomo nos enseñó los muelles y los *lofts* del SoHo en *La línea del cielo. La ventana indiscreta, La tentación vive arriba, La semilla del diablo...* transcurrían en apartamentos de Nueva York y *Superman* y *Batman* volaban una y otra vez entre los rascacielos de Manhattan. Mencionar películas como *Un día en Nueva York, New York, New York, West Side Story, Wall Street, La calle 42, Descalzo por el parque* y tantas otras es casi una redundancia.

NOVELAS NEOYORQUINAS

Y con la literatura ocurre lo mismo. Son tantos los escritores, norteamericanos y del resto del mundo, que hn puesto a Nueva York como escenario de sus historias que una relación exhaustiva sería más el tema de una antología que de una guía turística. Sin embargo, hay novelas que son más la historia de la ciudad que la historia de los personajes que las protagonizan. O, dicho de otra manera, son personajes que sólo podrían ser y comportarse así en Nueva York.

Y, quizá, el ejemplo más significativo de esto sea la novela de Tom Wolfe, *La hoguera de las vanidades,* editada en castellano en 1996. En esta historia, los barrios y los personajes están tan estrechamente unidos que es más la novela de una ciudad que de unos hombres y mujeres. Los personajes son prototipos de

VIDA Y CULTURA

las diferentes clases sociales de Nueva York y se mueven exactamente en las calles y en los barrios apropiados a su nivel adquisitivo: la zona de Park Avenue, con sus elegantes establecimientos, para Shelman McCoy, el "broker" que hace de protagonista, las calles 70 Oeste y el Village para el abogado Kramer, que trabaja de fiscal en el Bronx, con un sueldo escaso para vivir en Manhattan y, por último, los personajes de Harlem, con sus protestas, sus sectas y sus líderes religiosos.

Otra novela muy de la ciudad es la *Trilogía de Nueva York* de Paul

Auster, editada en España por primera vez en 1988. En ella el gran escritor norteamericano, en tres relatos independientes, inventa historias de locura que llevan al crimen, entremezclados entre los edificios de la ciudad de los rascacielos.

La vida de un niño judío, emigrante, está maravillosamente contada por Henry Roth en su primera novela *Llámalo sueño* y en las dos posteriores, *Una estrella brilla sobre Mount Morris Park* y *Un trampolín de piedra sobre el Hudson*. En estos tres libros este gran escritor, por boca de un niño, describe el Nueva York de los años veinte, cuando Harlem todavía no era negro, aunque sí pobre y lleno de emigrantes, cuando la leche se repartía en carros tirados por mulos y cuando el Lower East Side era totalmente judío.

Nuestro gran poeta, García Lorca inmortalizó la ciudad en su libro *Poeta en Nueva York* y tiene también bellos poemas, dedicados a la isla, José Hierro. Carmen Martín Gaite escribió un libro dedicado a Manhattan, *Caperucita en Manhattan,* que es un cuento en el que la escritora hace cruzar a Caperucita los puentes para llegar a Manhattan. En definitiva hace que su protagonista sueñe, como tantos y tantos neoyorquinos, en poder instalarse alguna vez en la isla, separada del resto de Nueva York no por puentes o túneles, sino por todo un mundo.

Es imposible no mencionar la famosa novela *El guardián entre el centeno* de Salinger, que relata la historia de un adolescente en Nueva York o la de Henry James, *Washigton Square* que tiene como protagonista a la alta burguesía del principios del siglo XX.

TRES ESCRITORES EN LA CIUDAD

Pero para conocer mejor la ciudad, quizá convenga citar párrafos de algunos escritores que han vivido o visitado Nueva York y narrado cómo la perciben. Uno de los elegidos es el español

Eduardo Mendoza, que vivió en Manhattan unos diez años, como traductor de la ONU, y que tiene un libro dedicado a la ciudad, llamado simplemente *Nueva York,* que editó Destino. El cubano Guillermo Cabrera Infante, enamorado de la ciudad, tiene un capítulo dedicado a Nueva York en *El libro de las ciudades* editado por Alfaguara. Y, por último, está la mirada de un joven novelista hondureño, *Roberto Quesada,* que vive en Nueva York desde 1989 y es en la actualidad delegado de su país ante las Naciones Unidas.

"Durante dos años –dice Eduardo Mendoza– no tuve otra idea que salir de Nueva York y removí cielos y tierra para conseguir un traslado a Europa. Cuando por fin llegó ese traslado me di cuenta de que no podía dejar Nueva York. Yo fui el primer sorprendido, pero ante la evidencia no me cupo otra solución que renunciar al traslado, quedarme allí y volver la mirada hacia aquella ciudad que de un modo tan inesperado me había atrapado sin que yo me diera cuenta. Pero al mirar la ciudad con otros ojos, con ojos analíticos, por así decir, me di cuenta de que ya era tarde: durante aquellos dos años la ciudad me había ido calando imperceptiblemente y descubrir ahora una ciudad distinta a la que ya llevaba dentro me resultaba imposible. Sólo sé referirme a los colores, los olores, los ruidos y la luz de Nueva York..."

Mendoza describe con maestría algo muy, pero que muy neoyorquino: el viento.

"Quien ha vivido en Manhattan sabe hasta que punto el viento preside la vida de la ciudad. El viento recrudece los fríos terribles del invierno, rompe los paraguas y los toldos, derriba los

árboles y los semáforos, hace trastabillear y caer a los ancianos y los enfermos, no deja dormir, a veces acelera el paso de los nubarrones y despeja los cielos; otras, trae los aguaceros de finales del verano o principios del otoño, cuando llegan las colas de los huracanes devastadores del Caribe ya muy debilitados. En su faceta menos agresiva, el viento anima las calles, hace planear las gaviotas y ondear las banderas y levanta las faldas de las chicas.

Tan excesivo como el viento es la lluvia. A menudo el cielo se encapota con pocos segundos, sin previo aviso, y empieza a caer el agua. El caos se produce de inmediato: los sótanos se inundan, las avenidas se convierten en ríos crecidos. En las calzadas el agua se acumula en los baches, donde los autobuses meten el morro, levantan surtidores de muchos metros de altura, que empapan a los viandantes. El viento no cesa cuando llueve: se lleva los paraguas y los sombreros y hace que la lluvia caiga casi horizontal, que penetre bajo las marquesinas y abofetee al que encuentra. En medio de la confusión pasan los coches de bomberos, que acuden a las emergencias causadas por el aguacero, a través de los atascos, tratando de abrirse paso con las sirenas y las bocinas. Parece que haya llegado el fin del mundo. En verano estas tormentas vienen acompañadas de mucho aparato eléctrico. Los rascacielos atraen los rayos, que bajan restallando por las fachadas mientras retumba el trueno. En invierno el viento viene del norte y, como en el camino no encuentra sistema montañoso que lo detenga, llega a Nueva York sin perder fuerza ni frialdad. Una vez en Manhattan, se mete por los callejones que forman los rascacielos alineados y corta la piel, porque a veces sopla a 20 o 30 grados bajo cero".

"El verano es pegajoso, húmero, agobiante y muy largo, como es largo el invierno. El asfalto de las calles se reblandece y al ser pisado quedan impresas en él las huellas de los peatones. En las estaciones de metro el aire se vuelve denso y asfixiante. Los vagones de metro, salvo los pocos que van refrigerados, son un horno. Las calles son intransitables, porque los millones de aparatos de aire acondicionado de las casas, los locales públicos y las oficinas arrojan a la cara de los viandantes bocanadas de aire recalentado".

"En contraste con el invierno y el verano, que tanto condicionan la vida de los neoyorquinos, la primavera de Nueva York es breve e incierta, con días de frío que alternan sin transición con días de calor, con lluvias frecuentes y con ventoleras. El otoño, por último, aunque dura casi tres meses, de finales de septiembre hasta la víspera de Navidad, pasa sin sentir, precisamente por lo que tiene de normal; su propia discreción hace que nadie repare en él".

Pero todo se olvida –dice Eduardo Mendoza–, cuando se mira el cielo maravilloso de Nueva York. "La luminosidad del cielo y la transparencia del aire es lo que permite soportar el clima de Nueva York sin perder el buen ánimo. El cielo y los rascacielos de Manhattan no se pueden disociar; los perfiles nítidos de aquéllos sólo adquieren su verdadero carácter contra el cielo luminoso, puro y despejado que los envuelve. La conjunción de estos dos elementos resulta invariablemente falseada en la fotografía, en el cine y en la televisión. El cielo de Nueva York es un cielo romano, racionalista, prosaico, alejado por igual de la sensualidad perfumada de Asia Menor y de las brumas fantasmagóricas del norte. Este cielo es el que ha impedido que en Nueva York arraigue el protestantismo y el catolicismo, salvo en sus versiones más filisteas y sociales. Es un cielo de mañana de Navidad o de mañana de sábado de Gloria, un cielo que invita a callejear a pesar de los rigores del clima. El predominio del cielo claro no queda desmentido por las tempestades de lluvia y nieve. Éstas son aparatosas pero esporádicas. Cualquier lugar es bueno para apreciar la calidad del cielo de Nueva York, pero algunos ofrecen una visión mejor que otros. Entre estos lugares privilegiados, yo recomendaría estos tres: la terraza del último piso del RCA Building, en el Rockefeller Center, a mediodía; el prado de Central Park, llamado The Meadow, con la espalda al Norte y la cara naturalmente al sur, por la mañana, antes de las once, y el transbordador que comunica la isla de Manhattan con Staten Island, en el viaje de ida, en la popa, a la caída de la tarde".

Guillermo Cabrera Infante habla de la última vez que visitó Nueva York, en 1999, cuando Manhattan había experimentado el gran cambio de Giuliani: "La violencia que dramatiza la televisión y anuncia la prensa y pronostican todos se hace notable por su ausencia: lo más agresivo que hemos encontrado es una bocanada de mal aliento de un viandante, por lo demás muy afable. Los negros han abandonado el hábito africano y el peinado afro".

La suciedad de la ciudad también le parece desaparecida al escritor cubano: "La primera impresión (a pesar de las quejas de mi hermano por los baches, esas depresiones en el ánimo del chofer) es que ahora Nueva York es una ciudad tan limpia como Londres, más limpia que muchas partes de Londres".

La impresión, en la visita que había hecho en los ochenta, había sido distinta: "La ciudad se había vuelto sucia pero más democrática: ya no era la metrópolis de un imperio. Los negros se habían africanizado y vuelto violentos (recordé la olvidada madrugada de 1955 en que atravesé Harlem con una muchacha mulata que luego resultó ser una dama de noche: me advirtieron que semejante excursión ya no era posible)".

Pero fue en su primer viaje, en los años cincuenta, donde Cabrera Infante hace la mejor descripción de lo que es Nueva York para el viajero que la visita por primera vez: "Al llegar al centro de la ciudad, la euforia urbana... se convierte en contento citadino. Los taxis, todos del mismo color, parecen dominar el tránsito como un peligro amarillo... Su casa, su apartamento está en una calle que sonaba todavía como una melodía: Broadway, y aunque está demasiado Broadway arriba (pronto aprenderé estas diferencias de clase entre el Uptown y el Downtown y, lo que es más decisivo, entre el East Side y el West Side...). Mi siguiente encuentro es con el *subway,* ese ferrocarril subterráneo sin parentesco con los trenes. Siendo un rechazo violento que se ha acentuado con los años y

siempre que puedo evitar el metro o el *underground* lo hago, dispuesto a arruinarme en taxis o desafiar los elementos a la espera de un autobús. Sin embargo, cada vez que regreso a Nueva York me desplazaré en *subway* que es el tercer medio de locomoción colectiva que conozco con asombro y siempre lo asocio a la ciudad..."

"La tercera lección era la más importante: a toda costa debe evitar el visitante lo que supe que se llamaba *rush hour,* horas de tráfico denso que corresponden a la entrada y salida del trabajo. Varias veces, sin embargo, me vi atrapado contra mi voluntad en un *rush hour* y el hacinamiento de las guaguas habaneras era un holgado viaje comparado con esta promiscuidad elevada a la décima potencia, en que el contacto no sólo era parcial sino que todo el cuerpo parecía estar imbricado en otros cuerpos y a veces me sentía como un laocoon que tuviera serpientes en todos los puntos cardinales: al sur un negro rumbo a Harlem, al norte un gigante rubio, al este un japonés de incrustaba la inevitable cámara fotográfica entre mis costillas, al oeste un judía que iba al Bronx –pero en ninguna parte había esas bellezas que a veces veía por la calle, raudas, apenas visibles, invitando al ojo a seguir las avenidas (invariablemente esas muchachas neoyorquinas se desplazaban rápidas por la Quinta Avenida, por Park Avenue, por la Avenida de las Américas y nunca parecían doblar una esquina y caminar por las calles numeradas) abajo o arriba pero nunca encontradas a buen paso, propias a la conversación o cuando menos al saludo: a una introducción social que permitiera un intercambio amistoso. Ni una sola de ellas al alcance de la voz, no ya de la mano o de la boca.

Un sentimiento que exudaban como una fiebre esas mucha-chas neoyorquinas era la indi-ferencia y recuerdo que para los únicos viandantes que tenían una atención, ojos directos y tal vez una caricia era para los perros tonsurados que sus due-ños paseaban con un orgullo que nunca había visto en La Habana".

"Salido del subway, escurrido entre los peatones, escapado del peligro amarillo de los taxis, descubrí en tercera dimensión lo que antes había visto en las dos dimensiones estáticas de las fotografías o la bidimensionalidad animada del cine: la arquitectura de Nueva York. Pero entonces no fue más que un asombro. Se expresaba en un cambio de posi-ción de la cabeza. Si normalmente recuerdo a aquellos indios fabulosos de los que oyó hablar Colón y que tenían la cabeza sur-giendo del pecho, ahora mi cabeza estaba colocada en mi espalda, saliendo de entre los omóplatos con la decisión que antes estaba colocada entre mis clavículas, y disparada hacia el cielo: no era que esperara la Segunda Venida del Señor ni la llegada de mar-cianos sino que trataba de alcanzar con la vista el final de cada edificio, las verdaderas cumbres: el paisaje convertido en verti-cal, en regreso de la caída a plomo, en invertido vértigo".

Para Cabrera Infante el Empire State Building, "durante años el edificio más grande del mundo y, mucho más importante, tumba de King Kong", no es su rascacielos preferido, su preferido es el "Chrysler, con su tope de escamas metálicas, su flecha labrada y su cono *art déco,* es el más bello de Nueva York, tal vez del mundo" y anima a que pasear "entre estos farallones imagina-dos por el hombre, hechos por el hombre y recorrer, hormigas entre hormigas, una y otra vez las calles verticales de Nueva York, la ciudad que tiene en un arquitectura su eterno monu-mento". La conclusión de Cabrera Infante podría ser común a muchos de los turistas: "Visitar Nueva York es revisitarla: en esas calle crecí yo en el cine".

Roberto Quesada, un escritor hondureño que vive en Nueva York, también tiene párrafos, en su última novela *Big Banana*, aparecida en el año 2000, que definen magníficamente lo que es esta ciudad, símbolo y resumen de muchas otras grandes ciudades del mundo: "O sea que, a mi parecer, cuando vos, otra persona y yo mismo, es decir, cuando cualquiera

se lamenta o insulta a Nueva York, no es contra Nueva York que lo está haciendo, es contra el mundo, es contra sí mismo. Creo esto porque a mí me parece que Nueva York es una síntesis del mundo, es un planeta Tierra en un modelo pequeño, para que nosotros, los seres humanos, que somos mucho más pequeños, tengamos, si no la total oportunidad, pues siquiera algo a través de la ventana llamada Nueva York para vernos, para ver el mundo en que vivimos, o para medio verlo y el resto intuirlo, de ahí los lamentos y las nauseas".

"Ningún lugar es culpable, ninguna ciudad es culpable, nosotros somos los culpables, y verás que esto empeorará. Si Nueva York es conocido como la Gran Manzana, muy pronto se conocerá como La Gran Muralla de los Lamentos o La Gran Fuente de los Desconsolados; no sé, a lo mejor inconscientemente el ser humano creó Nueva York para tener a alguien a quien culpar".

Y, con respecto al metro de Nueva York, el único transporte válido de esta ciudad y, por tanto, el único que utilizan emigrantes y neoyorquinos de forma cotidiana, Quesada explica así sus claves: "Por la mañana el tren es como dormitorios ambulantes, la gente termina de dormir en él. A mediodía, o más bien de nueve de la mañana a tres de la tarde, es como una biblioteca ambulante: la gente lee periódicos, revistas, libros, en los más variados idiomas que usted pueda imaginar. Y de las cinco de la tarde a siete de la noche se convierte en el lugar de los cansados: la gente no desea hablar, abunda el mal humor y el mal olor, se ve el agotamiento en los rostros y el deseo que se tiene de llegar a casa. Y de ahí hasta las diez de la noche es agradable, la gente quiere reír de cualquier cosa; no leen, pero es muy fácil entablar conversación aunque uno no se conozca anteriormente. Después de esa hora es el tren del terror, da pavor, la gente drogada, borrachos, delincuentes y algunas personas de bien que vienen de ver a su pareja o de fiestas o centros nocturnos, pero a esas horas es terrorífico".

UN NUEVA YORK PARA CADA ETNIA

Dice Mark Leeds, en su libro *Ethnic New York,* que se puede recorrer el mundo y conocer las costumbres y el idioma de la mayoría de las razas que lo pueblan con un billete de metro. Desde los Alpes al Tíbet y desde el Tíbet a los Andes, todas las culturas tienen en Nueva York su enclave y en los vagones del metro la prueba fehaciente de lo que los norteamericanos llaman el *melting pot,* las diferentes razas, costumbres, religiones, culturas e idiomas, perfectamente mezcladas y conviviendo bajo el mismo territorio y las mismas leyes.

Porque lo que más sorprende, quizá, es la increíble capacidad de adaptación y de integración de los que van llegando y los pocos conflictos étnicos que hay en la ciudad. Tal vez porque todos llegan con el mismo sueño: trabajar día y noche para hacerse rico lo más pronto posible. Desde que los holandeses ocuparon la isla en el siglo XVII, las emigraciones no han parado. Detrás de los holandeses, llegaron ingleses, luego alemanes e irlandeses, después europeos del sur y del este, un número espectacular de judíos de toda Europa, los negros que se iban liberando de la esclavitud, los asiáticos y, por último, los portorriqueños y, en general, todos los latinos.

Hoy siguen llegando de todas partes y especialmente de la República Popular de China, de Pakistán, de Líbano, de Yemen, de Turquía, de Filipinas, de la República Dominicana y de Europa, fundamentalmente del este pero también de occidente. Uno de cada tres habitantes de Nueva York ha nacido fuera de Estados Unidos y cada año entran en la ciudad 90.000 emigrantes con documentos y es imposible saber el número de indocumentados que tiene la ciudad.

Y todos se van ajustando y abriéndose un hueco en los aparentemente escasos espacios que deja la ciudad. Para hacerse una idea de la gran capacidad de absorción que tiene Nueva York, bastan algunos ejemplos: entre 1960 y 1980 el número de jamaicanos residentes pasó de 11.000 a 95.000. Los judíos soviéticos, que antes de 1973 eran una minoría, todos ellos disidentes políticos, llegaron a ser 75.000 en sólo siete años. Entre 1982 y 1989 consiguieron permiso de residencia 685.000 emigrantes, procedentes de todas partes del mundo. Un 60 por ciento se instaló en Queens y Brooklyn, pero la mayoría de los chinos y los dominicanos fijaron su residencia en Manhattan, los primeros en el sur, en Chinatown, y los segundos al norte de Harlem, en Hamilton Heights y Washington Heights.

En 1994 el Departamento de Estado –lo que en España sería el Ministerio de Asuntos Exteriores– inventó una especia de lotería de la emigración. Todos los que quisieran ir a vivir a Estados Unidos de China Continental, Taiwan, India, Filipinas, Gran Bretaña

y República Dominicana deberían solicitarlo y se elegirían 55.000. Las peticiones desbordaron todas las previsiones. En un mes llegaron nada menos que 30 millones de solicitudes. Los elegidos, que seleccionó al azar un ordenador, pasaron a formar parte de los privilegiados emigrantes con papeles.

No deja de ser curioso, además, que los que llegan no sólo se van distribuyendo por barrios, sino por oficios o actividades. Los judíos tienen las limusinas, las funerarias, las tiendas de fotografía, imagen y sonido y las joyerías (sobre todos los diamantes). Los coreanos controlan los negocios de los delicatessen, de las tiendas abiertas 24 horas, donde se vende comida hecha y fruta cortada, pero los que cortan y empaquetan son mexicanos que acaban de aterrizar y proceden de zonas rurales. Los italianos tradicionalmente trabajan las pieles y los zapatos son fabrocados por árabes.

Aunque los chinos siguen con el negocio de la alimentación, sobre todos los restaurantes, también controlan una buena parte de la confección de ropa y subcontratan, a su vez, a latinoamericanos y a otros chinos procedentes de Hong Kong como cortadores o costureros. Las filipinas son casi todas enfermeras y los afroamericanos cajeras, en el caso de las mujeres, y repartidores, en el caso de los hombres. Un buen número de los porteros que hay Manhattan son portorriqueños, mientras que a los dominicanos se les da mejor cuidar los jardines. Los mexicanos sueles estar en las cocinas de los restaurantes y los taxistas son, en general, haitianos, indios y pakistaníes.

Mención aparte merecen las rusas y las polacas porque su especialidad, que es la manicura, es también la especialidad de Nueva York. Es prácticamente imposible encontrar en el mundo una ciudad con tantos locales dedicados al cuidado de las uñas, más que el doble que las peluquerías. En cada esquina de cualquier barrio, da igual que sea rico o pobre, hay un anuncio de neón con la palabra *"Nails"* (uñas) y siempre hay clientes. Los neoyorquinos dicen que fueron las afroamericanas las que empezaron a cuidar obsesivamente sus uñas, que llevan siempre largas y muy decoradas. Pero, en esta ocasión, la moda negra se ha extendido como la pólvora por todas las razas y el cuidado de las uñas se ha vuelto imprescindible para todas las clases sociales.

Los emigrantes del Oriente Medio, de Extremo Oriente, de América Latina y del Caribe han impuesto sus cocinas hasta el punto de cambiar los hábitos culinarios de los neoyorquinos a todos los niveles: desde los aficionados a la comida rápida, que ahora ofrece más opciones que la hamburguesa o el perrito, hasta el consumidor de restaurante de lujo. Pero también en eso ha cambiado Nueva York. Antes los restaurantes de

los emigrantes eran familiares o, al menos, daban trabajo sólo a los compatriotas. Ahora el *melting pot* ha llegado a los comedores. Los propietarios de los restaurantes griegos contratan a indios y centroamericanos como camareros, lavaplatos o cocineros, y los árabes pueden tener a hispanos trabajando en sus tiendas.

A lo largo de los años Nueva York ha ido cambiando. Al noreste de Manahattan, donde, a principios del siglo XX, solo había irlandeses e italianos, hoy es el Harlem hispano y sólo hay latinos. Los chinos se extienden cada vez más, con la ayuda de los vietnamitas, y Chinatown va invadiendo barrios y está a punto de engullirse a Little Italy. Porque los italianos no viven en Manhattan, sino en Besonhurst, en Brooklyn, y es ahí, donde están los restaurantes con la mejor cocina italiana y donde sirven el mejor café expreso. Los judíos son tantos y han llegado de lugares tan diversos y en tantas etapas que no puede hablarse de un solo núcleo. Es difícil encontrar un barrio donde no haya tiendas o familias judías, pero si hay zonas donde la concentración es mayor. El Lower East Side, en Manhattan, pese a que cada vez hay más latinos, sobre todo portorriqueños, sigue siendo en gran parte judío y siguen siendo los judíos los dueños de las tiendas. Son también judías las tiendas de diamantes de la calle 47, así como algunos "delis" de Broadway y del East Village. Pero, sin duda, donde hay mayor concentración es el Brooklyn y dentro de este barrio, en Williams-

burg, Borougth Park y Crowns Heights. Concretamente un Williamsburg hay una secta ortodoxa, muy cerrada, que se rige por sus
propias leyes rabínicas.

Es curioso que en Brooklyn, en los alrededores de Atlantic Avenue,
convivan, mucho mejor que en Israel, judíos y árabes. Aquí es donde
se han ido instalando libaneses, sirios y palestinos y hoy en día las
fronteras judías y las de la Pequeña Arabia se confunden.

Los indúes tienen su asiento en Queen y más concretamente en
Flushing, que ya se llama la Pequeña Asia y donde han levantado
una impresionante pagoda. No han abandonado del todo Manhattan, donde tienen un buen número de restaurantes en el East Village

y en el Midtown. Al lado, en Flu-
sing Meadowns, los prósperos
coreanos han levantado su Kore-
atown y muy cerca los chinos
tiene su segunda Chinatown.

En otra zona de Queens, en Elm-
hurts, viven nada menos que
85.000 colombianos y un buen
número de salvadoreños y mexicanos, mientras que los dominicanos prefieren en norte de
Manhattan. Los portorriqueños, la primera minoría local,
viven masivamente dentro de
la isla y se distribuyen entre
el Barrio y el Loisaida (Lower
East Side), aunque hay también un buen número en el sur

del Bronx. Ucranianos y polacos han elegido el East Village y los
rusos, sin embargo, prefieren Brooklyn.

Esta tendencia a agruparse en barrios y mantener, de algunas
manera, sus tradiciones, es inevitable, pero lo cierto es que las
fronteras se difuminan y las mezclas son cada vez mayores. En
Blooklyn, en pleno barrio judío, se oye hablar español y hay locales con música caribeña. Cada vez se abren más restaurantes
chino-latinos y no es difícil encontrar orientales que hablan español. Con la evidente supremacía de la minoría hispana que, además, mantiene su lengua y se han inventado el "espanglish", el
melting pot está servido.

PRENSA EN TODAS LAS LENGUAS

En la avenida Broadway, en pleno SoHo, hay un local, llamado
Universal Café, que dice disponer de 7.000 revistas distintas,
que, además, se pueden ojear antes de decidir la compra o,
incluso, sin comprar, mientas que se toma un café y un tentem-

pié. Es posible que el número esté algo inflado, pero lo cierto es que las abigarradas estanterías de la tienda son espectaculares y da la sensación de que hay una revista para cada afición y, encima, en diversos idiomas.

Porque una de las ventajas que tiene Nueva York es que el kiosco ofrece más de un centenar de publicaciones étnicas, entre periódicos y revistas, que salen a diario o semanalmente en las diferentes lenguas de las comunidades que integran la ciudad. Y el fenómeno no es nuevo. La primera publicación, considerada étnica, fue la irlandesa *The Shamrock,* que apareció en 1810, naturalmente en inglés, y que hoy sigue saliendo, aunque con el nombre de *Irish Voice.*

Unos años después, en 1827 se publicó la primera en otra lengua, concretamente en francés, que se llamó *France Amerique.* Los alemanes no tardaron en tener su propia publicación, el *New Yorker Staats-Ziutung und Herrold,* en l834 y unos años después aparecería la primera publicación en italiano, *L'Eco d'Italia.* Hoy sigue habiendo publicaciones en alemán e italiano, a pesar de que estas comunidades están totalmente integradas y su idioma es el inglés.

En los años veinte hizo su aparición el primer diario judío escrito en yiddish, que se sigue publicando hoy y, poco a poco, fueron apareciendo revistas, en inglés o en hebreo, pero exclusivamente para la comunidad judía. Tienen revistas de negocios, religiosas, de entretenimiento, de contactos, etc.

Pero, sin duda, la prensa étnica más importante es la hispana. El *Diario de la Prensa* que lleva más de medio siglo en el mercado, sigue teniendo una tirada considerable, unos 100.000 ejemplares y llegó a tener 250.000. Fue el primer periódico en una lengua distinta del inglés con un considerable número de lectores, en su gran mayoría portorriqueños. De reciente aparición es el *Daily News,* en su versión castellana, que en muy poco tiempo ha logrado una tirada de 50.000 ejemplares. *El Vocero* es otro de los periódicos de la comunidad portorriqueña y, quizá, el que más noticias tiene de Puerto Rico.

Los chinos tampoco se quedan atrás. En estos momentos hay ocho diarios y un buen número de revistas. El más importante, el *World Journal,* tira 100.000 ejemplares y hay algunos que publican artículos en inglés para favorecer la integración de esta importante comunidad, que sigue creciendo de año en año. Los coreanos han puesto en circulación seis periódicos y los indios tienen tres.

VIDA Y CULTURA

Sorprende, por ejemplo, que los haitianos tengan tres periódicos, mientras que los griegos cuenten con dos y los suecos y los noruegos sólo con uno. Hay publicaciones polacas, húngaras, rusas, ucranianas e, incluso, lituanas y tienen también su revista especializada de los afroamericanos, la conocida *Amsterdam News*.

RADIO Y TELEVISIÓN PARA TODOS

Las cadenas de mayor audiencia en una lengua que no sea el inglés son, claramente, las hispanas. Claro que no hay que olvidar que es la comunidad más numerosa y que, incluso, ha superado ya a los afroamericanos, hasta hace poco la primera minoría de Nueva York. Hay nada menos que cuatro emisoras AM que se escuchan las 24 horas en español: *WSKQ, WKDM, WADO* y *WJIT,* y otra más con la mayoría de los programas en español y que dedica espacios específicos a peruanos, ecuatorianos, dominicanos o argentinos.

Los italianos tienen una, que también transmite las 24 horas, esta vez en FM, y que abarca a todo el área metropolitana de Nueva York. Pero la emisora más curiosa es la *WEVD-FM,* que empezó a emitir en 1927 exclusivamente para las minorías judías y ha ido evolucionando a medida que llegaban oleadas de emigrantes. Ahora ofrece espacios en italianos, en chino, en portugués, en griego, en ruso, en turco e, incluso, en albanés.

Como pasa con la radio también es la minoría hispana la única que tiene capacidad para tener una cadena de televisión emitiendo las 24 horas del día. Es la *WXTV* y se doblan hasta las películas. Hay programas de variedades que llegan de todos los países latinoamericanos y hay un trato especial para las películas y los telefilm latinos. La *WNJJ* alterna programas en español con otros en inglés. Las demás etnias tienen que conformarse con la cadena *WNYC* que ofrece una programación con espacios en varias lenguas; hay horas dedicadas al italiano, al chino, al japonés e, incluso, al polaco.

Desde que en 1939 abriera sus puertas el Museo de Arte Moderno, conocido por todos como el MOMA, Nueva York, con menos de 300 años de historia, se convirtió en la capital del arte. No podía ser, evidentemente, la capital del arte clásico, pero sí del arte vivo, del arte que se estaba haciendo y, desde entonces, ninguna otra ciudad ha puesto en riesgo su puesto preeminente en las nuevas tendencias Y eso que no era fácil, porque tenía que competir con ciudades tan poderosas como París, Londres o Berlín.

Dice Tom Wolf, creador del "nuevo periodismo" y autor de "la novela de Nueva York", *La hoguera de las vanidades,* que cuando, en 1920, el arte moderno estaba en todo su esplendor en Europa, un pintor, Marsden Hartley, aseguraba que este arte no podría triunfar en América, a menos que se diera a conocer como las aspiradoras, con un buen márketing y a más de 90 millones de personas. Pero se equivocó. El arte moderno fue un éxito fulminante en Estados Unidos "en cuanto un reducido número de personas, unas 400, comprendió que el fenómeno podría ser, y en realidad lo era, la negación de esos 90 millones". De hecho sólo hizo falta que se reunieran un grupo de neoyorquinos millonarios y de buen tono, como eran los Rockefeller y los Goodyear, y decidieran comprar cuadros de Picasso y de Matisse para que, en poco tiempo, Nueva York se convirtiera en la capital de la pintura.

No necesitaron gastar millones en publicidad. Bastó con que este grupo de selectos decidiera crear el Museo de Arte Moderno: "Esta catedral de la cultura –dice Tom Wolf en su libro *La palabra pintada*– no era exactamente la obra de unos bohemios visionarios. Fue fundada en el *living-room* de John D. Rockefeller, Jr. asistido, en honor de la verdad, por los Goodyear, los Bliss y los Crownninshield". Unos años después, el arte moderno se había convertido en algo tan "chic" que, incluso, las empresas hacía gala de estar en el ajo y de contribuir económicamente a su florecimiento.

Dos décadas más tarde, a mediados de los sesenta, Nueva York era ya la capital indiscutible del arte y el Museo de Arte Moderno el que marcaba las pautas y lanzaba a la inmortalidad a los jóvenes creadores. Dice Tom Wolf: "Durante los sesenta se pudo observar con claridad meridiana el desarrollo de todo un complejo mecanismo en virtud del cual los "enterados", exploraban la vanguardia y empujaban hasta el éxito al joven artista elegido.

VIDA Y CULTURA

A principios de cada primavera, dos observadores del Museo de Arte Moderno, Alfred Barr y Dorothy Miller, se dejaban caer desde el emplazamiento del museo, calle 53 oeste, por Sant Marks's Place, Little Italy, la calle Broome y alrededores, para echar un

vistazo a las buhardillas de artistas conocidos o no, enterarse de todo, hablar con todos y hacerse una idea, en fin, de todo aquello que resultara nuevo o de interés para montar una exposición cuando llegara el otoño... pues bien, ¡Dios mío!... desde el instante en que se echaban a la calle 53 para tomar un taxi, una especie de radar de la bohemia empezaba a detectar la expedición. Y a lo largo de Manhattan se dejaba sentir un latido unánime, como el acorde cósmico del que nos hablan los teósofos".

Eso fue lo que representaba y, todavía representa el Museo de Arte Moderno de Nueva York. Pero, sin duda, ha perdido algo su condición de exhibidor y comprador de las últimas tendencias. En los años setenta y, sobre todo, en los ochenta, el SoHo, a donde se habían trasladado todas las galerías de arte más vanguardistas y algunas institución artísticas más o menos alternativas, ya era un poder en sí mismo y había otros dictadores que decidían qué era lo que merecía la pena que triunfara y qué estaba trasnochado. La Galería Gagosian, por ejemplo, era y sigue siendo uno de esos oráculos, sobre el que casi nadie duda.

El arte había empezado a cambiar de tamaño. Los *lofts,* los almacenes que alquilaban los artistas, eran bastante más espaciosos que las tradicionales buhardillas y las obras empezaron a tener una dimensiones más que considerable. En 1992, la llegada al SoHo del Museo Guggenheim, una sección especialmente moderna con respecto al "caracol" de la Quinta Avenida, también quitó algo de protagonismo al MOMA. Naturalmente esto sólo lo sabían "los super modernos". Los cientos de visitantes que llegaban a Nueva York y los propios neoyorquinos seguían visitando el

Museo de Arte Moderno más que ningún otro: una media de 1.800.000 visitantes al año.

Pero las cosas seguían cambiando en la ciudad. El SoHo, a mediados de los noventa se fue transformando de barrio artístico a barrio comercial. Se llenó de restaurantes de lujo y tiendas de moda y el negocio ya no estaba en vender arte sino en vender los locales comprados a bajo precio 20 años antes. Las galerías se fueron trasladando a Chelsea, un barrio todavía bastante deteriorado, al lado del río, lleno de almacenes y todavía asequible y uno de los pilares del arte alternativo, el Centro de Arte Contemporáneo Public School 1, PS1 como se le conoce, se había instalado en Queens y ganaba en pres-

tigio hasta el punto de que muchos galeristas de Manhattan acudían a los exposiciones para captar allí a los jóvenes creadores. El Guggenheim vendió su edificio de la avenida Broadway a la marca Prada y se quedó sólo con un gran espacio, donde se va a seguir exponiendo hasta la desaparición del Guggenheim Soho, el conjunto artístico de Andy Warhol, *La Última Cena.* Pero sus fondos "super modernos" se supone que irán a parar al nuevo gran museo que se construirá a orillas del río East y cuya maqueta se ha dado ya a conocer a los neoyorquinos y permanece en el edificio de la Quinta Avenida para que pueda verse y recibir las críticas, sugerencias o alabanzas de los expertos y del público en general. Hay que recordar que Frank Gehry, su arquitecto, fue muy criticado porque el edificio que ha diseñado se parece como dos gotas de agua –más grande éste, eso sí– al de Bilbao.

Y, por fin el MOMA reaccionó y ha empezado a hacer su reforma porque llevaba demasiado tiempo siendo acusado de haber perdido un poco la onda y cerrarse a las nuevas tendencias. Hay que recordar que el espíritu que inspiró su creación, hace más de 60 años, fue precisamente adquirir a todos los modernos de la época y mantenerse siempre en vanguardia. Una de sus fundadoras, Abby Rockefeller, la mujer del magnate-mecenas, en su testamento legó cuatro dibujos, dos de Van Gogh y dos de Seurat, al Metropolitan Museum por considerar que eran demasiado antiguos para que estuvieran en el Museo de Arte Moderno.

En el año 1999 el MOMA se fusionó con el PS1 e hizo una exposición conjunta con esta institución de arte alternativo. Fue el principio de una vuelta hacia sus tesis fundacionales, cuyo primer paso tenía que ser necesariamente la ampliación del edificio de la calle 57. Un arquitecto japonés, Yoshio Taniguchi es el encargado de ampliar la superficie, hasta lograr 58.000 m², el doble de los que tiene ahora. Para ello hay que demoler casi completamente el edificio, prácticamente sólo se va a conservar la fachada, y trasladar las obras a un edificio que se ha construido en Queens. En el 2002, el Museo de Arte Moderno de la calle 57, en Manhattan cerrará sus puerta por primera vez desde su construcción y no las abrirá hasta el 2005.

Pero cuando se inaugure, se podrán contemplar todas las obras que le han hecho famoso y muchas otras contemporáneas que, por su tamaño y complejidad, no podían exponerse. El MOMA volverá a ser el que interprete, a través de lo que exhibe, de lo que da de sí el arte actual. No tendrá que comprar demasiadas obras para llenar los nuevos espacios porque el museo guarda una buena colección que nunca ha podido exponer al público y que ha ido adquiriendo a lo largo de los años

No es difícil estar al corriente en Nueva York. Sólo en Manhattan hay unas 465 galerías de arte, reconocidas como tal, o sea, con cierto prestigio como para ser reseñadas en el *New York Art Wolrd*, una revista mensual, ciertamente elitista, que se vende exclusivamente en las propias galerías. Sólo en Chelsea, ahora el barrio artístico por excelencia, se han abierto en los últimos años 153 galerías, casi todas de vanguardia, en espacios grandes y luminosos, donde se exhiben esculturas de gran tamaño, inmensos cuadros y excelentes fotografías.

Pero en el SoHo, aunque poco a poco de aquí esté huyendo el arte, quedan todavía 120. En el centro, Midtown, hay unas 100 y unas 70, la mayoría más conservadoras, se sitúan en las calles 60, 70 y 80, en el Uptown. En el Village, un barrio en sus tiempos bohemio y donde vivieron muchos artistas, sólo quedan 25 que merezcan estar en la lista de "los grandes". Lo increíble es que esta cantidad de galerías, todas ellas de precios exorbitantes, que ocupan espacios también de precios exorbitantes, sobreviva. Quizá esto pruebe que Nueva York sigue siendo la capital del arte moderno.